面向21世纪课程教材
Textbook Series for 21st Century

普通高等学校社会工作专业主干课系列教材

社会行政

Shehui Xingzheng

（第二版）

中国社会工作教育协会　组编
王思斌　主　编
张　曙　副主编

编者（按所写章序排名）：
王思斌　范志海　张　曙　孙　莹

高等教育出版社·北京

内容简介

本书是中国社会工作教育协会组编的普通高等学校社会工作专业主干课程系列教材之一，着重阐述了社会行政的理论和方法，梳理了我国社会行政的本土实践经验。基于近年来我国社会工作服务快速发展的现实状况及其对社会服务机构提出的新问题、新要求，本次修订对我国社会工作机构的发展、运行、内部管理给予了更多关注，充实了社会工作行政的内容，深入分析了我国政府系统的社会行政模式、社会政策实施的特点，以及有效开展社会工作服务的方法。

本书主要供高校社会学和社会工作专业教学使用，也适于社会福利部门和机构的行政人员、非营利机构中的管理者及各类社会工作者阅读。

图书在版编目（CIP）数据

社会行政/王思斌主编；中国社会工作教育协会组编. ——2版. ——北京：高等教育出版社，2013.3（2020.12重印）
ISBN 978-7-04-036891-8

Ⅰ. ①社… Ⅱ. ①王… ②中… Ⅲ. ①社会行政-高等学校-教材 Ⅳ. ①C916

中国版本图书馆CIP数据核字（2013）第020314号

策划编辑	张 然	责任编辑	张 然	封面设计	于 涛	版式设计	杜微言
插图绘制	杜晓丹	责任校对	刘娟娟	责任印制	朱 琦		

出版发行	高等教育出版社	网　址	http://www.hep.edu.cn
社　址	北京市西城区德外大街4号		http://www.hep.com.cn
邮政编码	100120	网上订购	http://www.landraco.com
印　刷	三河市华骏印务包装有限公司		http://www.landraco.com.cn
开　本	787mm×960mm 1/16		
印　张	16.5	版　次	2006年7月第1版
字　数	290千字		2013年3月第2版
购书热线	010－58581118	印　次	2020年12月第10次印刷
咨询电话	400－810－0598	定　价	31.20元

本书如有缺页、倒页、脱页等质量问题，请到所购图书销售部门联系调换
版权所有　侵权必究
物　料　号　36891－00

总　　序

　　20世纪80年代中期,国家教委(现称教育部)决定在高等学校设立社会工作与管理专业(后改为社会工作专业),北京大学等几所高等学校在多方支持下开办了该专业。到90年代中期,社会工作专业获得了一定发展。近几年来,社会工作专业在规模上获得了快速增长,这与我国体制改革的深入和社会进步的要求,以及高等教育的发展密切相关。

　　教材建设是学科建设的重要组成部分。在社会工作专业建立之初,编写高水平的专业教材,对于我国社会工作教育学者来说是具有挑战性的,因为社会工作专业教育在我国高等学校中断了30多年,我国社会工作教育学者对国际社会工作专业理论和知识不甚熟悉,另外,学者们对我国本土的社会工作(社会服务)的理论和实践的深入研究也不够。十多年来,各校社会工作专业教育同仁在这方面做了积极的努力,也取得了一些成果,但总的来讲教材建设还相对滞后。

　　中国社会工作教育协会于1994年成立,并决定把教材建设和学科规范化作为其工作的重要内容。基于国内同行的知识积累和现实要求,中国社会工作教育协会决定着手组编社会工作专业教材。从1997年开始,经过5所高等学校14名有丰富教学经验的学者两年多的努力,由高等教育出版社出版了王思斌教授主编的《社会工作概论》,迈出了由协会统筹、各高等学校共同编写教材的第一步。该书出版之后得到了同行专家的好评,它不但被许多学校当作教材,而且在2002年获得教育部全国普通高等学校优秀教材二等奖。实践说明,集中各校有丰富教学经验的学者共同编写教材这条路是可行的。

　　随着高等教育的快速发展,教育部进一步提出了加强各专业主干课程建设的措施,其中包括确定各专业主干课程,编写和颁布"主干课程教学基本要求"。在这种情况下,受教育部委托,教育部高等学校社会学学科教学指导委员会几次召开会议,在各校系主任、专业负责人和资深教师的广泛参与下,确定了社会学专业和社会工作专业的主干课程,并协助教育部编制了"主干课程教学基本要求"。中国社会工作教育协会在组编《社会工作概论》经验的基础上,积极承担了组编社会工作专业主干课教材的任务。2002年7月中国社会工作教育协会召开教材编写研讨会,确定了专业主干课程的教学基本要求和各主干课程教材的编写人选,同时决定教材编写实行主编负责制。协会计划在2至3年内出版全部专业主干课教材,并出版一批专业教育亟需的其他教材和教学参考书,以及研究性学术书刊——《中国社会工作研究》。行内学者积极地参与了这一重要的学科建设过程,参加教材编写的学者在繁忙的教学、科学研究过程中,付出巨大努力精心编写教材。可以说,这些教材是当前我国社会工作专业教学和研究水平的展示。

应该特别提出的是,香港凯瑟克基金会对我国社会工作教育给予了重要支持。香港凯瑟克基金会是一个以支持社会服务为主的非营利组织,多年来,以亚太区社会工作教育协会香港中国小组为中介,该基金会对中国内地的社会工作教育给予了多方面的支持。在得知中国社会工作教育协会的上述发展计划之后,香港凯瑟克基金会决定无条件地给予经费方面的资助,这对我国内地社会工作教育学者是一个极大的激励。所以,这套主干课程系列教材的出版,要由衷地感谢香港凯瑟克基金会,当然也感谢为我们搭起桥梁的香港社会工作教育界的同仁。

编写高水平的专业教材谈何容易。虽然参与编写这套主干课程系列教材的都是有丰富教学经验、也有一定研究成果的教育学者,但是毕竟中国内地的社会工作专业教育恢复重建时间尚短,所以,这套教材肯定会有一些不尽如人意之处。一个学者是不愿意将自己不甚成熟的著述拿出来示众的,但是学无止境,社会工作专业的快速发展使得我们不能再等下去,因为大量新开办的社会工作专业的师生迫切需要既能介绍国外先进理论和知识,又对我国社会工作实践有一定理论总结和分析的教材。在这种情况下,也为了规范社会工作专业教育,这套教材将陆续面世,供大家使用并提出批评、改进的建议。教育部在制定"主干课程教学基本要求"时的指导思想是"一纲多本",即在遵循上述"基本要求"的前提下,鼓励编写有不同特点的教材,相互比较、竞争发展。希望这套教材能在这方面发挥积极的作用。

在中国内地社会工作教育的发展过程中,本人受多方同仁的启发,曾指出学科建设既要遵循国际通则,又要注重我国社会实际,并对社会工作本土化提出某些看法。在编写专业主干课教材问题上,我也希望重申上述观点。我们必须充分尊重国际社会工作、社会福利学术界的研究成果,相信在诸多方面人类知识具有共同性,要客观地、全面地介绍那些有价值的理论和知识。另一方面,社会工作的务实特点要求必须将理论和中国实际尽可能紧密地结合起来。在这方面,必须强调社会工作研究,其中包括理论研究、实务研究、教学研究等。在这里,社会工作的本土化研究和本土社会工作经验的研究都是重要的,而二者的整合将使中国社会工作的理论和实践达到一个新的水平。显而易见,要做到这一点,需要社会工作教育学者积极而深入地参加社会工作实践。如果社会工作专业教材能达到这一水平,那么就可以说,我们对中国社会工作教育和社会工作实践的发展做出了更大贡献。

感谢教育部高等教育司、教育部高等学校社会学学科教学指导委员会、高等教育出版社对出版这套教材的支持。在研讨和设计这套教材的时候,教育部高等教育司给予了具体的指导和部分经费支持。教育部高等学校社会学学科教学指导委员会,特别是主任委员郑杭生教授、副主任委员宋林飞教授、谢遐龄教授对社会工作专业的发展和本套教材的编写给予了大力支持。高等教育出版社王方宪同志对这套教材的编写提出了参考意见,在教材编写过程中,高等教育出版社的编辑于健航、干咏昕等同志做了大量推动和建设性工作。

各方为社会工作专业在中国的发展做出了积极的努力,但愿它顺利成长、尽快成熟,并为中国人民的福祉做出自己的贡献。

中国社会工作教育协会会长
王思斌
2003年10月

第二版前言

2003年以来,面对众多社会问题和建设和谐社会的要求,我国持续快速出台了大量社会政策,惠及城市化、市场化、现代化进程中的困难群体和弱势群体,我国的社会政策时代正在到来。社会政策的贯彻执行(或实施)是社会福利行政的重要内容,但是长期以来我国缺乏这方面的深入研究。对于主要与政府打交道的社会服务机构来说,不熟悉政府系统的社会行政模式,不了解中国社会政策实施的特点,将难以有效地开展社会工作服务。正是基于此种理解,本次修订在这方面有所加强。

另外,近些年来,随着中共中央对发展社会工作的倡导和推动,各种社会服务组织大量出现,特别是政府购买社会工作服务已在某些城市地区形成潮流。中央19部委《关于加强社会工作专业人才队伍建设的意见》强调支持民办社会工作服务机构,我国的社会工作服务快速发展。这一方面在本质上促进了我国的社会服务的创新,对我国的社会建设具有重要意义,另一方面而且是更重要的方面,则是有效地满足着各类服务对象的需要。在此过程中,社会工作服务机构如何向政府申请项目,制定行动计划,并实际推动项目的发展等问题就现实地摆在我们面前。基于此种现实,本次修订对我国社会工作机构的发展、运行、内部管理给予了更多关注,充实了社会工作行政的内容。

本次修订改正了原书中的某些错讹之处,增加了一些新知识,但是仍未能对我国正在大量兴起的社会工作服务机构的运行经验和模式作案例式的分析。希望读者能联系实际,能动地分析和理解我国的社会工作实践。也希望读者能对本书内容提出意见,以利于进一步完善社会行政教材。

主编
2012年11月10日

第一版前言

社会行政是社会服务系统的重要组成部分,它对社会政策的实施、社会福利制度的运行和社会服务的有效提供发挥着重要作用。社会行征被教育部列为社会工作专业主干课程,说明了它在社会工作知识体系中的重要地位。

在西方发达国家,社会行征知识体系的发展迟于个案工作、小组工作和社区工作。虽然20世纪50年代至70年代社会行征教学和研究有过一定的发展,但是在比较注重专业方法的社会工作领域,它的发展程度远不及上述几种专业方法。然而这并不表明社会行政不重要,在社会福利责任更多地由政府承担和需要社会福利服务更注重效果的情况下,社会行政的重要性是显而易见的。

由于多种原因,我国社会行政的教学和研究是相对落后的。由于缺乏一定的教学经验和研究积累,社会行政的教材建设也相对迟缓。在教育部将社会行政列为社会工作专业主干课程之后,中国社会工作教育协会主动地承担起组织编写《社会行政》教材的责任。该教材的编写大纲是按照《社会工作专业主干课程教学基本要求》展开的,在编写过程中作了部分调整,在此基础上本书主编提出了编写细钢。

本教材编写由四人承担,编写者都是有较丰富的社会行政课程教学经验的教师,其中有的已出版过同类教材,这就保证了该教材在知识上的准确性和学术视野的广阔性。该教材编写任务的具体分工是:王思斌(北京大学)编写第一、二、九、十一、十二章,范志海(华东理工大学)编写第三、四章,张曙(南京理工大学)编写第五、六、七、八章,孙莹(中国青年政治学院)编写第十章和参与编写第九章的第四节。全书由主编统稿。

应该说明的是,由于各自的教学和实践经验不同、研究视角不同,因此参编者对知识的理解也会有所不同。这样,各章的编写风格可能并不完全一致,这有待于在教学实践的基础上通过进一步修订来完善。参编者的教学和科学研究任务都十分繁重,但都挤出时间认真完成书稿,主编感谢参编者的积极合作,也感谢参编者对统稿工作的理解。

感谢高等教育出版社干咏昕对本书编写和出版所做的工作,真诚地希望读者提出宝贵意见,以推动我国社会行政教学与实践的发展。

主编
2005年12月

目 录

第一章 社会行政的含义与构成 …………………………………… 1
第一节 社会行政的含义 …………………………………………… 1
第二节 社会行政的发展 …………………………………………… 8
第三节 社会行政与社会政策的关系 ……………………………… 13
第四节 社会行政的要件 …………………………………………… 18

第二章 社会行政的层次、内容与功能 ………………………… 24
第一节 社会行政的层次 …………………………………………… 24
第二节 社会行政的内容 …………………………………………… 28
第三节 社会行政的功能 …………………………………………… 36

第三章 社会行政的体制 …………………………………………… 43
第一节 社会行政体制的构成 ……………………………………… 43
第二节 社会行政体制的类型 ……………………………………… 47
第三节 中国的社会行政体制 ……………………………………… 58

第四章 社会服务机构 ……………………………………………… 64
第一节 社会服务机构的性质 ……………………………………… 64
第二节 社会服务机构的类型 ……………………………………… 68
第三节 社会服务机构的功能 ……………………………………… 72
第四节 我国社会工作服务机构的发展 …………………………… 74

第五章 社会服务的计划 …………………………………………… 79
第一节 社会服务机构的目标与整体规划 ………………………… 79
第二节 社会服务机构中的决策 …………………………………… 84
第三节 社会服务计划的制定 ……………………………………… 88

第六章 社会服务机构的组织与运行 …………………………… 97
第一节 社会服务机构的组织 ……………………………………… 97
第二节 社会服务机构中的领导 …………………………………… 100

第三节　社会服务机构中的沟通与协调 …………………… 108
第四节　社会行政中的控制 …………………………………… 112

第七章　社会服务机构的人力资源管理 …………………………… 120
第一节　人力资源管理及其意义 ……………………………… 120
第二节　员工的聘用与培训 …………………………………… 125
第三节　员工的激励 …………………………………………… 129
第四节　员工的督导 …………………………………………… 134

第八章　社会服务机构的财务管理 …………………………………… 140
第一节　社会服务机构的经费来源与资金募集 ……………… 140
第二节　社会服务机构的资金管理 …………………………… 148
第三节　社会服务机构的财务审计 …………………………… 155

第九章　社会服务项目的管理 ………………………………………… 158
第一节　项目管理概述 ………………………………………… 158
第二节　项目管理的方法 ……………………………………… 162
第三节　项目监测 ……………………………………………… 166
第四节　社会服务的个案管理 ………………………………… 171

第十章　社会服务评估 ………………………………………………… 177
第一节　社会服务评估概述 …………………………………… 177
第二节　社会服务评估的组织过程及模式 …………………… 184
第三节　社会服务组织的评估 ………………………………… 190
第四节　社会服务方案实施的评估 …………………………… 195

第十一章　社会服务机构的发展 ……………………………………… 201
第一节　社会服务机构的发展与能力建设 …………………… 201
第二节　社会服务机构发展的方法 …………………………… 207
第三节　管理主义与社会服务机构的发展 …………………… 213
第四节　社会服务机构的文化建设与社会资本 ……………… 218

第十二章　中国社会行政的实践与发展 ……………………………… 224
第一节　中国社会行政的历史及其背景 ……………………… 224
第二节　计划经济时期的社会福利制度与社会行政 ………… 231
第三节　改革开放以来中国的社会福利制度及社会行政体制 … 237
第四节　中国社会行政的发展前景 …………………………… 243

第一章　社会行政的含义与构成

社会行政是社会工作的重要组成部分。本章介绍社会行政的含义，梳理社会行政的历史发展，说明社会行政与社会政策的密切关系，介绍社会行政的构成，为理解社会行政理论和实践体系打下基础。

第一节　社会行政的含义

一、社会行政的概念

社会行政是现代的产物。作为一种社会活动领域，它同政府处理公共事务和现代社会福利制度的发展密切相联；作为一种知识体系，它与社会福利实践及相关社会科学知识的发展联系在一起，并随着实践及理论的发展不断充实着自己的内容。

（一）行政

社会行政是从英文 social administration 翻译过来的。英文 social（社会的）具有十分复杂的内涵，它有时是指同"生物性"相对应的社会现象，有时是指与"个人性"相对应的具有普遍性的社会现象，有时则指社会现象中与"经济性"现象相对应的公共性的、福利性的社会现象。

administration（行政）一词也有十分复杂的含义，它基本上指的是在公共事务中组织、协调等促进相关人员共同努力以有效地达致目标的活动。对于 administration 这一概念，人们也有多重理解。政治学和行政管理专家把行政看作是政府或公共部门的活动，例如伍德罗·威尔逊（W. Wilson）在 1887 年撰写的《行政学之研究》中就主要分析了执行宪法（即行政）的重要性[1]。法国行政管理学家法约尔则从一般意义上指出行政活动在工业组织和其他组织运行中的重要性[2]。

administration（行政）不同于 management（管理），传统上认为行政的职能比管理狭窄。行政一词的拉丁词源是 minor，意思是进行服务，其后是进行治理；管

---

[1]　R. J. 斯蒂尔曼：《公共行政学》，中国社会科学出版社 1988 年版。
[2]　H. 法约尔：《工业管理与一般管理》，中国社会科学出版社 1998 年版，第 2~6 页。

理的词源则是 manus,意思是亲自控制。这样,管理基本上指的是对某些事务的具体管理、操作和处理,是通过个人的行为处理控制事务的过程,是实行监管。而行政则强调服务,主要指对事务的计划、组织、推动和监督,是从综合的角度对相关事务的协调和推进。有学者总结指出行政与管理的不同之处:行政基本上指服从指令和服务,管理则指取得某些结果和取得这些结果的管理者的个人责任[1]。在当今有组织的社会生活中,行政与管理活动大量存在,它们既相互区别,又相辅相成。近些年来,随着新公共管理思潮的盛行,出现了在行政领域吸纳管理,管理对于行政的侵蚀的现象,即有的用公共管理代替公共行政。但是实际上,行政与管理还是有区别的。

在学科史上对行政的界定主要是从公共行政的角度进行的。怀特(L. D. White)认为行政是实现或执行公共政策时的一切运作。费富纳(J. M. Pfiffner)认为行政是通过一些人的协调努力,使政府的工作得以完成,它涉及对工作人员的管理、指挥与监督。西蒙(H. A. Simon)等人则从较广的意义上看待行政的含义。他们认为广义的行政是若干人为达到共同目的所作的合作的集体行动,狭义的行政则是为达到共同目的而采用的选用人员、分配事权、协调努力的方法[2]。

(二) 社会工作行政与社会福利行政

社会行政也叫社会工作行政(social work administration)和社会福利行政(social welfare administration)。顾名思义,社会工作行政是指在社会工作领域的行政活动,它是针对社会工作的行政活动。社会福利行政是社会福利领域的行政活动,它是以社会福利为对象的行政活动。至于如何看待社会工作行政与社会福利行政之异同,有学者倾向于从二者同质性的角度着眼,认为社会工作是增进人类福利的活动,这样社会工作行政与社会福利行政在含义上是一致的,它们不同于其他社会活动领域中的行政。

也有学者认为,虽然社会工作行政与社会福利行政在本质上是一致的或相通的,但是二者还是有区别的。社会工作行政是计划、组织、协调具体的社会服务的行政活动,这种行政活动比较靠近具体的社会工作,常常反映在某一社会服务机构、某一社会服务活动的整体设计与推动之中。社会福利行政则面对所有社会福利活动,特别是包括政府的社会福利政策的宣传、阐释、贯彻、监督与评估,这些行政活动不是只针对具体的服务活动,而是着眼于整个社会福利政策的运行。这样,社会福利行政就不但涉及具体的社会工作的组织、协调,而且与政

---

[1] 欧文·E. 休斯:《公共管理导论》,中国人民大学出版社 2001 年版,第 5~7 页。
[2] 徐震、林万亿:《当代社会工作》,(台北)五南图书出版公司 1990 年版,第 284 页。

府在宏观层面上的社会福利政策的实施、落实有关,它涉及政府的执行政策活动。当然,这种理解是建立在对"社会工作"和"社会福利"的狭义理解之上的,如果对社会工作作广义理解,则社会工作行政与社会福利行政之间的差异就会小得多。在某种意义上可以说,对社会行政的这两种理解与人们从不同角度看待对社会工作、社会福利事业进行行政管理的必要性及开展的实践和研究活动有关。社会行政的发展及其研究既来自于社会服务机构协调服务的要求,也来自于政府对有效执行社会福利政策的要求。

从社会行政涉及领域的广阔性我们可以认识到社会行政内涵的丰富性。如果我们把社会行政理解为包含社会工作行政和社会福利行政,那么可以说,社会行政是执行和实施社会政策,为有效地实现社会政策目标所进行的组织、协调和推展社会服务的活动。

二、社会行政与公共行政

从学科发展的角度来看,社会行政的发展与公共行政研究有着直接的联系。一百多年来,随着行政学(或公共行政学)的发展,社会行政的理论和实践研究也得到相应发展。为了理解社会行政,分析社会行政与公共行政的异同是必要的。

(一)公共行政的含义与内容

公共行政(public administration)是与公共事务相关的行政活动。公共的(public)也称公的,是与私人的(private)或私的相对应的范畴。公共性具有公益性和非排他性特点。尽管在现实生活中,人们对公、私可以做多种形式的划分(实际上二者的划分也是十分复杂的),但是,站在现代国家的立场上,一般认为政府所从事的活动属于公共事务,即政府是为公民的公共利益服务的,是向公民提供公共物品的,这与企业为牟取个人利益的私利活动有根本的区别。

公共行政是政府的本质性的职能和活动,它通过把公共政策转变为具体的实践来增进社会的公共利益。正是因此,斯塔林指出,公共行政所涉及的是从政府完成任务的角度所作的工作,它包括与实现当选官员竞选政策有关的全部活动。乔治·G. 戈登则指出,公共行政指的是与实现由立法机关、行政部门和法院所采用或制订的法律以及其他法规有关的一切过程。在这里,公共行政包含下述内容:(1)政府的行政部门的活动;(2)对公共政策的制定和执行;(3)与人们的广泛协作问题相关的事项;(4)与私人管理相区别的领域[①]。尽管有学者对公共行政的准确概念还有不同看法(包括它是否只属于政府),但是一般说来,

---

① 转引自 R. J. 斯蒂尔曼:《公共行政学》,中国社会科学出版社 1988 年版,第 6~7 页。

政府是公共行政的主体则是一种共识。正如美国著名公共行政学者德怀特·沃尔多指出的,就其作为一种活动过程而言,公共行政的历史与政府是同样悠久的。一旦组织机构上的发展与分化使得人们有可能谈论到一个社会的政府时,就会产生制定法律和实施法律的行为。

在理论上,政府是为公民服务的机构,其公共行政的内容是相当广泛的。政府的公共行政包括维护国家安全和社会安全,向公民提供基本的和有可能更好的生存条件和发展条件等努力。具体说来,现代公共行政包括:国防(外部安全)和外交事务、公共安全(内部安全)、司法、公共卫生与国民健康、劳动就业、公民受教育、公民的居住安全,也包括解决影响公众的社会问题,为经济发展和公民生活的改善创造条件等。这些构成了政府对公民的基本责任。

(二) 社会行政与公共行政的联系与区别

如果我们把公共行政看作政府的职能,那么,政府制定和实施社会政策的活动也属于公共行政的范畴。这就是说,依据一定的社会政策动员和协调各种资源,为有需要的社会成员特别是困难群体、弱势人群提供有效服务的社会行政是公共行政的组成部分,但又是特殊的组成部分。就政府行为而言,社会行政也是公共行政,它所处理的也是某种公共事务而不是个人事务,也是要通过实施社会政策实现社会公益。可以认为公共行政在一定程度上包括了社会行政,这是二者的相同之处。

就二者的差异而言,社会行政又不同于一般的公共行政。第一,公共行政是面对一般公民的、维护其利益的行政活动,社会行政则主要面向社会上的困难人群和弱势群体的活动。正是由于这些人陷入困境不能自拔,为了维护社会公平与社会秩序,就需要政府采取政策和措施去帮助他们,其中实施政策、动员和协调资源的过程就是社会行政。这样,公共行政与社会行政的差异就主要是政策对象和政策内容上的差别:社会行政主要是与帮助困难人群和弱势群体相关的行政活动,它包括在促进社会保障、促进就业、改善困难群体的健康状况、保障公民受教育的权益,保障公民的居住权益,以及促进老年人福利方面的行政活动。与公共行政相比,社会行政的对象范围较狭,福利性更强。

第二,政策对象和内容的不同带来价值上的某种差异。由于社会行政所要解决的是弱势群体的问题,所以与公共行政相比,社会行政更关心价值问题,即在实施政策过程中行政人员持有更多的、对政策对象的关怀。

第三,在市场经济比较发达的国家,社会行政的主体多元化。在这些国家,对困难人群、弱势群体的支持和帮助大多数是由非营利组织实施的,它们依据社会政策提供有效服务也需要行政活动,而这不能归结为政府的公共行政。

三、社会行政与社会管理

当前在我国,在社会转型迅速、各种矛盾比较突出的情况下,协调各方面的关系、有效地解决社会问题显得十分重要,因此,加强和完善社会管理被突出地提上议事日程。加强社会管理也是政府的责任,这样,对社会行政和社会管理进行必要的区分就是必要的。

(一)社会管理

社会管理并不是专属于某一专业领域的概念,它既不属于政治学,也不属于社会学和社会工作。它是跨学科、跨领域的,以维护社会秩序、实现社会协调和发展为目的的管理活动。社会管理是以整个社会(包括地方社会)为对象的管理活动。由于社会结构和社会问题的复杂性,社会管理一般带有综合性特点,即它是站在整个社会的高度,解决社会问题、协调社会关系、为社会发展创造适宜条件的管理活动。从已有文献来看,苏联东欧学者对社会管理的研究成果较多。他们主要从社会整体论的角度,运用系统论、信息论、控制论原理,研究社会整体发展中经济、政治、技术等方面的关系,研究社会管理的主体与客体的关系,研究社会管理与发展的规律性[1]。这样,社会管理就是从综合的角度、用综合性方法、处理综合性社会关系问题的管理活动。

在由计划经济体制向市场经济体制转变的过程中,我国政府也提出了加强和创新社会管理的任务。这里的社会管理是相对于社会结构的重大变化和以往的强力控制而言的,指的是由政府主导、各方参与的社会治理与管理活动。

(二)社会行政与社会管理的联系与区别

如果我们把社会管理看作在整体上协调社会关系、解决社会问题的活动,那么,政府制定和实施社会政策,解决困难群体的问题也可以纳入社会管理的范畴。但是,社会行政与社会管理有着明显区别,虽然行政也有某种管理的含义,但它并不等同于社会管理。

社会行政与社会管理的区别表现在如下几个方面:第一,对象不同。社会行政的对象是社会福利活动,特别是对困难人群和弱势群体的福利性支持,而社会管理的对象是一般的社会活动,是要协调社会结构中的各种重要关系,而不限于对弱势人群的支持活动。第二,方法不同。社会行政作为一种组织、协调和管理活动包括使用一般的管理方法,但它更强调从支持弱势群体、有效提供社会福利的角度看待协调和管理,更强调对人的关心。社会管理则更强调权力和参与。第三,任务不同。行政和管理都有明显的理性主义色彩,都要追求活动的效率和

---

[1] A. M. 奥马罗夫:《社会管理》,浙江人民出版社1987年版。

效益,但社会行政更看重效果而不是单纯的效率,因为社会行政的根本任务是要对困难人群、弱势群体实施有效的帮助。社会管理则以实现社会秩序为目的。

四、社会行政的含义及领域

(一)社会行政的含义

在做了上述多方面比较之后,让我们来看什么是社会行政。社会行政有两个起源:一是政府实施社会政策的活动,二是社会服务机构在实施服务的过程中筹措、组织各种资源,协调服务,有效配置资源的活动。与此相联系,社会行政大体上可以分为宏观社会行政和微观社会行政。关于这一点,下面还会较详细地介绍。这里我们还是将两种社会行政联系起来分析其含义。

许多学者对社会行政进行过研究,并对之给出基本的界定。

台湾学者朱辛流指出,社会行政是运用政府权力,根据当前政策与施政方针,有计划地健全人民团体,推展社会运动,增进社会福利,实施社会安全,加强劳动管理,发展合作经济,推行公共保健,并对国民的生存权、工作权和利益权予以确切保障的措施。这种界定从政府实施社会政策的角度来看待社会行政,属于官方的宏观取向。

江亮演等人也基本上持这种看法。他们认为,社会行政是现代国家的公共行政部门之一,是间接的社会工作方法,它是被应用于社会机构的行政程序。在这里社会行政被认为是政府的工作,但又指出它与一般公共行政不同,是社会工作的方法。显然,这种界定可以对应于政府兴办的社会服务机构的行政活动。他们把社会行政分为广义的社会行政与狭义的社会行政,广义的社会行政除建立福利社会外,还包括为奠定社会公共秩序、发展人力资源潜能及推动社会建设而进行的工作。狭义的社会行政指督导公私立机构推行社会福利事务的活动[1]。

白秀雄从内容的角度分析和区分社会行政。他认为社会行政有狭义与广义之分,狭义的社会行政是指被运用于社会服务机构的行政程序,广义的社会行政是与民众一起工作以建立并维持协同努力的体系的过程。显而易见,狭义的社会行政是机构内的行政活动,广义的社会行政包含了社会福利政策实施及其取得的预期效果的各个方面[2]。

崔克尔(Trecker)也将社会行政分为狭义与广义两种。他认为狭义的社会行政是通过协调与合作去获取各种资源,以达致社会目标的过程。广义的社会

---

[1] 江亮演等:《社会福利与行政》,(台北)五南图书出版公司2002年版,第8~9页。
[2] 白秀雄:《社会福利行政》,(台北)三民书局1979年版。

行政是根据立国思想与社会政策,运用社会工作专业方法,预防或解决社会问题,调整社会关系,革新社会制度,促进社会均衡发展的过程。这种界定照顾到了社会行政在社会政策实施、资源的动员与协调方面的内容,也顾及了社会行政在解决社会问题、促进社会协调方面的角色,应该说更加全面。

约翰斯·雷(Johns Ray)从社会行政所包含的内容的角度进行界定,认为社会行政是确定目标及建立政策,创立并维持机构,制定计划并付诸实施,以及评价其结果的过程。在这里,他循着社会政策的制定与实施的思路来说明社会行政,既包括宏观的政策运行,又包括服务项目的实施。

基德内(John C. Kidneigh)则走出把社会行政视为单纯的执行政策的观点,认为社会行政具有能动性。他指出,社会政策与各种社会服务之间存在一个双向过程:将政策变为具体的社会服务,运用经验修改政策。这种分析更加符合实际,符合关于决策与执行关系的现代看法。

然而无论如何,社会行政都不是理论性工作,而是更多地属于实际工作,以至于有学者称之为社会行政工作。崔克尔对各家说法的综合说明了这一点。他认为社会行政包含如下含义:社会行政是一种持续的动态过程,这一过程旨在合理地配置人力、物力资源,通过协调与合作的方法(包括计划、组织、领导等),去促进和达成共同目标①。

上述学者都从不同角度对社会行政进行了说明或定义,我们可以发现,社会行政既包括与政府的政策实施相连的较宏观的部分,也包括与社会服务机构从事服务活动相连的较具体的活动。这样将社会行政分为宏观与微观(或广义与狭义)对于分析问题是有益的。但是,既然都是社会行政,就有一个基本的、共同的界定来反映其本质。可以认为,社会行政是将社会政策变为社会服务的活动。

(二) 社会行政的领域

社会行政与社会政策的实施有关。由于各国社会政策的范围和内容不同,实施社会政策的方式不同,所以社会行政的表现形式也不同。西方福利国家的社会政策比较发达,社会行政的领域也较宽阔;发展中国家的社会政策不发达,社会行政的范围也较小。一般说来,政府所办理的有关民众的一般福利,包括教育、卫生、住宅、康复、公共救助、就业辅导、社会保障、社会保险和社会福利服务等领域,是社会行政发挥作用的领域。联合国于1959年曾经倡导开展国民健康计划、家政计划、住宅计划、劳工福利计划、教育计划、社会保障、乡村发展计划、城市发展计划等,这也是社会行政的范围。至今,社会政策的范围又有所扩展,

---

① 转引自:斯基德莫尔:《社会工作行政》,中国人民大学出版社2005年版,第2~3页。

如社区矫正方面的社会政策,并产生了与之相对应的社会行政。

第二节 社会行政的发展

一、民间社会服务的开展促进了社会行政的发展

社会行政的发展来自于社会服务实践的要求。英国完成工业革命后,贫困、失业、社会疏离现象大量出现。这一方面使政府不得不通过制定法律和社会政策去解决日益严重的问题,如制定和实施《济贫法》,另一方面也促进了民间社会服务的发展。1900年后随着社会问题的加剧,英国的许多城市设立了私立救助机构来帮助失业者、穷人、流浪者及孤儿。但是由于这些机构彼此缺乏协调和联系,所以出现了各机构提供的服务重叠和受助者被反复救助的现象。在这种情况下,伦敦成立了慈善组织会社(the Charity Organization Society,简称COS),以促进机构间合作,协调行动,提高服务质量和效率。慈善组织会社也开始聘用受薪的社会工作员担任行政秘书,负责组织和训练友善访问员,同时建立会计制度来审核救助资金的使用情况。这种协调和合作被认为是民间服务机构社会行政的开始。

在市场经济比较发达、民间社会服务机构也比较发达的国家或地区,大型服务机构内部的相互协调成为必需,它们的社会服务实践推动着社会行政的发展。例如,香港的大量社会服务是由民间社会服务机构提供的,香港社会服务联会现有300多个会员单位,该组织在代表会员单位向政府提出自己的政策主张、协调机构间的关系及提高服务质量方面发挥着重要的作用。

二、社会福利制度的建立促进社会行政的发展

社会政策的制定与实施、社会福利制度的建立和运行促进了社会行政的发展。在现代社会中,社会问题特别是困难人群和弱势群体的生存成为广大社会关注的问题。出于解决问题、稳定社会秩序等需要,政府会根据自己的财力和行政能力,设计和制定某些社会政策,并力图贯彻执行。在这种背景下,社会行政被提上议事日程,并作为一种特殊的行政工作被突出出来。在不断的实践和研究中,社会行政的经验得以积累,并获得发展。

从历史发展来看,社会福利制度的建立和发展促进了社会行政的发展。1900年之前,美国联邦政府没有社会福利行政,社会服务主要由慈善机构自己处理。1911年,美国联邦政府颁布母亲年金立法,1912年联邦政府设立儿童局开启了联邦政府的社会福利工作,也自然发展出附属于公共行政的社会行政。

1929年的世界经济危机促进了美国社会福利行政的发展。经济危机引发的社会问题及其解决之道表明,在美国社会福利发展史上曾扮演主要角色的志愿性慈善团体已无力应付全局性问题,政府必须在社会福利方面承担起更多责任。1933年,美国成立"联邦紧急救济总署",1935年颁布"社会保障法"。公共救助制度的建立促进了政府有关部门对公共社会服务人员的强烈需求,新创立或扩充的公共福利部门急需大量能进行计划、组织、管理与监督的社会服务计划工作者。政府大量介入社会福利政策的实施、社会福利计划的设计与推动工作,从而推动了社会行政实践和研究的发展。

英国是最早实施现代社会政策的国家。1601年的伊丽莎白"济贫法"要求教区负责供养其地区内不为家属供养的贫民,并将贫民进行分类,对体力健全之贫民强迫其进习艺所工作,让不能工作之贫民进入"救济院"或施以院外救济,对失依儿童设法领养或寄养,这里都涉及政策界限等问题。"济贫法"还规定设立监督员负责在教区推行该法令,这也与社会行政事务有关。

1942年,贝弗里奇在长期调查及研究的基础上向英国政府提交了《贝弗里奇报告》,大大促进了英国现代社会保障制度的建立。1944年,英国政府发表了一系列有关社会保障的白皮书。第二次世界大战后,英国工党政府进行了一系列社会保障制度改革,实施综合的社会保障制度,社会保障由中央和地方职能部门统一管理,社会团体不再参加社会保障制度的管理工作,这些都直接推动了以政府为主的社会行政的发展。社会行政在英国得到重视的一个重要表征是著名学者梯特马斯(R. Titmus)在20世纪50年代被伦敦经济学院聘为第一个社会行政教授。

社会行政是社会政策的实施过程,社会政策、社会福利制度的建立必然要求社会行政实践与研究的发展,以保证社会政策和社会福利制度的有效运行,进而为社会问题的解决和社会秩序的维持做出贡献。

三、社会行政作为一种专业方法

在社会福利服务领域,社会行政作为一种专业方法出现的时间比个案工作、小组工作和社区工作要晚。当个案工作、小组工作、社区工作相继获得专业认可之后,社会行政的专业地位问题也被提上日程。实际上,社会工作发展之初就有了发展社会行政的要求。美国于1914年后的许多训练计划中一般都包括社会福利行政课程,虽然有时不是必修课。随着20世纪30—50年代公共福利的发展及对公共行政的研究,社会行政逐渐获得了自己的独立地位。社会工作核心知识、价值和技术的影响,也促进了社会行政相对独立地位的形成。这些实践和研究说明:社会行政是不同于一般行政的特殊的行政,社会行政人员需要特别的知识和训练;行政与个案工作等社会工作的价值、方法紧密结合,可以形成有效促进社会福利服务的新领域;将行政实务的知识和方法运用于社会工作有助于社会服务的发展。在这种情况下,虽然社会行政还没有获得像个案工作那样的专业地位,但是它对于社会工作的支持作用已无需置疑。到50年代末,美国的社会工作学院一般都将行政课程纳入课程表。

20世纪50—60年代,美国政府推行了一些大的社会福利与社会发展项目,如美国总统约翰逊推动的"伟大的社会"(Greet Society)项目,其动作很大但并没有取得应有的成就。这引起了一些社会工作学者对社会工作介入方法的反思。50年代末60年代初,伯恩斯(Eveline Burns)批评美国的社会工作学院忽略了有关政策与行政的内容,认为这不但影响了社会工作对社会政策的影响,也不利于社会福利服务事业的发展和效果的获得[1]。1963年,美国社会工作者协会内部设立了社会工作行政组,许多社会工作学院为学生提供了社会工作行政方面的专门课程。

虽然社会福利及社会发展项目需要行政和管理人才,但社会工作教育并未有效地对这一需求给以适当的回应,因为社会行政还未被认为是一种社会工作实务方法。这也导致许多具有一般管理知识背景的人士进入社会服务机构和项目的行政管理岗位,而这对社会工作以极大刺激与挑战。1973年,美国社会工作教育学者赛瑞(Sarri)指出了社会工作及其教育在发展中的不足及责任。她认为,如果社会工作专业不能证实自己能满足主要的社会需要,并在社会服务设计与沟通方面处于领导地位,那么它将成为听命于其他专业的仆人。如果它不能提供领导人才,那么它将失去其对该领域的控制[2]。作为对上述问题的回应,70年代美国社会工作学院的社会行政课程大增,1976年《社会工作行政》(Administration in Social Work)一书出版,社会行政的专业地位也逐渐被承认。

在应对社会问题的过程中,社会行政逐渐确立了自己的地位,社会行政成为社会工作中不可缺少的组成部分。当然,社会行政与其他社会工作方法也有明显的区别:个案工作、小组工作和社区工作基本上属于直接服务方法,其专业性更强。社会行政属于间接服务方法,它秉承社会工作的理念,运用社会工作的方法,同时吸收诸如公共行政学、管理学的相关知识来促进社会服务的开展。个案工作、小组工作、社区工作、社会行政各有其独特的方法,它们互相区别又互相联系。个案工作、小组工作可称为微观社会工作方法,它们通过人际沟通和服务解

---

[1] 徐震、林万亿:《当代社会工作》,(台北)五南图书出版公司1990年版,第296页;林显宗、陈明男:《社会福利与行政》,(台北)五南图书出版公司2002年版,第15页。

[2] 林显宗、陈明男:《社会福利与行政》,(台北)五南图书出版公司2002年版,第21页。

决问题。社会行政与社区工作属于宏观社会工作,主要解决社区层面和福利政策方面的问题。但是它们并不是互相割裂的,整合取向的社会工作会综合地使用多种方法去处理问题,在这一过程中社会行政发挥着重要作用。

四、社会行政在科学研究与实践的推动下发展

社会行政作为实施社会政策的实践受到政治、经济的影响,在各种学科中,社会行政受公共行政学、管理学的影响最大。

(一)公共行政研究对社会行政发展的影响

从公共行政的角度来看,社会行政的发展与政府的社会政策的制定与实施、社会福利制度的建立直接相关。对于政府来说,重要的是执行政策即行政。社会行政作为公共行政的组成部分,其受公共行政实践和研究的影响就是自然而然的。1887年,威尔逊发表的《行政学之研究》被认为是行政学的开端。威尔逊认为,与制定一部宪法相比,执行宪法变得越来越难。他认为,到19世纪为止,美国关于政府事务的研究主要集中于政治哲学、宪法调整和法律制定等政治活动上,而对文职人员的培训及公共行政的研究不足,这不利于美国公共政策的实施。因此,威尔逊提出建立行政学即公共行政学,研究政府的公共行政行为。1900年,古德诺在《政治与行政》中也指出,政治是国家意志的表达,而行政则是这一意志的执行[1]。

按照威尔逊及古德诺等人的见解,政治与行政是两种不同的活动。政党的活动、公众舆论的作用、立法机关的职能活动都属于政治,这里进行的是利益集体的争夺、价值观念的冲突,其结果是制定政策。而一旦法律被通过,政策被制定,实施法律和政策就变得十分重要。于是要把政治和行政分开来研究,要研究行政即政府部门执行政策的效率问题。这样,公共行政学科得以建立。

但是,20世纪20年代之后,这种观点受到了挑战,一些学者认为不应该将制定决策(政治)与执行(行政)分割开来。1947年,达尔认为,将政治与行政分开这种"政治—行政二分法"实际上排除了价值观念对行政的影响,这种将行政视为技术性工作的观点实际上是有问题的。因为公共行政研究必须建立在某些明确的目标之上,而且公共行政研究的是人类的活动,因此不可能不与价值联在一起。这样,行政研究就与制定政策研究联系得更加紧密。与此同时,西蒙在《行政行为》(又译为《管理行为》)一书中也阐述了这样一种思想:决策是行政的核心,决策具有普遍化特点,因此不能把行政与决策分开[2]。在这种情况下,同

---

[1] 弗兰克·古德诺:《政治与行政》,北京大学出版社2012年版,第15页。
[2] 西蒙:《管理行为》,北京经济学院出版社,1988年版。

时受到行为科学、管理学研究成果的影响,行政研究常常与行政组织中的决策、管理活动相联系。由于社会行政在这一时期并没有独立出来,所以社会行政的发展自然也就受到上述学术研究观点的直接影响,因为它是公共行政的一种形式。

在政策制定与政策执行的关系上,学术界一度出现对前者的重视超过后者的情况。其基本看法是:制定政策是不同利益群体的博弈过程,在制定政策的过程中将利益表述出来并在政策中得到表达是最基本的,因此制定政策成为最重要的研究对象。在政治学研究中,政策的制定或决策一直处于研究的核心。受这种研究思想的影响,在社会福利领域则主要是对社会政策制定过程的研究,社会行政研究在某种程度上被融入社会政策研究。也有人认为,政策转化为社会行政的过程是理所当然的,甚至不值得研究,从而使得行政研究被忽视。可以发现,学术界关于社会行政的研究成果远不如社会政策研究成果丰富。

(二) 管理理论的发展对社会行政的影响

组织研究和管理学的成果对社会行政的发展起到了重要作用。组织研究在过去的一个世纪中得到较大发展,从最初泰罗的科学管理理论、法约尔的一般行政理论、韦伯的科层制(或称官僚制)理论,到后来行为科学学派的管理思想、社会系统的组织观,再到20世纪60年代以后开放的组织观,组织学家从组织的目标、结构与过程,组织与环境的关系等角度研究组织发展的规律。这些研究成果对社会行政的发展起了推动作用,因为社会政策是靠组织来实施的。此外,管理学知识和实践的发展也对社会服务机构的行政管理有着重要影响。这一方面是因为在社会服务机构甚至是政府部门中,行政与管理之间的分别并不是很清晰,而是在实际工作中互相交织。另一方面,后来公共行政的发展也在有意吸收管理的理念甚至做法,于是管理领域的研究成果对社会行政产生了重要影响。

20世纪70年代末80年代初,英国的撒切尔夫人当政,接着美国的里根当政,新保守主义势力占据上风。社会福利开支被削减,社会福利机构及项目的有效运行成为当权者关心的问题。管理主义思潮的盛行、新公共管理理论大行其道,这些都对社会福利开支、社会福利计划和社会行政产生了复杂影响。在这些因素的影响下,社会行政如何在坚持社会工作的价值与管理主义所追求的效率之间保持平衡成为学术界和实际工作者普遍关心的问题。对这些问题的研究推动着当代社会行政的发展。

第三节 社会行政与社会政策的关系

一、社会行政是社会政策的执行过程

(一) 社会政策的含义

政策与行政有着直接关系,正如前边我们已经表述过的,社会行政是将社会政策变为社会服务的过程。这是从现代国家职责的角度来看待二者之间的关系的。当然,对于政策也有广义和狭义之理解。一般地讲,人们将政策看成政党和政府为实现一定时期的路线和任务的行动准则,是政党和政府解决有关重要问题的方向、目标和行动的规则体系。这是对政策的狭义理解。对政策也可以作更广义的理解,即认为政策不是政党和政府独有的,社会组织也可以有自己的政策,这些政策是社会组织解决自身重大问题的行动规则。这样,政策一词所包含的内容就更多,涉及的范围就更广阔。一般而言,在公共行政领域讨论的主要是政府和政党行为,基本上是从狭义上去理解政策的。而有关组织的政策及其实施的研究属于组织研究或机构行政研究。

社会政策是公共政策的组成部分。社会政策这一概念最先由德国学者提出。瓦格纳(A. Wagner)指出,社会政策是对分配领域中的问题采取立法及行政手段,以缓和问题的国家政策。另一位德国学者费舍尔(Fischer)指出,社会政策是为了人类幸福而采取的行动措施的总合,其目的是调节收入分配与平衡社会经济生活的负担。显然,这里所说的社会政策是与经济收入或分配领域出现了比较严重的问题,并力图通过政府的努力去缓解、解决问题相联系的。因此,一般认为,社会政策是与通过政府干预去改善弱势群体、困难群体在生活上的不利状况相关的,在很大程度上可以说社会政策就是社会福利政策。

第二次世界大战后,英国及北欧国家宣布建成"福利国家",并实行全民福利。在这种情况下,社会政策就不只是针对弱势和困难人群的,而是为全民提供福利的政策,它涉及的领域相当宽泛。从一般的意义上来说,社会政策主要包括:社会保障政策、公共医疗卫生政策、公共住房政策、公共教育政策、劳动就业政策和社会福利服务政策等。社会保障政策是政府通过公共行动向收入不足的社会成员提供基本生活保障的政策;公共医疗卫生政策所要解决的是保护公民身体健康;公共住房政策所面对的是城市人口中贫困者的住房困难问题;公共教育政策是政府在实现公民的教育权利方面所做的政策承诺;劳动就业政策解决的是劳动者的劳动权利方面的问题,包括就业机会的提供及合理分配、对劳动者的合法权益的保护等;社会福利服务政策则是向特殊社会成员(如老人、儿童、残疾人等)提供福利性服务的政策。各个国家和地区因其经济、政治及文化方面的差异,其社会政策的涉及范围和程度也不同。

基于上述情况可以认为,社会政策是国家以立法的形式确定,依靠行政手段实施,以提高国民生活质量、促进社会福祉的政策。显然,这种界定是从狭义上来看待社会政策的,它强调了政府在社会政策中的主体地位,强调了社会政策的价值目标。

(二) 社会行政是实施社会政策的行动

社会政策的目标是要缓和社会成员在经济收入分配、生存条件和发展机会方面存在的巨大差距,缓解社会矛盾,促进社会公正,维持社会秩序。虽然人们都普遍向往社会协调及秩序的目标,但是这种状态又不是通过社会成员的自发努力可以实现的。由于社会中存在着不同的利益群体,他们在经济利益上可能是互相矛盾甚至对立的,因此,社会政策的落实并不是通过发布政策就能实现的。一项政策的落实和预定结果(政策目标)的达成需要处理各方面的问题,包括资源的实际筹集与配置,政策对象的实际划定,资源的分配与传递,相关各方关系的协调等。这些与实施政策相关的人力、物力、财力及其他条件之间的协调工作就是社会行政的责任。作为决策结果的社会政策只有通过实施才有可能变为现实,而社会行政是实施过程的重要的、基本的组成部分。

社会政策倾向于支持困难群体和弱势群体的性质决定了它必须靠有权威的力量才能实施和落实。在现代社会中这种力量的拥有者首先是政府。政府依靠公民赋予的公共权力,靠自己所拥有的或者通过行政力量可以调动的资源,靠庞大的、自上而下的行政系统去执行、实施政策。政府部门和相关组织遵照法律和政策,去动员资源、组织力量、协调各方的活动就是社会行政。在落实、实施社会政策方面,政府是首要责任主体,但不是唯一行为主体。在执行、实施、落实政策的过程中,政府部门要与各种社会组织发生关系。在市场经济发达的国家和地区,以服务弱势群体和困难群体为己任的非营利机构承担着重要责任,它们也是社会行政的主体之一。

社会行政是一个自上而下的推动、落实政策的过程,又包含了各方的参与。传统上,政策的实施基本上是执行的过程,这种执行不但包括行政机构去执行政策,而且包括下级执行上级的指令,因此在执行体系内部会形成层级结构。在这种层级结构中,每一级别、岗位上的人员都是执行自上而下分配的任务,他们被看作较为"机械"的执行者。这就是韦伯的理想型的科层(或官僚)模式。但是实际上,一项社会政策的执行或落实不但包括在自上而下权力约束下的执行行为,也包括下级对政策进行诠释和理解以及对政策实施方式的选择,甚至也包括政策对象的参与。可以说,社会政策的落实并不是简单的执行,而是相关各方将自己的想法带入其中的各方互动的复杂过程,我们可以称之为实施过程①,这也是一个复杂的社会行动过程。

二、社会行政是社会福利的传递过程

(一) 什么是社会福利

福利(welfare)是指人的利益和需要得到满足的生活状态,它既可以说明个体的生活状况,也可以表明地区或国家的社会发展水平。社会福利是指一个国家或地区的政府及社群通过帮助人们满足经济、社会、教育和健康需要,而使人们的生活得到改善、福祉得以增加的状况。社会福利是一种状态,它是现代国家通过制定和实施社会政策,社会组织和群体依据自己的理念,帮助社会成员达致更好生活而努力的结果。

对于社会福利,学者们有不同的分类。梯特马斯把社会福利分为:以社会服务为主要内容的剩余性福利,以就业为基础的、以福利津贴和服务为主要内容的职业福利,通过税收渠道安排的相关津贴和待遇即财政福利。也有的学者把社会福利分为剩余性福利和制度性福利,前者指的是对社会上无法自助者提供的社会救助,后者指的是政府作为常规性、制度性安排,向广大社会成员提供的福利。福利国家实行全面福利,即国家通过财政支付对所有公民给予生活上的支持,不管他们的经济基础如何,生活状况怎样。非福利国家的社会福利则是选择性的,即它是针对社会上那些经济和社会生活比较低下的社会成员而实施的福利支持和照顾。美国社会福利学者吉尔伯特(Neil Gilbert)等从社会制度的角度来研究社会福利。他认为家庭、教会、工作单位、市场、互助组织和政府都可能向人们提供福利,它们在人们的生活中承担着不同的责任②。

社会福利不同于市场交换所得,它是指人们不必通过市场交换就可以得到的好处。这种好处是由公共部门通过某种形式的转移支付来实现的。社会福利具有再分配性质。现代社会福利是由国家、政府通过税收等手段集中了社会财富,然后根据社会政策对需要照顾的对象给予无偿支持,这就是后者所获得的社会福利。

(二) 社会福利的传输需要行政协调

福利的来源不同,其提供方式也可能不同。在现代社会中,社会福利(不管是剩余性的还是制度性的)都是某种制度安排,都是在相当大范围内、比较普遍地存在的现象,这就需要对福利的提供或传输过程做出某种安排,并采取行动,

---

① 王思斌:《社会政策实施与社会工作的发展》,《江苏社会科学》2006年第2期。
② 吉尔伯特、特里尔:《社会福利政策导论》,华东理工大学出版社2003年版,第4页。

这就是社会行政。

社会财富从政府手中（或在非营利机构的掌握下）分送至需要人群的过程即社会福利的传输过程，也是政府部门或非营利机构组织和配置人力、物力、财力资源，将其送至政策的目标群体的过程。在这一过程中，社会行政扮演着重要角色。吉尔伯特认为社会福利的提供是一个传输过程，这里有一个输送系统，指的是在地方社区背景下服务提供者之间及服务提供者和消费者之间的组织安排。这种输送系统涉及如下一些方面：整个过程是中央集权还是地方分权管理，提供综合服务还是单一服务，聚集在一起工作还是分开运作，服务人员之间是协调工作还是从不沟通，是依靠专业人员还是雇用非专业人士，权力集中于"专家"之手还是授权于服务使用者等。这些因素都与如何输送服务及输送服务的效果有关，这里包括具体提供服务的过程，而核心则是社会行政过程。

关于社会福利的传输，吉尔伯特等人认为这与福利资源的存在方式和占有资源者的行为有关。他认为与服务提供的架构安排有关的有三类问题是：谁具有决策权和控制权？谁来执行不同的要实施的服务任务？输送系统由哪些单位组成？他认为，如果福利资源分布、配置不好，就会使福利的传输过程发生问题。他指出的问题包括福利的分割性、非连续性、不可获得性和输送系统的不负责任。分割性（fragmentation）是指福利资源或提供服务的部门在不同地方、按不同的时间表运行。非连续性（discontinuity）是指不同的机构之间缺乏转介服务，服务和需求之间有缺口，从而使人们不能连续地获得应获得的福利服务。不可获得性（inaccessibility）是由于一个人进入地方社会服务网络发生了障碍而产生的问题。如果上述一个方面或几个方面存在问题，服务对象得不到应得的服务也没有其他补救方式，就是输送系统的不负责任（unaccountability）。吉尔伯特认为，理想的服务输送系统中的服务是整合的、连续的、可获得的和负责任的。要避免上述问题，就要通过协调形成整合的、综合性的社会服务系统①。在这里，重要的是行政系统要有效地发挥作用。

没有社会政策就没有执行和实施政策的行动。反过来，没有社会行政过程，社会政策所企求的提高社会福利就只能处于理论状态，其政策目标就不可能实现，因此，社会行政是社会政策的必然延伸。

三、社会政策与社会行政的基本关系

社会行政是社会政策的延伸，是社会政策制定后的自然的后续过程。但这不表明任何社会政策都会得到认真执行并达到预期结果。社会政策与社会行政

---

① 吉尔伯特、特里尔：《社会福利政策导论》，华东理工大学出版社2003年版，第225~229页。

之间有比较复杂的关系。

（一）社会行政的效果受社会政策的科学性及其他条件影响

一项社会政策能否有效执行和落实,既受该项政策是否科学的影响,又受该政策在实施过程中其他社会条件的影响。社会政策的科学性是指它客观地反映了社会需要,而且符合实际地提出了解决问题的方法和可达到的目标。对社会成员的正当的、未获满足的社会需要的正确认识是科学地制定政策的起点,对满足这种需要的各种条件的客观而全面的了解是制定政策的基础。如果社会政策的制定者有负责精神,对上述问题都有较科学的认识,而且决策过程得当,那么所制定的政策就有较强的现实性,其得以实现的可能性就较高。如果政策本身是不严格、有漏洞和缺乏条件,执行政策的行政过程或者是形式化的执行,或者是在不具备条件时勉强为之,那么这项政策得以落实的可能性就低。

这就是说,要想使社会政策得以有效实施并达致目标,就要对政策的基础和条件、该政策实施的外部环境（包括经济、政治和社会环境）进行认真评估和分析,也要对这一政策的实施过程进行分析。制定政策是一个复杂的过程,它是一个政治过程。但是,不管怎样,制定政策时应该考虑到政策实施及行政过程,因为毕竟可以实施的政策才可能是有效的。

（二）社会行政过程对实施效果的影响

社会行政效果还受到本身过程的影响。这种影响来自于政策执行者对政策的认知和理解,他们对该政策的价值评价,以及他们实施政策的能力。韦伯的科层制理论是建立在严格的等级和理性原则之上的。他认为在行政组织中,专业人士基于周密而系统的办事规则可以实现组织的高效运转。在实际的行政过程中,如果政策是成熟的,各种条件是相对稳定的,行政人员是训练有素和富有经验的,那么,这一政策被有效执行的可能性就高。反之,政策的执行效果就可能打折扣。在实施政策的过程中,行政人员对政策的认同和理解直接影响着政策的执行。如果行政人员对某种社会政策的赞同程度低,他们对政策的理解有偏差,那么其行为就可能偏离政策的要求。因为实际上,行政人员并不是机械地执行政策,他们可能会因为自己的价值观念对政策执行发生这样那样的影响。另外,在实际执行政策的过程中,也有行政人员的自由裁量权的问题[①]。所谓自由裁量权是指行政人员在执行政策的过程中可以相对独立自主地处理问题的权限。自由裁量权的存在是因为政策并不能完全对政策涉及的所有情境都给出清楚的规定。政策执行越接近基层,就越有未能通过规定来约束的自由活动空间。在这种情况下,行政人员的自由裁量权就会发生作用。他们可能会促进政策的

---

① 迈克尔·希尔:《理解社会政策》,商务印书馆2003年版,第128页。

落实,也可能扭曲政策。这样看来,行政人员的素质,他们对政策的认同、理解就十分重要。正因此,社会政策的实施希望有更多的、了解政策执行当地具体情况的社会工作人员参与其中。

第四节 社会行政的要件

社会行政作为将社会政策变为社会服务的活动和过程,有一些基本的构成要素。这些要素相互配合保障着社会行政的开展。

一、社会政策

社会政策是社会行政的基础。从宏观角度来看,社会行政就是实施社会政策的过程。没有社会政策就不会有落实政策的组织和机构,就没有合法地动员起来的资源,也没有实施政策的行动即社会行政。从微观或具体活动的角度来看,没有社会政策,也不会建立社会福利服务的传输系统和它们的服务实践。所以,社会政策是社会行政及社会服务活动的基础。

狭义的社会政策可以被理解为政党和政府为实现一定时期的路线和任务的行动准则,是政党和政府解决有关重要问题的方向、目标和行动的规则体系。这样,社会政策本身就是一个复杂的体系。从本质上来说,它是一套饱含价值的行为准则和规则,并且表现为一种正式文本。它指出该项政策的宗旨和目的,政策惠及的对象及条件,福利资源分配的基本原则,福利资源分配及输送的责任者等等。政策文本具有不容置疑的合法性,它受政府权力的保护和支持。政策就其具体表现形式来说有国家和政府的法律、条例和规定等,它是通过合法权力机构认定并致力于实施的规则。

宏观意义上的社会政策,除了国家、政府的政策法规之外,还包括相关组织的某些原则和规定。比如,非营利组织会规定自己开展服务活动的宗旨,向它希望帮助的有需要的人群提供服务的原则,该组织与其他组织之间关系的原则性规定,以及组织对其成员进行协调、管理的规则等。总之,社会行政是以社会政策为基础,并按照政策规定去行动的。

二、社会福利资源

社会行政是以向有需要的人群特别是困难群体和弱势群体提供物质和服务支持的过程。在这里,向特定人群提供的、可以改变其不利处境的东西可以称为资源。资源是可以用来满足人们的某种需要的东西,社会福利资源是可以用来改善或增进人们的社会福利的资源。它是社会中存在的,可以用来改变有需要的人群特别是困难群体和弱势群体的不利处境的物质和服务的总和。

社会福利资源包括物质资源和服务资源。物质资源是以物质或资金的形式存在的,由于物质资源可以换算成资金,所以它也可称为资金资源。物质资源包括资金以及能够满足服务对象需要的衣物、食品、住房等。作为社会财富,通过它们向有需要群体的转移,可以增加这些群体和整个社会的福利。比如通过社会保障制度向低收入家庭提供资金帮助,向灾民提供食品和衣物,向低收入家庭提供廉价租房等,这些都是物质资源。物质资源一般具有占有的性质,即它们是属于社会成员或组织、群体的。社会行政就是要通过一定的中介环节,将这些财富转移、传输到政策认定的有需要的人群中去。这个中介环节就是私人财富公共化的过程,或者通过税收或者通过捐赠,私人物品变为公共物品,并进而变为社会福利资源。在筹集社会福利资源的过程中,政府主要采取税收方式,通过税收政策建立公共财政,用于发展公共事业,其中一部分被用于社会福利事业。在政府的社会福利开支中,一部分用于行政开支,另一部分直接用于向政策对象群体提供福利。政府虽然有时也倡导募捐,但是真正的募捐活动则是通过民间化的方式进行的。对于非营利组织来说,它所运用的社会福利资源一般来源于政府资助和民间募集,它从社会上筹集社会福利资源的主要方式是募捐,包括向企业募捐和向社会公众募捐。通过募捐,可以使有志于帮助他人,但自身又不具备直接支持条件的人将物品或资金交付给非营利组织,形成公共福利资源。当然,除了政府和非营利组织所筹集的福利资源外,还有散处于社会之中的福利资源。

除了物质资源外,社会福利资源还包括非资金性的服务资源,服务资源是人们所需要的、可以解除其困境的服务活动。在社会生活中,困难群体或弱势群体不但需要物质性支持,也需要他人的服务。甚至在有些情况下,这种服务会产生更加直接地缓解困难群体窘迫状态的效果。例如,对老人、残疾人的照顾,向有困难的弱势群体提供法律援助等等。某些老年人、残疾人可能一时并不需要金钱的支持,但是缺乏温情的服务。对于弱势群体来说,其权益保护所需要的是有力的法律支持,等等。由于困难群体、弱势群体获得的这些服务不需要他们付出金钱购买,所以它们是福利性的。服务资源是通过人们的服务活动来传输和起作用的,这种资源有的来自于政府的财政安排,有的来自于志愿服务组织的招募。前者指的是政府用于提供福利服务的各种人力服务开支,主要是行政费用和服务人员的工资,即通过政府付费的方式向政策对象群体提供福利服务。后者是指在政府或非营利组织动员下聚集起来的、可以帮助困难群体缓解困难的人群的技术和能力,比如各种类型的安老、助残、爱幼、帮贫等活动。在这些有组织但组织化不够凸显的活动中,服务资源的拥有者通过自愿的方式,用自己的服务去帮助有需要的人,帮助他们解决问题,使这些资源发生社会福利效果。实际上,除了被社区组织、非营利组织动员的服务资源外,民间还存在着大量服务资源,并通过互助等方式发挥着积极作用。

社会福利资源是社会行政的重要组成部分。如果没有社会福利资源,那么作为组织资源、传输资源的行政活动就不可能产生。社会福利资源的存在形式、数量和类型,对社会行政发生着直接影响。

三、社会服务机构

在现代社会中,较大规模的、有组织的社会服务计划(或项目)都是借助于组织或机构进行的,社会组织或社会服务机构是社会福利输送的主体。组织化是现代社会福利服务的重要特征。无论是发自民间的慈善活动,还是政府依其政策开展的济贫活动,其中都有大量的社会组织、社会服务机构参与,它们承担着福利资源的动员和分配、服务对象的确定、福利资源的传输等职能。这里所说的社会组织指的是所有与社会福利服务的提供相关的组织形式,而社会服务机构(social service agency)是指直接从事服务活动的组织。

在现代社会中,特别是在市场经济比较发达的社会,传输社会福利的组织系统有三个,即非正式社会福利系统、正式社会福利系统和社会性的社会福利系统[①]。所谓非正式社会福利系统是指由家庭、家族、邻里、朋友等初级社会群体组成的、向其成员提供福利的系统。这种福利的提供源于成员之间的感情连带关系,这种系统又称自然的社会福利系统。正式社会福利系统是指由政府部门及其兴办的机构组成的福利传输体系,它既包括政府的社会福利的主管部门,也包括政府办的直接提供福利的机构。社会性的社会福利系统是由非营利组织承担主要的社会福利传输的系统。在任何社会中,非正式社会福利系统都发挥着重要的作用,尤以不发达社会为甚。在现代社会中,传统的初级社会群体的功能及联系在弱化,政府在复杂的社会问题面前不得不承担起社会福利的责任,社会分工也使一些社会服务职能由专门的组织来承担。这样,社会福利服务的组织化特征就日益明显。

如前所述,当社会服务的对象众多、服务活动复杂,需要有组织地提供服务时,政府部门之间、政府部门与服务机构之间、各社会服务机构之间以及组织和机构内部的合作、协调就是必然的,这就是社会行政。无论是组织、机构之间的合作、协调还是其内部的管理,组织和机构都是作为重要因素存在的,因为它是社会福利服务的实际承担者。正是依靠组织和机构的有效运行,才实现着社会福利服务。当然,在把社会政策变为社会服务的全部过程中,不同组织所承担的

---

① 威廉姆·H.怀特科:《当今世界的社会福利》,法律出版社2003年版。

责任、发挥的职能是不同的,政府部门的主要责任是制定政策、解释政策、组织福利资源、建立社会服务的体系、建立服务标准、评估服务等。社会服务机构的职能则是具体、实际地提供服务。没有实际提供服务的社会服务机构,社会政策就不可能有效地实施,社会政策目标就难以实现。因此,社会服务机构是社会行政的基本组成要素。

社会服务机构既有政府办的福利机构,如儿童福利院、敬老院及其他服务于特殊群体的机构,也有民办机构。民办机构既包括从事服务机构的非营利组织,也包括私营的、带有福利性质的服务机构。

四、社会行政人员

社会行政人员(social administrator)是在社会政策执行系统和社会服务机构中从事政策实施设计和对服务活动进行协调、督促的人员。在整个社会服务项目实施的过程中,他们起着解释政策、制定具体的行动规则和服务标准、资源动员、协调各方服务等职能。社会行政人员是社会行政职能的承担者,他们对有效地实施社会政策、实现政策目标负有直接责任。从总体上来说,社会行政人员由两部人组成:一部分是政府系统实施社会政策的推动者和政策实施框架的设计者,另一部分是与具体服务相连的行政人员,他们具体负责组织、协调服务活动,去促进服务的落实。

作为前者,他们实际上是公共行政体系中负责推动和落实社会福利政策的官员和一般工作人员。这些行政人员代表政府从事推行政策的活动。他们要按着政府的制度、规则去执行来自上级的指令。另一方面,他们又要同社会服务机构打交道,替他们创造和设计实施具体服务的条件,包括政治、经济、社会组织体系等方面的条件。由于这些行政人员具有解释政策、筹集资源、分配资源的权力,所以他们对社会政策的落实十分重要,特别是在民主制度不发达的社会里更是如此。

社会服务机构中的行政人员包括机构中在宏观层面上为服务的开展建立支持体系的人员,也包括在较微观层面上具体地从事计划、组织、协调、监督和管理的人员。在有些情况下,社会行政人员之间层次上的分别并不清楚,但他们与具体服务人员的分别是清楚的,即他们并不具体地提供社会服务。

应该指出的是,社会行政人员同政府中的一般负责人有不同。虽然社会行政人员也是在某些方面负有责任的人,但由于他们以实施社会政策为己任,而社会政策又是以改善困难群体、弱势群体的不利状况为目的的,所以,与一般负责人(包括行政干部)相比,社会行政人员应该具有更强的社会工作价值,即为社会正义、社会进步而帮助困难群体和弱势群体。这样他们的行政行为就不是完全"价值中立"、不带任何价值和只是追求效率的,而是要以切实有效地改善政策对象的不利状况为目的。社会行政人员并不一定是专业的社会工作者,但是他们必须认同社会工作的价值观。

除此之外,要有效地推动社会政策的落实和社会服务的开展,社会行政人员还必须具备多种素质,如通盘考虑和设计实施政策活动的能力,决策能力,筹集各种资源的能力,组织机构或系统内成员共同活动的能力,与不同政府部门、组织及服务对象沟通和打交道的能力,合理分配资源的能力,评估服务的能力等等。总之,社会行政人员是社会行政行动的承担者,是社会行政系统中最重要的构成要素。

五、社会服务人员

社会服务人员是直接将社会福利资源传送到政策对象手中的工作人员。在社会服务系统中,社会服务人员直接同服务对象接触,他们与服务对象之间的互动直接决定了社会服务的效果。社会服务人员的承担者可能是专业社会工作者,也可能是并不具有专业资格的服务人员,如有的地方称他们为社会福利员,等等。对于那些非专业社会工作者的服务人员,社会服务机构一般会对他们进行社会工作价值与工作方法的培训,以让他们理解社会政策的理念、政策的基本规定、工作任务和方法,只有这样,他们才可能有效地将政策变为具体的服务。可见,社会服务人员对社会政策的具体实现十分关键。

社会服务人员在社会服务机构或社会服务项目中处于行政人员与服务对象的中介位置。在机构中他们接受行政人员的指导、监督和支持,在服务过程中他们直接与服务对象互动,感知服务对象的需要和接受服务的反映。在这一过程中,社会服务人员之间也要互相协作以共同实现服务目标。可以说,将社会政策变为服务的任务是经过一系列行政环节,不断将政策具体化、细化,并且最后通过社会服务人员的具体服务来实现的。正是从政策传递、服务提供的角度来看,社会服务人员可以纳入社会行政系统。

在将政策变为服务的系统中,社会服务人员处于该过程的最末环节。按照传统的、科层化的行政模式,这些服务人员处于行政体系的最基层,处于被管理、被支配的地位。他们的职责是照章办事,因此带有较强的被动性。但是按照参与模式,或者根据社会服务实际,社会服务人员则是以具体的服务活动影响政策实践的能动的行动者。他们会以自己的服务活动反过来影响行政过程,即对高层行政人员如何设计施行过程产生影响。所以,不应该把社会行政理解为行政人员单向的权力行使过程,而应该将社会服务人员包含在其中,将社会行政视为社会行政人员与社会服务人员互动的体系。

在狭义上,社会行政包含了从政策出台到将其变为服务活动的所有环节和活动。在广义上,社会行政还与社会服务对象有关,因为我们不可能舍弃服务对象而单纯分析由政策变为服务的过程。关于服务对象(有的称为案主)在服务过程中的能动作用,其他课程有专门阐述,在此不做专门分析,但本书在后面章节中会有所涉及。

推荐阅读文献

A. M. 奥马罗夫. 社会管理. 杭州:浙江人民出版社,1987
白秀雄. 社会福利行政. 台北:三民书局,1979
关信平. 社会政策概论. 北京:高等教育出版社,2004
H. 法约尔. 工业管理与一般管理. 北京:中国社会科学出版社,1998
吉尔伯特,特里尔. 社会福利政策导论. 上海:华东理工大学出版社,2003
江亮演等. 社会福利与行政. 台北:五南图书出版公司,2002
林显宗,陈明男. 社会福利与行政. 台北:五南图书出版公司,2002
迈克尔·希尔. 理解社会政策. 北京:商务印书馆,2003
迈克·希尔,彼特·休普. 执行公共政策. 北京:商务印书馆,2011
欧文·E. 休斯. 公共管理导论. 北京:中国人民大学出版社,2001
R. J. 斯蒂尔曼. 公共行政学. 北京:中国社会科学出版社,1988
斯基德莫尔. 社会工作行政. 北京:中国人民大学出版社,2005
王思斌. 社会政策实施与社会工作的发展. 江苏社会科学,2006(2)
威廉姆·H. 怀特科. 当今世界的社会福利. 北京:法律出版社,2003
西蒙. 管理行为. 北京:北京经济学院出版社,1988
徐震,林万亿. 当代社会工作. 台北:五南图书出版公司,1990

第二章 社会行政的层次、内容与功能

社会行政是在不同层面进行的、丰富内容的过程,包括宏观社会行政和微观社会行政。有效的社会行政对于促进社会服务、完善社会政策具有重要的作用。

第一节 社会行政的层次

从制定政策到政策的具体实施和真正落实是一个复杂的、环节众多的社会、经济和政治过程,它一般包括政策在政府系统内部的运行、政策由政府部门进入实施政策机构的环节,以及政策在实施机构内部的运行等内容。行政是包括了不同层次、不同内容的复杂活动的总和。实际上,高层政府中的行政与服务机构中的行政有许多不同,我们把社会行政分为宏观社会行政和微观社会行政,下文将分别予以介绍,并进一步指出它们之间的关系。

一、宏观社会行政

(一)宏观社会行政的含义

社会行政是在社会福利、社会工作领域执行、贯彻和实施政策的活动。我们把在社会政策变为具体服务的过程中,在宏观层次或较高层次从事与政策阐释、推行、筹划和设计相关的活动称为宏观社会行政。

国家的社会政策经过立法过程而具有法律上的合法性,在这种合法性的基础上,政府才能动员各种力量去贯彻和实施政策。在由立法部门交给行政部门贯彻、实施的过程中,相关部门还会制定执行、贯彻政策的某些细则和说明,以结合实际情况进一步阐明该政策的目标与意义,明确政策对象的范围,指出贯彻执行该政策的主要责任部门和相关责任部门,明确社会福利资源的来源及筹集方法,指明各相关部门之间的关系及如何去推动该政策的实施,说明政策实施效果的检查评估及事故责任的承担,等等。这些围绕政策的贯彻执行而开展的行政工作就是宏观社会行政。

当然,宏观社会行政并不限于中央政府与社会政策有关部门的工作,在地方政府层次也有宏观社会行政。由于任何社会政策都要直接惠及政策对象即民众,所以,地方政府也会根据中央政策或上级政府的要求,结合本地情况进一步细化贯彻执行上级政策的措施、办法,并更加实际地去动员资源、建立有关各方的协调关系,更明确地说明政策对象的特征、享受政策优惠者的条件、优惠政策的水平等。这就是说,如果把社会行政进行宏观与微观划分的话,那么,地方政府的某些工作也属于宏观社会行政。

不能将宏观社会行政只理解为政府的活动。实际上,一个大型的民间组织、非营利组织之中也可能会有宏观社会行政。那些国际性、全国性的非营利组织也会制定自己的政策。尽管非营利组织以实施服务见长,但是从组织的中央部门到具体从事服务的机构和服务人员毕竟有较长的"路程"。因此,大型非营利组织也会有自己的行政过程,也会有宏观社会行政,虽然它与政府部门的宏观社会行政会有不同,甚至有明显差异。比如,非营利组织中的宏观社会行政不像政府那样具有政治性,而有较强的专业特征等。

可以发现,这里所说的宏观社会行政是指在政府的社会行政系统和大型非营利组织中,从事政策的执行设计、为其建立条件及规则,并综合性地推动政策实施的活动。

(二) 宏观社会行政的特征

宏观社会行政有如下一些主要特征。

1. 较强的政治性

宏观社会行政是从贯彻执行的角度,对立法部门制定的社会政策的内容进行进一步阐释,对贯彻执行的途径和方法进行设计和推动的活动。如果采用传统的理解,即认为制定政策属于政治的范畴,行政属于执行范畴,那么,宏观社会行政是最接近政策制定活动的行政活动。在很大程度上,宏观社会行政就是要充分理解政策制定者的政治意图,并且通过行政系统去落实政策的政治目标。在这种意义上,宏观社会行政是制定政策这一政治活动结果的延续,并具有相当大的政治成分或内容。宏观社会行政包含了对政策目标的高度认同和对实现政策目标的承诺,这也是有很强政治意义的。

宏观社会行政的较强的政治性还可以从参与决策的角度来认识。任何政策的制定都必须考虑到该政策贯彻执行的基础及可行性。在这方面,政策制定者既需要直接了解基层社会的状况,也要征询相关部门和组织的意见,以及拟议中的政策执行者的意见。这样,政府部门、非营利组织的高层行政人员就可能对政策的制定产生某种程度的影响,即间接地在决策过程中发挥作用。政府部门、非营利组织的高层行政人员通过正式、非正式途径影响社会政策的制定属于广义的政治行为。可以认为,宏观社会行政是决策的政治活动与设计、推动社会福利服务的行政活动的交叉领域。例如我国关于儿童救助保护方面法律和政策的制定,就不只是全国人民代表大会的表决过程所能解决的。在将相关法律和政策提交全国人民代表大会表决之前,负责起草的部门已经听取各方面特别是与该法律、政策相关的政府部门的意见,后者对执行、实施政策的看法会影响当前的政策制定。

2. 广泛的协调

一项社会政策的贯彻执行和实施需要许多部门、组织之间的合作,因为这一过程涉及人力、物力、财力的筹措和分配,涉及相关各方在政策实施中的权力和责任。社会政策的执行或实施需要以可靠的人力、财力资源为基础,而这些人力、财力常常不是一个行政部门自己所拥有的。因此,宏观行政人员如果要想通过自己的组织体系有效地实施该项政策,就需要去同占有资源的各方协调。对于大型非营利组织来说,高层行政人员去筹募各种资源等协调工作更加重要。另外,政策的执行和实施过程也需要相关各方的协作,不同系统之间的协作制度和安排也是宏观行政工作的任务。总之,宏观社会行政的协调工作是为基层执行和实施社会政策准备物质条件和制度化的基础。

3. 对政策实施负有主要责任

行政的基本功能是对政策的执行,当政策被确定而进入执行程序之后,政策的执行者——行政系统和机构就被赋予权力去贯彻落实该项政策,从而也负有相应责任。尽管这种权力和责任是在所有执行和实施者之间分配的,但是,宏观社会行政人员则负有更大权力和责任。最高层级的行政人员则要向授权者(立法机构或任务委托部门)负全部责任。

4. 运用权力系统推动政策实施

政府部门的社会福利行政(例如民政部社会福利司的儿童福利行政)的内容包括:调查研究、初步拟定政策、上下沟通、争取财政支持、促进政策通过、政策颁布、落实、检查、修订补充政策。可以发视,宏观社会行政并不直接落实社会政策,而是要通过任务分配和推动去促进政策的实施和落实。在本系统和本组织内,处在高层的行政人员主要通过内部的科层结构去推动整个系统和组织,分工合作,达致政策目标。在现代社会,在复杂的执行政策活动中,科层结构是最有效地达致政策目标的手段。不但现代政府普遍采用了韦伯的科层制度,而且几乎所有大型非营利组织也广泛运用科层制度去处理内部运行问题。按照韦伯的科层制理论,现代行政组织的有效运行是以自上而下、被合法化了的权力为基础的。科层体制强调自上而下的权力和权威,高层行政人员正是依靠这种权力和权威去推动整个系统分工合作、实施政策。这与微观社会行政中专业权威发挥一定作用有所不同。

二、微观社会行政

(一) 微观社会行政的含义

微观社会行政是相对于宏观社会行政的概念，它指的是在政府部门或社会服务机构中比较接近于具体服务的基层从事的行政活动。

社会政策是经过一系列细化、具体化的过程而逐渐变为具体的面对政策对象的服务活动的，越接近这些服务活动，行政工作就越具体、越微观。如果从政策贯彻向实施具体的服务一极来看，行政就呈现出比较宏观——比较微观——很微观的连续状态。在社会政策实施系统中，最基础的是服务人员向政策对象提供的具体服务，往上就是对这种具体服务的协调管理，就是微观行政活动。这是与宏观社会行政相对应的行政活动。

微观社会行政一般出现在政策执行系统的末端，它不只存在于社会服务机构之中，也可能存在于政府系统之内。例如城市街道办事处落实上级政策，筹划帮助困难群体的活动也属于微观社会行政。

（二）微观社会行政的特征

1. 实务性

与宏观社会行政的政治性特征相比较，微观社会行政带有明显的实务性，即以具体地促进某项服务任务的完成为目标。社会政策细化至末端就表现为一系列具体的操作行为，微观社会行政的职责就是要保障这一系列合乎政策目标的服务的实施，进而达到政策目标。无论在政府系统中还是在社会服务机构内，微观社会行政都要针对服务对象、服务人员、经济和社会条件方面的具体情况而设计服务活动，组织和协调各种力量。这里面对的是具体环境和具体服务，所进行的是实务性的行政工作。

2. 局部协调

由于微观社会行政面对的是基础的、具体的、局部的工作，所以行政人员所从事的协调、统筹工作也是局部的。虽然这种协调也会涉及广义的经济、政治和社会因素，但从空间上看，它更多的是在相对狭小的地域乃至社区之中展开。从组织系统的角度看，它主要是组织内部的行为，甚至是组织内部较少部门、人员之间的协调。

3. 部分责任

与上述特征相联系，微观社会行政对社会政策的贯彻实施负有部分责任。在社会行政系统中，基层行政人员只负责某一局部地区的政策执行，或负责政策落实的某个方面的工作。他们的资源配置权力是有限的，对实现政策目标的责任也是有限的。当然，这里的部分责任并不意味着不重要。

4. 科层权力和其他方法并用

基础层面上的行政工作也主要以科层制度为背景，因此，科层权力的行使是微观社会行政的构成要素，这常常是现代组织所要求的。但是，由于基础层面的行政活动更多地接触服务人员和服务对象,要面对具体的服务任务,所以除了科层权力,行政人员还可能会使用专业方法,比如运用小组工作方法去建立工作团队,对服务人员进行专业督导等。特别是在社会服务机构中,由于服务的具体性,尤其要求行政人员懂得专业方法。另外,由于微观行政要面对具体的服务活动,所以在工作中行政人员还要注意政策对象群体的文化特征,要与政策贯彻地区的权力系统、政策对象群体建立良好的关系。

三、宏观社会行政与微观社会行政之间的关系

以上对宏观社会行政与微观社会行政的划分只是要指出社会行政的任务并不是完全同一的,从政策的制定到政策目标的实现是一个复杂的、由一系列环节组成的过程。在这一过程中需要在不同层面开展行政工作,而且不同层面的行政工作是各有特点的。当在较大范围内推行实施某项社会政策时,就存在二者的关系问题。

从性质上来说,宏观社会行政与微观社会行政具有某种相对性。宏观社会行政是在宏观层次上,在更大范围内,面对复杂的情况对推行政策的设计、筹划和组织。微观社会行政则主要面对局部地区、具体问题。在社会行政系统中有些中间性的行政工作可能具有较多宏观特征,也可能具有微观特征。从结构的角度看,宏观社会行政是对于实施某政策的总体设计和推动,微观社会行政则是微观设计和对实际服务的推动。从功能上来看,宏观社会行政处理的多是与政治(政策本身)相关的问题,是建构资源筹集和分配的总体格局,是建立政策实施中的总规则。微观社会行政处理的是与实施服务相关的具体问题。但是二者在功能上又是互相依存的。宏观社会行政的框架设计和搭建是否科学、合理、符合实际,必然会影响基层服务领域中行政工作的设计和效果;反过来,微观社会行政的效果对宏观社会行政目标的实现也具有实质性影响。

第二节 社会行政的内容

一、行政的任务

在行政科学研究中,学者们对行政活动的任务和内容有不同的归纳,下面做一简要介绍。

(一)行政学家的看法

自威尔逊1887年发表《行政学之研究》以来,一些学者开始了建构行政科学的努力。其中一项重要任务是把政治与行政区别开来,阐明行政的独特性。

在这一过程中必然会对行政的任务做出解释。威尔逊指出,行政学研究的目的在于弄清楚两个问题:政府能够适当地和成功地进行什么工作,政府怎样才能尽可能高效率及用尽可能少的成本完成这些适当的工作[①]。威尔逊是从政府的角度着眼的,他指出了行政研究的重要性,但对行政的内容没有详细述及。

古德诺在 1900 年发表的《政治与行政》中指出政府有政治和行政两种职能,他指出行政与政策的执行相关,行政是公共服务的总体,其职能是政府意志的执行和普遍利益规则的实施。在这里,执行政策、执行国家意志和实施普遍利益规则成为行政的基本任务。

早期的政治学家是从政府的角度来分析行政的任务和职能的,后来者将对行政的研究拓展到其他领域。

(二) 法约尔的一般行政理论

法国学者和管理实践家法约尔较早(1916 年)以工业企业管理实践为基础,从一般角度说明了行政的内容。法约尔在分析企业管理时指出,企业的全部活动可以分为六组:技术活动——包括生产、制造和加工,商业活动——包括购买、销售和交换,财务活动——即筹集和最适当地利用资本,安全活动——即保护财产和人员,会计活动——资产清点、资产负债表、成本和统计,管理(行政)活动——包括计划、组织、指挥、协调和控制。他认为,不论企业大小、复杂还是简单,这六组活动或基本职能总是存在的。法约尔指出,前五种职能都不负责制定企业的总经营计划,不负责建立社会组织以及协调各方面力量与行动。他指出,这就促生了另一种职能,即行政。

他给行政下定义:行政就是进行计划、组织、指挥、协调和控制。这就第一次明确指出了行政的任务或所包含的内容。他进一步说明了行政的各项任务的具体含义,指出计划就是探索未来,制定行动计划;组织就是建立组织的物质和社会的双重结构;指挥就是使人员发挥作用;协调就是连接、联合、调和所有的活动及力量;控制就是注意是否一切都按已制定的规章和下达的命令进行。法约尔进一步指出,行政职能与其他基本职能不一样,但行政不是一种独有的特权,也不是企业经理或企业领导人的个人责任,与其他基本职能一样,它是一种分配于领导人与整个组织成员之间的职能。

他还指出行政(管理)的十四条原则:劳动分工、权力与责任明确、制定纪律、统一指挥、统一领导、个人利益服从整体利益、公平的报酬、权力适当集中、建立等级链、保持一定的秩序、平等、人员稳定、鼓励首创精神、人员的团结。法约尔认为,在领导工业、商业、政治、宗教或其他各方面的大大小小的组织时,行政

[①] 彭和平、竹立家等编译:《国外公共行政理论精选》,中共中央党校出版社 1997 年版,第 1 页。

(管理)都起着非常重要的作用①。

法约尔最早系统地从任务或职能的角度阐明了行政所包含的内容,指出行政与广泛应用的管理概念有不同,即管理可以应用于生产、财务等各个方面,而行政涉及的只是机构的人员。他对行政内容的界定在实践和学术上都有重要意义②。

(三)韦伯的科层制理论

韦伯是德国社会学家,他的科层制(官僚制)理论包含了比较系统的行政管理思想。这一理论指出无论现代政府、现代企业还是其他组织,都应该具有以下特征:实行劳动分工,明确规定每一个成员的权力和责任,并且把这些权力和责任作为正式职责而使之合法化;各种职位按权力等级组织起来,形成一个指挥链或者实行等级原则;根据通过正式考试或训练和教育而获得的技术资格来挑选组织中的所有成员;所有担任公职的人都是任命的,而不是选出来的;行政管理人员是领取薪金的专职人员;行政管理人员不是他所管辖的企业的所有者;行政管理人员要遵守有关他的官方职责的严格规则、纪律和约束,而这些规则和约束普遍适用于各种情况③。韦伯认为,按照上述方式建立起来的行政管理制度具有稳定、严格、精细和可靠等特点,它是合理的和有效的。

韦伯的科层制理论是从纯粹理想型的角度来分析问题的,他建构了一个理想的、高效率的行政管理框架,指出了它应该具备的条件。虽然科层制理论主要研究的是制度方面的问题,但是我们还是可以从中看到韦伯所认为的理想的行政管理的内容,这包括制定严格而周密的制度和规则,自上而下的权力等级,挑选合格的工作人员,合理的报酬等。

二、社会行政的过程

社会行政被视为实施社会政策的行动,这一执行、实施政策的活动构成了社会行政的主要内容。以下将从政策变为服务的过程的角度介绍社会行政的内容。

(一)行政管理的过程学派的观点

20世纪20—30年代,一些学者在法约尔等人的行政管理研究成果的基础上,结合更广泛的经验研究行政管理的理论。1937年,古利克(L. Gulick)和厄威克(L. Urwick)汇集了反映当时管理思想不同意见的文章,以《行政管理科学

---

① H. 法约尔:《工业管理与一般管理》,中国社会科学出版社1998年版。
② 丹尼尔·A. 雷恩:《管理思想的演变》,中国社会科学出版社1986年版,第252页。
③ 丹尼尔·A. 雷恩:《管理思想的演变》,中国社会科学出版社1986年版,第255~256页。

论文集》为名出版。在该论文集的《组织理论按语》中，古利克指出，任何一个大型的或复杂的企业都需要许多人去推动它运转，这里既有分工又需要协调。组织理论必须探讨协调的结构问题，因为进行分工的单位都要加强协调工作。他指出了分工和协调的原则。在研究组织模式时，他将法约尔有关行政管理过程的论点展开，提出了有名的行政过程模式。

他指出，要让行政职能系统化和制度化，使其更适合于复杂的情境。他提出的问题是："最高行政管理者的工作是什么？"他的答案是 POSDCORB。POSDCORB 是由几个英文单词的第一个字母组成的，它们是计划(planning)、组织(organizing)、人事(staffing)、指挥(directing)、协调(co-ordination)、报告(reporting)和预算(budgeting)。

古利克对上述活动给出了如下解释：

计划即为了实现所设定的目标，制定出所要做的事情的纲要，以及如何做的方法；组织就是为了实现设定的目标，建立权力的正式机构，以对各工作部门进行安排、规定和协调；人事是指对有关人员的引入和训练，以及对有利的工作条件的维持等全部人事方面的职能；指挥是包括以下各项，即作出决策并以各种特殊的和一般的命令和指示使之具体化，作为领导者发挥作用的一种连续性工作；协调就是使工作的各个部分互相联系起来；报告是行政管理人员向他应对之负责的人报告正在进行的情况，并使自己及下属通过记录、调查和检查得到有关情报；预算包括以财务计划、会计和控制形式出现的预算①。

可以发现，POSDCORB 模型从活动类型和做法的角度指出了组织中的高层行政人员的最重要的内部职能，这些活动有机地联系在一起，在总体上成为一种过程。实际上，古利克的 POSDCORB 模型不但在大型组织的中高层次上得到使用，而且在不同类型的行政管理(包括社会行政领域)中得到发展。

（二）社会行政的过程模式

由于社会行政长期被包含在公共行政之中，所以它的理论和实践也深受公共行政的影响。不过，由于社会行政更强调服务效果，所以它对行政过程的外部因素有较多考虑。

有的学者认为社会行政(或社会工作行政)由以下程序组成：计划、组织、人事、指挥与沟通、督导、协调、预算和年度会计控制、政策控制、公共关系、报告、评估和研究。

计划既包括总体计划，也包括分层计划，以及近期、中期和长期计划，是依据政策对服务活动的总体设计。组织工作是指对各成员工作的连接和力量的凝

---

① 丹尼尔·A. 雷恩：《管理思想的演变》，中国社会科学出版社 1986 年版，第 385~386 页。

聚。人事工作包括人员的选聘和任用。指挥与沟通是指指挥带领员工去实现目标，并在此过程中保持双向交流，促进工作关系。督导是指对成员的服务工作给予实际的督促指导，并使成员得到训练和成长。协调工作员是使不同部门的工作达到一致，符合总目标。预算和年度会计控制是按照行政计划所列预算从事服务活动，并在经常性的协调性会议上报告和说明有关会计事项。政策控制就是注意在向受助者提供服务时必须维持社会制度和公众利益。公共关系是向社会和有关机构宣传本机构的宗旨、服务，以获得他们的理解与支持。报告包括对内报告和对外报告。对内报告是向成员通报工作，以使他们了解机构运行、服务开展的总体情况，增强他们对机构的信任和行动的自觉性。对外报告是向该项目的支持者报告项目进展情况，以获得他们理解和支持。评估和研究是指对机构的服务及其效果、发展状态、存在的问题和经验进行评估，以总结经验、解决问题、发展服务①。

上述程序是古利克的行政过程模式的发展，它结合了社会工作的一些重要环节和基本要求，考虑到社会服务的进一步发展，展现了社会行政的丰富内容。

（三）扩展的社会行政过程

前面已经指出，20世纪60年代以后在西方发达国家的社会福利领域，有将社会政策与社会行政结合起来的倾向，从而把社会行政视为社会政策过程的一个阶段即社会政策的实施过程②。在社会政策的总视角下，社会行政过程被理解为一组实施社会政策的行动，包括制定政策方案实施细则、项目资金的分配与服务的传递、政策的宣传等。也有学者认为将社会行政纳入社会政策之中，虽然摒弃了政治与行政的二元分离，强调了政策制定、政策执行的整合性，但是在实际研究中却更多地关注了政策制定过程，而忽视了政策的实施过程，从而走向片面。于是有学者提出以实施社会政策（社会行政）为中心理解制定政策—实施政策的辩证思路。同时，有的学者认为，社会政策的实施过程并不是理想化的设计实施方案—照方案执行的过程，而是充满变数的动态过程，这种理解大大丰富了社会行政的实际内容。

弗雷兰德（Frielander）在《社会福利导论》中指出，任何社会工作机构的行政都可以分为九项活动，即搜集资料，对社会状况及满足人类需要服务的提供情况进行分析，确定满足人类需要目标的最佳途径，设计服务方案并按方案分配资源，建立组织结构并分配工作，对机构工作人员进行部署，督导和控制人事与经费，记录和会计，提供财政资源。这是一个比较符合实际的社会工作机构的工作

---

① 白秀雄：《社会工作》，（台北）三民书局1976年版，第420～422页。
② 关信平：《社会政策概论》，高等教育出版社2004年版，第48页。

过程,前四项基本上属于计划的制定,后五项基本上属于计划的执行①。

实际上,任何政策性决策都不能不考虑执行问题,而实施政策的过程中也有某种程度的决策。希尔认为,执行社会政策、组织政策的实施就是要实现社会政策所追求的社会福利目标。社会政策的实施包括政策的细化和操作化,这与政策本身的模糊、粗略有关。实际上任何社会政策都是比较粗略的,它们常常在贯彻实施的过程中被细化。这就要求,在制定政策时应该考虑到实施过程,政策制定应当被看作政策实施的"产品",而不应该把政策实施看作自上而下的贯彻②。在制定政策时考虑到政策的实施,在实施政策过程中包含着某些决策,二者是辩证关系,也是对传统的社会行政观(即把社会行政看成是纯粹的执行行为)的扩展。

如果持一种开放的、动态系统的角度来看待社会政策的实施过程,那么,政策实施过程就会呈现出高度复杂性。豪格伍德与葛恩(Hogwood and Gunn)在分析现代社会的政策实施时谈到完美的、自上而下的政策执行必须具备的条件:政策执行机构的外部环境不致使其瘫痪;有足够的时间和资源;政策执行进程的每一阶段的资源都是足够的;政策本身存在有效的因果联系;这种因果关系是直接的,不受其他因素明显干扰;执行机构能相对独立地运作;机构人员完全认可政策目标;目标任务可按时序分解;各相关要素之间是协调的;机构中权威的有效性③。如果上述条件不具备就可能出现"政策执行亏空",即政策不能有效实施进而不能达到既定目标的现象。这样看来,对实际情况的充分考虑、政策资源充足等因素对于政策的顺利实施就是必要的。

实际上,上述条件完全具备的情况并不多,因为政策面对的问题十分复杂,要在制定政策时把所有可能性都考虑到并制定出规则几乎是不可能的。在实施政策的过程中,根据现实情况做出某些局部决策的现象并不少见,这就是行政过程中的决策。正是因此,巴瑞特和福吉(Bareett and Fudge)认为应该把政策执行过程看作一个政策/行动的连续统一体,而且其中充满着各种互动。莱恩(Lane)等人也认为,可以把政策执行过程视为"作为演化过程的执行过程","作为学习过程的执行过程","作为结盟过程的执行过程"及"作为责任和信用的执行过程"④。如果是这样的话,那么,社会行政的内容就大大扩展了。

---

① 白秀雄:《社会工作》,(台北)三民书局1976年版,第417~418页。
② 迈克尔·希尔:《理解社会政策》,商务印书馆2003年版,第123页。
③ 米切尔·黑尧:《现代国家的政策过程》,中国青年出版社2004年版,第112页。
④ 米切尔·黑尧:《现代国家的政策过程》,中国青年出版社2004年版,第118页。

三、社会行政的职责

(一) 美国对社会工作行政人员职责的规定

美国社会工作者协会(NASW)属下的社会工作行政委员会所指出的社会工作行政人员负有的职责,从另一个方面说明了社会工作行政的内容。这些职责如下:

领导决策单位及工作人员;在持续不断的过程中认清社会工作机构可以满足的社会需要;在确定和重新确定社会工作机构目标方面负起领导责任;在有关社会工作机构的任务方面制定、建议和评价政策;设计计划以适应变化了的环境及新的需要;在配合社区需要方面担当领导角色;在适当的决策单位中发展领导地位;与社区领袖及社区机构维持积极的关系;向社区解释社会工作机构的目的、服务计划及内容,以为本机构建立适当的公共印象,并获得财力上的支持;与现在使用和潜在使用本机构服务的受助者建立并维持积极的关系;做好预算并获取财力资源;征召、任用及培养工作人员;组织及领导工作人员;为员工发展创造条件;对机构资源及一切有价值的东西进行管理;做好记录及报告以作为自己负责和评估的基础;依据机构目标及标准来评估计划的执行绩效和员工效率;就整个社会工作机构的计划和工作情况向适当的立法机构及社区报告[1]。这是一个相当详细和整全的关于社会工作行政人员职责的陈述。崔克尔阐述了社会工作行政的 18 条基本原则,包括价值原则、服务对象需求原则、文化情境原则、参与原则等,也反映了社会行政的内容。

(二) 崔克尔对社会行政的看法

社会工作研究学者崔克尔从社会服务机构在社区中提供服务的角度分析了社会行政的主要责任。他认为在具体的社会服务中社会服务机构要同多方打交道,包括机构的董事会或委员会、机构工作人员、社区团体和服务对象。社会行政就是要通过与各方互动去组织和协调服务。因此,社会行政的主要责任是:

(1) 研究社区需要、确定机构目标,以作为受助者选择的基础。

(2) 发展(制定)机构的政策、计划、程序,以实现机构的既定目标。

(3) 提供财力资源,并做好预算和会计记录。

(4) 挑选、任用专业的、非专业的工作人员和志愿服务者,并同机构领导者一起工作。

(5) 为服务提供并且维护机构的各种设施。

(6) 制定一套计划,以建立并维持与社区(共同体)的有效联系。

---

[1] 白秀雄:《社会工作》,(台北)三民书局 1976 年版,第 419~420 页。

(7) 保存完整、正确的机构运行资料,并提供定期报告。

(8) 经常性地评鉴方案与个人计划,并进行适当研究①。

可以发现,上述对于社会行政职责的理解都是从社会服务机构的角度出发的,这也是面对社会中的某种需要,社会服务机构研究需要、回应需要,通过有计划地提供服务去解决社会问题的过程。这是一个鉴别问题,确定对解决问题是否承担责任,如果承担责任则要制定计划和方案,筹集和提供资源,并同机构工作人员等各方一起通过服务解决问题的过程。在这一过程中,社会行政处于关键地位并负有主要责任。

(三) 赛瑞的社会行政职责观

实际上,这些看起来是针对社会服务机构内部的行政活动的职责分析,也基本上适用于政府部门、大型机构中的行政活动,只不过后者所处理的事务、关系层次更高一些,更宏观一些。美国著名社会工作学者赛瑞(R. Sarri)从较为宏观的角度指出社会行政的职责,她认为,社会行政应该负有下述责任:

(1) 将社会的要求变为运作的政策,确定目标以引导机构的行为。

(2) 通过对机构结构与运行过程的设计去达致既定目标。

(3) 为达成目标和维持机构的生存,以物力、职员、受助者及社会立法需要的形式,保障资源获得的安全。

(4) 对机构运行技术的选择及操纵。

(5) 使机构的行为尽量完美以促进服务效果与效率。

(6) 对机构的促进解决问题的执行活动进行评估②。

赛瑞将发现社会问题,并试图通过制定政策和实施政策去解决问题纳入社会行政的范畴,尽管这里所说的社会政策主要是指机构的政策,但是它还是拓展了狭义的社会行政的职责范围,于是社会行政已不是单纯的执行行为。

(四) 社会行政人员的角色承担

社会行政的职责主要是由社会行政人员来承担的,上述社会行政的任务也应该由社会行政人员去完成。如果比较一下社会行政的职责与公共行政的任务,我们会发现二者有相当大的一致性,即社会行政是公共行政在社会福利服务领域的运用。但是同时我们也会看到二者的不同之处,这包括:由于社会行政面对的社会福利服务方面的问题,因此其工作过程中含有明显的价值取向;由于社会行政人员要更有效地促进服务的提供,因此要广泛地同机构内外的人员打交道,这里需要掌握多种方法与技巧;由于推进社会服务比政府的官僚行政更加复

---

① 徐震、林万亿:《当代社会工作》,(台北)五南图书出版公司1990年版,第289页。
② 徐震、林万亿:《当代社会工作》,(台北)五南图书出版公司1990年版,第288页。

杂,所以要求社会行政人员有更强的社会交往与合作的能力,特别是那些需要从社会上寻求资金支持的服务机构的行政人员更是如此。在国际上,特别是在社会福利服务比较发达且制度化、社会工作专业化程度比较高的条件下,社会行政人员的执行政策的角色比较明显,但他们的工作也会或多或少地超出狭义的行政范围。在社会服务机构不发达、社会工作专业化程度较低的情况下,社会行政人员的任务要复杂得多。尤其是社会服务机构的高层行政人员,他们要发现社会问题,寻找资源去试图解决问题,通过建立组织框架和设计项目去推动问题的实际解决。可以发现,不论在何种条件下,都要求社会行政人员有较高的素质去承担角色,履行职责。

第三节 社会行政的功能

功能是指一个事物所发挥的作用。结构功能主义社会学家帕森斯(T. Parsons)认为,一个社会系统的所有组成部分都对整体的存在与运行具有积极作用,这就是它们的功能。社会行政的功能可以从两个角度来分析:一是它对社会运行的影响,即社会行政的社会意义和效果;二是对政策实施过程的影响,即它对政策实施的具体作用。

一、社会行政的社会效果

(一)满足困难群体和弱势群体的需要

在现代国家特别是非福利国家,社会政策、社会行政的主要惠及对象是社会中的困难群体和弱势群体,他们是社会福利服务的主要对象。

1. 困难群体和弱势群体的概念

困难群体是在物质生活和社会生活中遇到自己难以克服的困难,其基本需要未获得满足,从而危及其基本生存的群体。这既包括经济生活上的困难,也包括参与社会生活方面的困难。弱势群体也被称作脆弱群体或劣势群体,它指的是在某一社会生活结构中处于不利地位的群体。不过这三个概念的分析角度也有所不同。弱势群体是从社会竞争、社会利益分配的角度分析问题的,弱势群体的对应概念是强势群体。相对于强势群体来说,弱势群体在经济利益、政治权力方面处于较弱地位,缺乏资源和获得资源的机会,这种状况主要是由社会的经济、政治及福利制度的安排所造成的。比如,残疾人群体和女性可能会因为其生理特征而在就业市场上竞争力较弱。脆弱群体是从应付外界冲击能力的角度着眼的,即该群体承受外界冲击的能力脆弱,而其能力脆弱之原因既是生理性的,更是社会性的。老年人、儿童、残疾人在生理上是脆弱的,贫困人口、失业群体对市场竞争和社会动荡的抗御能力是低下的,而后者抵御能力低下的原因在于社会就业及福利制度之不足。劣势群体则强调某一群体生活处境、生存状态的恶劣性和解决该群体问题的急迫性,要改变该群体低劣的生存状况则需要在社会政策方面做出努力①。

2. 社会行政在满足困难群体和弱势群体需要中的作用

按照多亚尔和高夫的说法,人的基本需要是客观存在的,本应得到满足②。需要与需求(想要)的含义有不同。由于困难群体、弱势群体(或脆弱群体、劣势群体)因自身难以克服的生理原因和社会原因所造成,所以,从救难解困的角度出发,对他们施以援手就是必需的。在这方面,社会行政发挥着重要的作用。社会行政作为社会政策的实施过程,不但能够将他们所需要的福利资源进行有效的传送,而且能够发展他们获取、利用福利资源的能力。社会行政不同于一般的物资救济和金钱给付,而是在社会政策的指导下,结合运用了社会工作方法,对困难群体、弱势群体给予物质的、服务的和精神的帮助及支持。在社会行政过程中,工作人员秉持社会福利和社会工作的理念,尊重服务对象,同他们一起去解决他们生活中的问题,并且发展他们的能力。满足弱势群体的需要,解决他们的生活问题,增强他们的生活能力是社会行政的重要功能。在社会行政过程中,秉持人道主义的价值观念,充分考虑服务对象的状况而设计服务提供方式,吸纳服务对象的参与式工作方法都有利于上述目标的实现。在上述过程中,社会行政人员虽并不直接向困难群体提供服务,但是他们可以通过设计和实施服务计划、服务标准,以及对服务人员的督导去促进上述目标的实现。

(二)增进社会福利

社会行政的基本职能是实施社会政策,促进向有需要的人群特别是困难群体、弱势群体传送福利资源。按照现代社会的一般价值,向困难群体、弱势群体提供物质和精神支持,有助于提高他们的福利,进而也会增加社会的福利。因此,社会行政具有增加社会福利的功能。

社会行政是将社会政策变为服务的过程,其实质是在一定社会福利理念和政策的指导下进行社会财富的再分配。既然是社会财富的再分配,何以谈到社会福利的增加?这里需要用福利经济学的理论来理解。

福利经济学是经济学的一个分支学科,是研究社会财富的福利效用的学科。1920年,英国经济学家庇古(A. G. Pigou)出版了《福利经济学》(Welfare Econom-

---

① 王思斌:《混合福利制度与弱势群体社会资本的发展》,载王思斌主编:《中国社会工作研究》,社会科学文献出版社2002年版。

② 莱恩·多亚尔、伊恩·高夫:《人的需要理论》,商务印书馆2008年版,第6页。

ics)一书,标志着这一学科的诞生。按照庇古的看法,福利经济学以边际效用价值论为基础,即社会财富应该产生更大效用。他认为使社会财富的分配产生更多社会福利是合理的,因为它能使社会福利最大化。具体地讲,庇古认为,将富人的一部分收入转移给穷人会使社会满足增大,即可以增加社会的总福利,因为等量的财富对于富人来说可能价值不大,而对穷人来说则具有大得多的价值。这样,把一部分财富从富人那里转到穷人手里就增加了社会的总福利。要做到这一点,必须由国家干预国民收入分配,并使之均等化。后来,福利经济学的发展对庇古的均等化原则有所修正,比如有的认为追求最大福利的途径是资源的最优配置,而不是收入的均等分配;萨缪尔森等人的社会福利函数论也认为,社会福利与影响它的各种因素之间存在着一定的函数关系,要使社会福利最大化,政府就要保证个人的自由选择,进行"合理"的收入分配[①]。但是,认为社会财富如果分配给更需要的人,将能够带来更大的社会满足,从而增加社会的总福利的基本观点没有变化。

社会财富或社会福利资源不但包括经济的,也包括服务的。由于人们占有这些资源的数量不同、对这些财富的需求不同,所以其满足感也不同。从人们都是平等的、有相似的需要结构(比如人们都希望免于经济上的匮乏)的角度来看待社会财富的分配,自然,将某些财富转给更需要的人就会增加社会的总福利。这是一个社会财富再分配的过程。要想如此地达到社会福利最大化的目标,就需要政府的干预,这就要求制定并实施社会福利政策。社会行政就是实现社会福利最大化目标的必要环节,其机制是帮助那些需要资源,但是靠自己的能力又无法得到的人获得资源,即更有效地配置资源。传统上,这些服务对象主要是困难群体,即福利资源向困难群体转移。

作为实现社会福利最大化的一种措施,社会行政实际上是社会政策追求社会公平的这一思想的表达,它与社会政策一起承担着具体的、有利于增加社会总福利的职能,它是社会财富再分配或公平分配的执行者。另一方面,社会行政还可以帮助实施社会服务资源的有效配置,即将某些闲置的人力、智力资源用于那些需要者,这也可以增加社会的满足,增加社会的总福利。当然,这些必须以社会行政的有效性为前提,因为社会行政本身也需要耗费社会资源。这样,社会行政就可以通过促进物质资源效用最大化、人力资源效用最大化和最有效地利用资源和配置资源来增加社会总福利。

(三) 促进社会公平及社会秩序

公平或公正是人类生活的基本价值,也是现代社会秩序的基础。它是对社

[①] 李珍:《社会保障理论》,中国劳动社会保障出版社2001年版。

会财富和机会(经济的、政治的、社会的及其他类型的)在社会成员中的分配状态的评价。公平可以分为权利公平、机会公平、规则公平、分配公平、结果公平。在任何社会中,严重的不公平既伤害那些遭遇不公平待遇的社会成员的生活并影响其发展,又会损害社会的秩序。作为前者,在社会财富分配方面受到不公平对待的基本上是未能参加社会财富分配决策的群体,决策(政治)上的无权在某种程度上导致了他们的经济利益受损,并使他们在诸多方面成为弱势群体。当经济上的受损比较严重且无法以其他方式弥补时,就会影响他们及其家庭的基本生活。同时,这种不公正的分配一方面疏离了他们同其他社会群体的正常关系,另一方面也会因此引发他们对社会的不满,并可能会危及社会稳定。

社会政策的实施有利于缓解社会不公的现象,从而促进社会公平。一般地讲,社会政策是以对困难群体、弱势群体的经济支持为内容的,社会服务也是以"非商品化"的形式提供的。这些都可以直接改善困难群体、弱势群体的生活状况,帮助他们走出经济上的窘境,维持他们的基本生活,促进他们正常地参与社会生活,以至对他们及其家庭成员的发展给予积极的支持。尽管任何社会政策都不会完全解决社会不公的现象,但是社会政策的实施总可以缓解和减少社会不公,这符合现代社会的基本价值。

社会政策及其实施是社会紧张的减压器。社会紧张是一个社会蕴涵着比较严重的社会冲突的状态,它是由于社会财富的分配不公或不同群体、不同集团具有相互冲突的价值观念造成的。任何社会都包含着矛盾和冲突,当这种矛盾和冲突比较尖锐时,就可能会冲击那个社会的结构。任何政权都力图将这种矛盾和冲突保持在一定的限度之内,即减低社会紧张的程度,其手段则有经济的或政治的。用政治手段解决社会紧张是运用权力强制性地解决社会矛盾或社会冲突。用经济手段缓解社会紧张的重要措施就是实施社会政策,减少利益受损者的不满,使其得以正常地生活。所以,社会政策具有很强的政治功能,即通过社会财富的再分配缓解财富初次分配差距过大造成的问题,缓解某些社会成员的经济生活受到严重损害的状况,这有利于社会秩序的维持。

二、社会行政的具体功能

社会行政的作用是通过社会政策的具体实施来实现的。社会行政对社会政策的实施和社会服务机构的运行所发挥的影响,我们称之为具体功能。在分析社会组织的功能时,社会学家帕森斯指出可以根据组织等级结构的层次来研究功能的技术系统、管理系统和制度系统。后来,社会工作学者赛瑞将帕森斯的分析方法运用于社会服务机构,并从制度层次、管理层次和技术层次分析了社会行政的功能。以下主要借用赛瑞的研究对社会行政的功能进行初步阐述。

（一）社会政策的实施与改进

赛瑞将社会行政在制度层面上的功能视为社会行政在实施和改进政策方面所发挥的作用。她认为社会行政在政策层面上的具体作用是：将政策化为社会的行动，处理机构与环境的关系，完善政策。

社会行政的基本内容是执行社会政策、实现社会政策目标。要做到这一点就必须使政策具体化，明确社会政策的对象，明确各个层次的行政人员、服务人员在政策实施中的责任，这被称为"组织目标的人格化"。一般地讲，社会政策在确定其目标时是比较原则性的，对政策对象的说明也是较为笼统的，这与社会政策所面对的情况过分复杂有关。所以在许多情况下政策说明的都是基本目标和原则。社会行政则不然，它要将较笼统的政策变为现实，就要具体确定政策对象的范围，逐步具体到个人。对于实施过程来说，社会行政则要明确各方责任，确立内部分工与合作规则，以保证政策实施过程的准确性和有效性。

另外，要切实有效地实施社会政策就必然要同外部环境即社会系统打交道。无论是服务对象还是政府部门和社会服务机构，都是处于复杂的社会系统之中的，他们的行为受到众多环境因素的复杂影响。这样，要有效地实施政策就要处理组织—环境问题，即处理政策执行部门（机构）同其他相关组织的关系。其目的是获取资源、建立合作体系、宣传政策以获得各方特别是服务对象的理解与支持。关于组织的系统观指出，任何组织都是处于环境的超级系统之中的、由子系统组成的系统。社会行政部门和社会服务机构也是如此。特别是当社会行政要联系服务对象系统来设计本组织的活动时，所要考虑的因素就更加复杂。社会行政就是要在复杂的联系之中设计和推动自己的工作。

社会行政还有完善政策的功能。当我们走出对社会行政的机械理解（即认为社会行政就是执行政策），而是用动态的、能动的角度看待政策与执行的关系时，就会发现社会行政对于完善政策发挥着重要作用。政策制定与政策是密不可分的，为了顺利地实施政策，在制定政策时就要考虑到执行过程，这样社会行政就"预先地"影响了政策制定。还有，社会行政人员还会以执行政策中遇到的问题进行反馈，对修订政策提出建议，从而在制定—实施—制定（完善）的动态过程中使社会政策变得更科学合理。

（二）提高机构服务效率

从比较狭义的角度来讲，社会行政就是对机构内部关系的设计、协调和控制。赛瑞指出社会行政在管理层面上有资源配置、结构设计、协调和指导机构成员的工作等功能。

社会行政是有计划、有组织的行动，这是由社会政策所要解决的问题的性质和达致政策目标的方式所决定的，问题的复杂性和执行政策的严肃性必然要求执行过程高度组织化。以政府部门为首的政策执行系统和各种类型的社会服务机构就是上述要求的具体表现。

社会行政要有效地传递社会福利资源,就要对政府或社会服务机构的人力、财力、时间以至社会关系资源进行有效配置,这是社会行政人员的重要职责。社会服务机构要有效提供服务,还要对参与服务的人员进行分工和组织,形成责任链条和权力体系,以保证服务活动的高效率。机构有了内部分工,还需要合作与相互配合。对于一项大的政策实施活动或项目来说,由行政人员去协调各部分之间的进度和关系是必需的。同时,在实施政策的过程中,行政人员有必要去指导较低层级的员工和服务人员,以更好地实现政策目标。

社会行政的上述活动就是要保证有组织、有效率地提供服务,提高机构服务效率是社会行政特别是社会工作行政的重要职能。

(三)技术层面的功能

赛瑞谈到次级组织技术活动的执行问题。在她看来,社会工作行政在技术层面上的功能包括:对服务对象的咨询,建立具体的工作制度和标准并使之制度化,服务的转介以及对工作人员的辅导。

社会服务机构要有针对性地开展服务活动,就要在开展服务之前对服务对象进行调查,了解服务对象的需要、当地的社会结构、文化及其他社会特点,或者向当地有关负责人和服务对象咨询,听取他们对开展服务的意见。这些看似与服务无关的活动实际上对服务计划的设计、对具体计划的实施具有重要的作用,因为脱离实际、与当地文化不符、无视当地社会结构中重要力量的服务活动,在开展中可能会遇到障碍。

应该制定具体的工作规则和标准以规范机构人员的活动,并以此检查、督促和评估他们的工作。制定规则和标准对于任何大规模有组织的活动都是必要的,对于以向困难群体、弱势群体提供帮助和支持的社会服务来说就更加重要,因为这有利于检查服务是否真正达到预期效果。制定工作规则和服务标准是相当细致的技术性工作,科学的、符合实际的规则体系是机构有条不紊运行的基础。

在开展社会服务的过程中还有发生服务转介的可能。所谓转介就是在服务对象的需要超出机构的服务范围或能力时,该机构要负责任地将服务对象向其他服务机构介绍,以帮助服务对象获得帮助。在实际的服务过程中,可能会发生下述情况:困难群体、弱势群体所遇到的生活困难是多方面的,而待实施的某一政策或服务不能全面地解决他们的问题,或者问题的解决超出了服务机构的责任和能力。在这种情况下,服务机构的行政人员就应该根据他们的问题和需要将其转介给相关政府部门或服务机构。这反映了社会行政对服务对象全面负责的精神。

推荐阅读文献

白秀雄．社会工作．台北：三民书局，1976

丹尼尔·A. 雷恩．管理思想的演变．北京：中国社会科学出版社，1986

关信平．社会政策概论．北京：高等教育出版社，2004

H. 法约尔．工业管理与一般管理．北京：中国社会科学出版社，1998

莱恩·多亚尔，伊恩·高夫．人的需要理论．北京：商务印书馆，2008

李珍．社会保障理论．北京：中国劳动社会保障出版社，2001

迈克尔·希尔．理解社会政策．北京：商务印书馆，2003

米切尔·黑尧．现代国家的政策过程．北京：中国青年出版社，2004

彭和平，竹立家等编译．国外公共行政理论精选．北京：中共中央党校出版社，1997

斯基德莫尔．社会工作行政．北京：中国人民大学出版社，2005

王思斌．社会工作概论．北京：高等教育出版社，1999

王思斌．混合福利制度与弱势群体社会资本的发展．见：王思斌：中国社会工作研究．北京：社会科学文献出版社，2002

西蒙．管理行为．北京：北京经济学院出版社，1988

徐震，林万亿．当代社会工作．台北：五南图书出版公司，1990

第三章 社会行政的体制

社会行政体制是国家或权力机构实施社会政策的制度化架构,是国家公共行政管理体制的重要组成部分。研究社会行政体制的基本理论,分析比较各国社会行政体制形成和发展的基本规律和基本特点,对于推动中国特色社会行政体制建设具有重要意义。本章首先介绍社会行政体制的基本概念和基本内容,然后比较分析世界上不同类型社会行政体制的构成方式和特点,最后对中国社会行政体制类型及其特征作简要分析。

第一节 社会行政体制的构成

一、社会行政体制的概念及建构原则

(一)社会行政体制的概念

要了解社会行政体制的概念,首先需要了解"体制"和"行政体制"的概念。"体制"(regime)一词是与"制度"(institution)、"体系"(system)相类似的概念。"体系"的含义较简单,一般是指由多个部分有机组合构成的系统,如"经济体系"(economic system)。"体制"一般是指一个国家的统治形式和方式,如福利体制(welfare regime)概念反映的是社会政策领域里政治因素、社会价值和政治力量的对比。"制度"一词则含义最广泛,它既包含了习俗、惯例等"秩序"的含义,也包括了组织机构、法律等正式的规则,如社会制度(social institution)。

对"行政体制"概念,学术界有不同的理解。比较有代表性的观点有:(1)行政体制是指国家行政机关的设置、职权的划分与运行等制度的总称,主要体现在国家行政机关的设置上。此外还包括一个国家的行政历史中积淀下来的行政关系和行政规范[1]。(2)行政体制是行政系统的权力划分、组织结构、职能配置、运行机制等的关系模式[2]。

综上所述,我们可以说,"行政体制"是一个系统概念,它包括了行政机关的设置、权力的划分及运行等内容。相应地看,社会行政体制是指国家或权力机构

---

[1] 张国庆:《当代中国行政管理体制改革论》,吉林大学出版社1994年版。
[2] 谢庆奎等:《中国政府体制分析》,中国广播电视出版社1995年版。

实施社会政策的制度化架构,它包括政治制度、福利体系、组织体系等内容。

(二) 社会行政体制的建构原则

1959年,联合国专家工作小组报告书提示了社会工作行政体制建构的重要原则:

(1) 政府有保障供应人民所需要社会服务的责任,这种服务不管是由政府机关还是非政府组织承担都可以。

(2) 社会服务应该是政府职责中的一个特定领域。

(3) 社会服务行政应集中于一个独立的部门。

(4) 不论采取何种行政体制,社会服务领域内的工作乃至和其他部门的社会性计划,在计划方面和执行方面都要互相协调和配合。

上述四条原则为社会行政体制的建立提出了基本的要求。

二、社会行政体制的基本架构

社会行政体制的基本架构包括社会政策与社会立法、社会福利行政组织、社会福利人员管理、社会福利财务管理等内容。

1. 社会政策与社会立法

社会政策的确定是社会行政体制的重要内容之一。社会政策是社会工作行动的指导方针、最高原则,社会行政是社会政策的执行与发展。没有政策指导的行政将是混乱的,会使各种措施相互冲突或前后矛盾。实施社会行政必须先有明确的社会政策,并且需要各种政策的相互配合,以及社会政策与国家的财政、经济、教育政策相配合,共同促进人民的福利。

社会立法的制定也是社会行政体制的重要内容之一。社会立法是针对社会问题进行的立法,其目的是保护弱势群体的生活安全。社会政策要能有效地、强有力地执行,有效地实现社会政策目标,必须立法,这种立法就是社会立法。社会立法是社会工作的基础,也是社会政策的具体表现,即用法律的手续和条文,把它规定下来,并以法律的力量,付诸实施。社会政策的实施,须借国家立法。纵观世界各国经验,在确定社会政策之后,均要进行社会立法,以有力地推行社会政策的贯彻实施。

按照联合国报告书"社会福利行政的方法"的分类,社会福利法律制度主要涉及:(1)与保健有关的社会福利:包括妇幼咨询、医疗社会事业、精神科社会工作、保育事业等;(2)与教育有关的社会福利:包括学校奖励制度、青少年团体休闲活动、成人教育、幼儿园、残障儿童特殊设施等;(3)与营养有关的社会福利:包括妇幼营养咨询及婴儿营养品配给、学校供餐、营养教育、公共餐厅、贫困者食物配给等;(4)与雇佣有关的社会福利:包括职业辅导、劳工移民、人事管理、劳工组织事业、劳工社会福利活动等;(5)与社会安全制度有关的社会福利:包括生活保护、非金钱给付的服务、家庭访问、咨询、儿童或老人或残障者的收容设施等;(6)与住宅建设及都市建设有关的社会福利:为适应新住宅环境所提供的社会服务中心的运行等;(7)与司法制度有关的社会福利:包括法院社会工作、公营社会福利设施、民间福利团体、法律援助、预防犯罪教育、假释制度等;(8)其他的社会事业。

2. 社会福利行政组织

社会福利行政组织机构可分为全国性、地方性、单一性三大类机构:(1)全国性机构指负责全国社会福利事业的立法、政策拟定、整体规划、监督与考核的最高决策行政机构;(2)地方性机构的主要职能为执行全国性机构的指示,拟定地方性计划,推行地方各种社会福利事务;(3)单一性机构包括公、私立社会行政机构,单一性机构只从事某项专业性的服务活动。单一性机构与地方性机构的不同之处,除针对某项目标的专业服务之外,还在于与受助者有更直接的接触,而且除了行政事务之外,也提供直接性服务。

世界各国的社会行政主管机关的名称、组织结构、职责范围、计划或实务等都有所不同,几乎没有两个国家是完全一样的。美国卫生教育福利部(现已改组为"卫生及人类服务部")1970年编印的《各国社会福利服务体系:代表性国家的比较研究》以及1971年编印的《各国社会安全计划》,分析了全世界有代表性的32个国家的社会工作行政主管机关,归纳起来分为五种类型:(1)有完整独立的社会工作行政主管单位,如希腊、法国、澳大利亚的社会服务部,比利时、以色列的社会福利部,新加坡、丹麦、冰岛、瑞典的社会事务部。(2)社会工作与卫生行政合并的行政主管单位,如加拿大、韩国等的卫生福利部(内设社会福利局)、英国的卫生与社会安全部(内分社会服务、社会安全及卫生部门)及日本的厚生省(即卫生与福利部)。(3)社会工作(或社会事务)与劳工行政合并的行政主管单位,如叙利亚、约旦、沙特阿拉伯的劳工及社会事务部,意大利、智利、墨西哥等的劳工及社会福利部。(4)社会工作(或社会事务)与劳工行政及其他公共行政混合于内政部之内,如泰国的内政部(下设公共福利司)等。(5)特殊的复合体制,如美国在1980年以前的卫生教育福利部。从上述资料可见,绝大多数国家都设有社会行政主管机构,但其名称、组织、职责范围各有不同①。

3. 社会福利人员管理和财务管理

现代社会由于社会福利的需求日益迫切,社会福利工作日益扩大,社会工作行政的范围也随之扩展。但是,任何层面的社会福利工作人员是否适任,都关系到服务需求的满足、品质的提升乃至社会福利政策的实现。因此,社会福利工作

---

① 刘修如:《社会福利行政》,(台北)中正书局1975年版。

人员的管理是社会行政体制的重要内容。当前,各国政府为推动有效的社会工作行政,以实现社会福利目标和政策,都重视从事社会福利工作者的社会工作专业教育及训练。

不论是政府的还是民间的社会机构,皆须有可靠的经费来源,才能计划周详并有效地推动各项服务措施的实施。同时,这些福利经费必须被有效地使用和管理。因而,要实现社会行政体制的良性运行,除了要重视人员管理之外,还必须重视财务管理。

三、社会行政体制的影响因素

影响社会行政体制的主要因素包括国家的政治制度、经济发展水平、福利资源的募集方式及社会工作的专业化水平等。

1. 国家政治制度

最早提出"福利体制"概念的丹麦社会福利研究专家艾斯平－安德森(Esping－Andersen)在解释不同福利体制差异的原因时,提到有三个非常重要的因素:阶级动员的性质(尤其是工人阶级),阶级政治联盟的结构,福利国家体制制度化的历史传承[1]。这三个因素的核心是阶级结构,正是阶级结构的差异形成了三种不同的福利体制类型。比如,在合作主义福利体制中,等级严格的社会保险巩固了中产阶级对特定福利国家类型的忠诚;在自由主义福利体制中,中产阶级逐渐制度化地与市场结合在一起;而在斯堪的纳维亚,社会民主主义的成功与中产阶级福利国家的建立密切相关,这种福利国家使传统的工人阶级和新的中产阶级都从中受益。

2. 经济发展水平

一个国家的社会福利基本制度可能与经济发展水平没有多大关系,但是具体的社会福利制度的形式和社会福利的待遇水平则肯定与该国的经济发展水平有关。比如,社会保障的典型模式就有一个随经济发展程度逐渐演进的逻辑:第一阶段是家长式统治的时代,为生活条件艰苦的穷人提供私人慈善事业和公共贫困救助;第二阶段为社会保险,随着越来越多职业的出现和越来越多意外事故的发生,更加广泛的义务保险项目得到发展;第三阶段,服务范围延伸到以保持与提高生活质量为目的的阶段。

3. 福利资源募集方式

当前各国政府为谋求有效的社会政策,以实现社会福利的目标,对于筹集经费无不全力以赴。其来源主要包括下列四种:(1)政府按年度编列财政预算;

---

[1] 艾斯平－安德森:《福利资本主义的三个世界》,法律出版社2003年版。

(2)政府为举办某种社会福利事业而开征特别税,专款专用;(3)政府拨付特定税收的全部或部分,作为社会福利基金,专款专用;(4)政府制定有效办法奖励国内民间机构团体及热心人士的捐赠,并建立完整的志愿服务体制,有效调动民间力量配合政府推广社会服务。上述不同福利资源募集方式对一国福利体制也会产生影响,比如社会民主主义福利体制国家的社会福利支出庞大,就必须通过高额税收方式保证福利资源的稳定供给。

4. 社会工作的专业化

社会工作是以某种专业方法由政府、社会服务机构向有需要的人群尤其是社会弱势人群输送福利服务的活动。虽然自20世纪80年代以来,"全球结社革命"导致了非营利组织的快速发展[1],一些有自主能力的非营利组织基于自己的宗旨自主地提供了某些服务,但是,对大多数社会服务机构来说,从政府获得财政支持还是其主要的经费来源。因此,在现代社会中,专业社会服务即社会工作就与政府的社会政策有着直接和密切的联系。

社会工作与社会政策的联系主要体现在以下几个方面[2]:(1)有组织的社会服务一般是在政府的社会政策框架内进行的。(2)社会福利服务活动是社会政策的实施过程。虽然社会政策的贯彻落实并不局限于社会工作,但社会工作无疑是现代国家实施社会政策的重要组成部分。社会服务机构、社会工作者以其为社会服务的价值观和专业方法对社会政策的实施发挥着不可替代的作用。(3)社会工作在一定程度上成为社会政策的"检验器"。社会工作是最具体、最直接地为受助对象服务的活动,社会工作过程也因此成为社会福利政策与服务对象之间的中介。这样,社会工作的一端与社会政策相连,另一端则与服务对象互动。于是社会政策的适切性会在具体的福利传输过程中得到反映。同时,社会工作的效果则会反过来成为推动社会政策改进的力量。

正因为如此,各国政府都积极致力于建立社会工作专业体制。社会工作专业体制的建立,包括以下五个方面的内容:(1)有一套理论体系作基础;(2)建立专业权威;(3)获得社区认可;(4)专业人员有共同遵守的伦理守则;(5)形成一套专业文化。

第二节 社会行政体制的类型

"福利体制"概念是由艾斯平-安德森在其经典著作《福利资本主义的三个

---

[1] 莱斯特·M.萨拉蒙等:《全球公民社会》,社会科学文献出版社2002年版。
[2] 王思斌:《社会政策实施与社会工作的发展》,《江苏社会科学》2006年第2期。

世界》中首先提出和使用的,但对福利制度模式的学术研究和分类却早于"福利体制"概念的提出。其中,较早对社会福利制度做比较研究的是社会政策学者维伦斯基(Wilensky)和勒博(Lebeaux)。在他们于1958年出版的《工业社会与社会福利》一书中,将社会福利制度经典性地划分为剩余福利模式和制度性再分配模式。

英国的社会行政学大师蒂特马斯(Titmuss)在其1974年出版的《社会政策十讲》中将福利国家模式的研究工作向前推进了一大步,把福利模式分为三种理想类型:剩余福利模型、工作能力—成绩模型和制度性再分配模型。蒂特马斯的三分法是早期福利制度比较研究中取得的重要成果,对后来福利国家的研究产生了深远影响。

1990年,艾斯平-安德森根据去商品化程度与社会阶层化程度对欧美福利体制做出了不同于蒂特马斯的三分法。其中,去商品化程度指社会福利是否是一种权利的程度,人民维持生活不需要依赖市场的程度;社会阶层化程度指社会政策促成社会阶层形成的程度。艾斯平-安德森指出福利体制的三种类型:一是"自由主义"福利体制,去商品化程度低,低收入者依赖国家,而经济能力较好者可从市场购买服务;此类国家包括英国、加拿大、澳大利亚等。二是"保守主义"福利体制,体现为中等程度的去商品化程度,获得政府给付的资格主要是依据个人过去所缴社会保险费及职业身份;此类国家包括德国、法国、意大利等。三是"社会民主主义"福利体制,表现为高度去商品化、普及式的政府给付,高度均等的给付水平;此类国家包括挪威、瑞典、丹麦等斯堪的纳维亚国家。艾斯平-安德森的"三分法"超越了蒂特马斯狭义的福利国家范畴,而将福利体制的研究边界延伸到了政治经济学领域,是福利制度比较研究中取得的影响广泛的成果,被誉为福利国家理论发展的"里程碑"。

但是,艾斯平-安德森的"三分法"也并非放之四海而皆准。比如,以伊恩·霍利德为代表的一批学者注意到,东亚资本主义国家或地区,即日本、韩国、新加坡、中国的香港和台湾并不符合这一框架[①]。本节在比较分析不同国家和地区福利体制的过程中,将把艾斯平-安德森的"三分法"以及霍利德对东亚福利体制的分析作为两种互补的理论工具加以运用。

一、英国的社会行政体制

英国是世界上最早建立社会福利制度的国家之一,第二次世界大战后的

---

① 霍利德:《东亚社会政策的特点:促进生产的福利资本主义》,刘金婧摘译,《国外理论动态》2001年第12期。

"福利国家"制度在相当长的时间里运行良好。但是,随着经济的持续衰落,英国从20世纪70年代开始面临严重的经济与社会危机。80年代,以撒切尔夫人为首的保守党政府对福利国家制度进行了较大的调整。90年代后期,主张"第三条道路"的工党政府上台执政,把英国的福利国家改革推到了一个新的阶段。

1. 英国社会行政体制的性质

按照艾斯平－安德森的"三分法",英国属于"自由主义"的福利体制。这种体制的特点是,去商品化程度最低,而分层化程度则比较高。也就是说,这些国家的福利制度安排,更多地贯彻了市场交易原则,使获得福利保障或福利供给的条件变得十分苛刻。自由主义社会行政体制的社会福利保障水平不高,其福利支出水平也相应较低。当然,英国"自由主义"社会行政体制并不纯粹。比如,英国福利制度设计采取的是普遍主义的原则,即把享受福利看作国民的基本权利,在福利制度运行中突出了政府的主体作用等。

2. 英国社会行政体制的构成

(1) 社会福利政策与法规。1941年,贝弗里奇领导的一个跨部门委员会,就英国当时的社会保险及其他服务展开调查,奠定了英国战后福利国家的蓝图。该委员会于1942年完成贝弗里奇报告,建议就保险与社会安全服务做重大改变。1943年,联合政府采纳了该建议,1944年第一个全民性的国民保健服务计划公布,该计划在1946年颁布的《国民保健服务法》中得以确认。英国政府将其社会安全制度设计为三个主要部分:一是国民保险制度,针对退休者提供年金;二是儿童给付制度;三是救助制度,针对保险未能照顾者给予救助。

(2) 社会福利行政组织。1988年之前,英国社会福利行政的主管机构是卫生及社会安全部,负责全国的社会安全、卫生及社会服务、残障、老人及儿童福利等工作。卫生及社会安全部工作人员约7 000人,分别在卫生及社会安全两个部门工作。与行政组织结构平行的还有专业人员部门及咨询顾问系统,集合了来自卫生及社会安全部之外的专家学者,与行政人员一道参与决策。直接为民众提供服务的是800多个地方办事处,大约15万人口即设一办事处。介于卫生及社会安全部与地方办事处之间,还设有区域办事处。

1988年,英国政府经过深入审慎研究后,将卫生及社会安全部划分为卫生部和社会安全部。因此,现今英国的社会福利行政体系是由社会安全部掌管社会保险及社会救助,卫生部掌管保健、卫生及医疗服务,各地方政府的"社会福利局"掌管各种福利服务。

(3) 社会福利经费。在英国,将近1/3的政府预算用于国民保险计划,使老人、病患、残障者、失业者、寡妇、抚养子女者及极低收入者获得补贴。英国保健服务经费中,80%以上由征税获得,其余则来自国民保健服务制度的国民保险费

(由受雇者、雇主及自雇者共同缴纳)以及家庭需负担的部分,若干医院接受全额付费之病患者以增加收入。

(4)社会工作者制度。社会服务的有效运作有赖于合格的社会工作人员。英国共有近3万名社会工作者,其中超过90%在地方政府的公共服务部门工作。其余的人大多被志愿者组织所雇用,只有很少的一部分人从事私营社会工作。在英国,社会工作者的专业组织是英国社会工作者协会。由于相当一部分的社会工作者加入了白领职业工会,所以,只有部分人参加这个协会。协会出版的《今日社会工作》和《社区照顾》等社会工作杂志是目前英国和英语世界中社会工作者们交流经验的重要阵地。社会工作训练由大学、专科学校提供。中央社会工作教育训练委员会为法制权责单位,负责推广社会工作训练,接受两年专业训练可获得社会工作文凭。

3. 社会福利政策的演变及其对社会行政体制的影响

(1)新自由主义社会福利政策及其对社会行政体制的影响。1979年底,撒切尔夫人领导的保守党上台,由此开始了对英国长达16年的新自由主义改革。新自由主义改革的基本思路是用"选择性原则"替代"普遍性原则",主要举措是对社会福利项目进行私有化改革。

新自由主义的福利制度改革对英国的社会工作和社会行政体制产生了重要影响。在实践中,社会工作要求不断增加社会福利,反对政府削减服务与困难资助计划。社会工作者支持、维护他们的服务对象,为受压迫者和社会弱势群体而呐喊,呼吁国家机构提供良好的服务和更多的资源。而新自由主义则批评社会工作者对服务对象太宽大、太仁慈,认为社会工作者是从奋发向上、成功有为的人那里拿钱给懒惰者、失败者以及无所事事的人。新自由主义认为,社会上许多人之所以处在艰难困苦中,是因为他们不遵纪守法,不好好工作,缺乏道德,甚至胡作非为。社会工作者帮助这些穷人和弱者,对于兢兢业业的人们是不公平的,对于社会是没有好处的。新自由主义对贫困群体的这种态度已经被转化为一种社会政策,随即创立了一种受控制的国家福利系统。政府试图使社会工作者成为国家控制社会的代言人和纪律的约束者。由于受到政府政策导向的影响,英国的社会工作者现在常常被迫去扮演纠纷调节者和所谓的"懂道理"的人的角色,而不是真心实意的服务提供者①。

(2)"第三条道路"的社会福利政策及其对社会行政体制的影响。1997年布莱尔领导的工党政府上台后,将"第三条道路"作为自己的施政意识形态。布莱尔的"第三条道路",主要是希望建立一个有活力的福利国家,以取代传统的

---

① 张乐天、徐玲等:《社会工作基础知识》,上海社会科学院出版社2003年版。

消极的福利制度。"第三条道路"的主要政策主张包括:将机会平等和公义结合,让个人有更多的发挥空间及有更积极的参与;以工作为核心的福利政策,让个人甚至社会可以更积极地提升其福利水平;将教育训练视为重要的社会投资,让个人拥有更多的发展才能及经济竞争能力,从而改善个人的不幸处境及提高国家的经济优势;扩大个人的责任及私人体系的参与,建立个人、私人组织和机构间的新伙伴关系,从而重建有效用的公民社会;以支援及配合私人企业运作模式,去推动经济的发展①。

"第三条道路"作为一套新的政治策略,它对社会行政的影响还没有充分显现。不过,在福利改革中,它大大偏重了个人、地方政府、志愿组织和慈善组织的角色及责任。从正面来看,这种做法有利于加强个人、地方政府、志愿组织的参与,有利于建构新型伙伴关系。但是,如果这些政策措施在推行时被扭曲或滥用,导致放弃政府尤其是中央政府对社会福利所应承担的责任,那么改革的结果有可能走向积极福利的反面,导致一个二元化结局:穷人靠国家,余下的人靠市场。

二、美国的社会行政体制

美国的工业化进程起步比西欧国家晚,社会保障制度与社会福利制度建设开始得也比较晚,直到20世纪30年代大萧条时期才确立起基本框架。直到现在,美国社会保障的覆盖面不仅低于西欧,和同在北美的加拿大相比也有不小差距。但另一方面,美国的职业福利制度和社会福利制度的作用非常突出。在美国现行体制中,它们是与社会保障制度并列的、各司其职的制度体系。

1. 美国社会行政体制的性质

按照艾斯平－安德森的"三分法",美国社会行政体制属于典型的自由主义福利体制。在这种福利体制中居支配地位的是不同程度地运用经济调查和家计调查方式开展的社会救助,辅以少量的普救式转移支付或作用有限的社会保险计划。这种源于"济贫法"传统的制度所给付的对象主要是那些收入较低、依靠国家救助的工人阶层。因此,这种体制的去商品化程度最低,社会权利的扩张受到有力的抑制,建立的社会秩序属于分层化的类型。

2. 美国社会行政体制的构成

(1) 社会福利政策与社会立法。1935年通过《社会保障法》建立了与职业福利体系并行的社会保障制度,同时建立了以社会救济为核心的社会福利制度,标志着美国社会福利制度的基本建成。60年代民主党政府的"伟大社会"计划

---

① 蔡文辉:《社会福利》,(台北)五南图书出版公司1999年版。

包括:面向 65 岁以上老人的"医疗保障计划",面向低收入阶层的"医疗补助计划",对全国中小学的教育补贴计划,面向高等学院的贷款和奖学金计划,附有给低收入家庭津贴的扩大公共住房计划,区域经济规划和发展方案,区域性特殊补助计划等等,标志着美国的社会福利制度走向了完善。

(2) 社会行政组织。美国社会行政体系分为联邦及地方政府,地方政府包括州、郡、市的社会福利部门。1953 年,联邦成立卫生教育与福利部,主管公共卫生、教育、社会安全等事务,设部长一人,总理部务,直接向总统负责。1963 年,卫生教育与福利部被改组,将主要的社会福利工作分由六个单位主管,即福利署、教育署、公共卫生服务署、社会安全署、职业重建署、食品及药品署等。1979 年,卡特总统签署了教育组织部法案,教育部门从卫生教育福利部独立出来,卫生教育与福利部重新调整,1980 年以后改组为"卫生及人类服务部",下设社会安全、人类发展、公共卫生、消费及人权等部门,负责社会保险、社会救助、保健医疗及福利服务等业务部门。这样,美国的社会行政体系在联邦一级主要是卫生及人类服务部、教育部,相关部门还包括劳工部、住宅及都市发展部、经济机会局(后改组为"社区服务局")等。

(3) 社会福利经费。美国社会行政主管机构以与全国性、州及地方公私机构合股的方式,推行其业务。其 90% 的预算经费用以补助地方政府及团体,对患病或贫穷的普通人提供预防、治疗和保障服务。美国的主要社会福利项目大部分都是由联邦政府出资的,州政府承担的份额比较有限。联邦政府基本控制了美国社会福利制度的财政权,在社会福利项目的设计和改革方面拥有决定性的权力。换句话说,美国联邦政府和州政府在社会事务上的关系是:州政府在怎么"花钱"方面拥有一定程度的自主权,但在该花多少钱的问题上,仍然基本听命于联邦政府[1]。

(4) 社会工作者制度。美国的社会工作十分正规,自 1946 年以来,美国联邦政府就一直授权美国社会工作教育委员会监管社会工作教育与培训,以保证社会工作专业教育课程的标准化和教育质量。美国社会工作教育主要区分为博士、硕士和学士三个层次,学士学位层次的教育属于通才教育,按社会工作教育培训计划,学生先要学习两年的人文科学课程,然后再学习两年的社会工作专业课程,同时,学生必须用 400 个学时从事社会工作实习;硕士学位层次的社会工作教育,主要是为学生从事直接社会实践做准备,所讲授的课程包括专业基础课和专题研究,硕士的培养时间为两年,在这期间每个学生必须至少完成 900 个学时的社会工作实习;博士学位层次的社会工作教育注重于研究水平的提高和研

---

[1] 周弘:《国外社会福利制度》,中国社会出版社 2002 年版。

究论文的写作。最近,临床博士学位培养计划引起了更多人的兴趣,它可能为社会工作实践水平的提高创造机会。

美国的社会工作者大多受雇于非营利部门。近几年来,营利的社会服务部门有较快的发展,这些部门因此为社会工作毕业生提供了较多的就业机会。

三、欧洲大陆的社会行政体制

1. 欧洲大陆社会行政体制的性质

按照艾斯平-安德森的"三分法",包括奥地利、法国、德国和意大利在内的许多欧洲大陆国家属于保守主义的社会行政体制。该制度类型的特点是社会权利的资格以工作业绩为计算基础,即以参与劳动市场和社会保险缴费记录为前提条件,带有保险的精算性质;这类制度最初发生在德国并得到长期发展,而后扩展到整个欧洲大陆。

保守主义社会行政体制特别重视传统,强调传统的家庭关系、教会等在社会保障中的重要作用。此外,保守主义社会行政体制也重视在雇员组织、雇主组织和国家三方之间建构协商合作的社会伙伴关系,重视合作主义因素在现代社会保障和福利国家中的作用。在这个意义上,保守主义社会行政体制也被称为合作主义的社会行政体制。在保守主义的社会行政体制当中,合作主义体制几乎完全取代市场而成为福利提供者的国家工具,国家的作用主要是维护社会阶级和地位的差异,保护既有的阶级分化现状,再分配对社会权利的阶级归属和社会分层几乎没有什么影响。

2. 欧洲大陆社会行政体制的构成

这里我们主要以法国为例说明欧洲大陆社会行政体制的构成。

(1) 社会福利政策与社会立法。法国的社会福利制度基于法制化概念,涵盖社会保障、社会救助、补助事业等三项事业。其中,社会保障以《社会保障法》为基础,由社会保险、劳动灾害补偿、家庭津贴等三个领域组成。社会救助则根据《社会救助法》单独立法加以规范。补助事业则由劳资双方通过团体协约实施,团体协约在法律的定位上与前两者有所区别,但实际上仍具有同等的法律强制力。

(2) 社会工作行政组织。法国的社会福利制度涵盖社会保障、社会救助、补助事业等三项事业。在社会福利制度的三个范畴中,管理监督单位也各自不同。社会保障采用基金管理方式,社会救助则是地方政府的职责,补助事业则由互助工会营运。时至今日,法国的社会福利制度在互助工会等社会团体中具有重大的影响力,在社会中扮演着重要角色。

四、瑞典的社会行政体制

1. 瑞典社会行政体制的性质

按照艾斯平-安德森的"三分法",瑞典属于社会民主主义福利体制。这种体制的特点是,去商品化程度最高,分层化程度则最低。也就是说,在社会民主主义社会行政体制当中,作为福利制度安排基础的是福利保障与福利供给的普遍主义和对市场作用的否定。在社会民主主义福利体制中,私人部门的福利市场发展不足,慷慨的福利供给可以满足不同阶层的各种需求,使传统的工人阶级和新中产阶级都能从中受益。

瑞典的社会行政体制和其他资本主义国家的社会行政体制相比,无论是在社会保障或福利服务提供等方面,由公共部门提供需求供给的比率都更高;相应地看,由民间企业、非营利团体及非正式部门等提供的福利供给比率则比较低,福利受益者负担更少。此外,瑞典政府与国民之间互动良好,国民对政府有强烈的信任感。这一方面源于瑞典社会福利制度的普遍性,另一方面也与各制度内容的透明化以及国民广泛地参与政策制定过程,以及参与管理等因素有关[①]。

2. 瑞典社会行政体制度的构成

(1) 社会立法。瑞典社会福利的特质,在1982年施行的《社会服务法》与1983年实施的《保健医疗法》两部法律中得以充分显现。《社会服务法》明确表示,此法律的制定基于整体性、正常性、持续性、弹性处理、亲切服务等五项原则。此外,尊重当事人的意愿及隐私权,要求地方政府必须公平对待所有国民,强调不分性别与年龄、残障程度及居住地,均须提供舒适的生活环境。

在实际执行方面,由于逐渐将行政权下放给地方,因此各地方政府在"社会服务法"的构架内,均可自行制定法规,自主地推展福利政策。瑞典社会福利所欲达成的目的,在于使每一位国民从出生直至死亡,均能在最适当的人生阶段,完成所需的任务,诸如适时接受教育、适时获得职业等等,使经济上能够自立,生活过得舒适并具有文化内涵,享受温馨的家庭之乐与友情的温暖,积极参与社区活动。再者,如遇有疾病及精神不安等事情,能适时接受看护和慰藉,以恢复正常的社会生活。

1994年1月起,瑞典实行《肢体残障之支援与介护法》。此法对于某些智能障碍者(自闭症等)与肢体残障者,基于当事人的意愿,提供支援,使其恢复到正常人的水准,并能自立地生活。此项措施可以说是社会服务法范围的扩大。

(2) 社会行政组织。瑞典的社会福利范围相当广泛,包括保险、医疗、社会

---

① 江亮演等:《社会福利与行政》,(台北)五南图书出版公司2000年版。

福利服务、社会保障、住宅、教育、雇用、法律救助等范畴。这些范畴广泛的社会福利行政工作,由分散于医疗、所得保障、社会福利等有关的社会福利服务部、社会问题部、教育部、劳动部、住宅部、地方政府部,及其他中央各部会所辖的业务单位共同承担。中央政府各部会的主掌,主要着重于政策立法的工作以及对相关委员会的指导等,社会福利实际业务的执行,则委由地方政府办理,因此地方政府具有强有力且广泛的行政权限。此项权限在社会福利服务部门尤为显著,这由地方政府可开征社会福利税捐中可见一斑,借此以筹措财源,其不足部分可再向中央政府申请补助。

(3) 社会福利经费。费用负担方面,在医疗保险、劳动灾害保险、年金补助制度等项目中,雇主均须负担很高的比率。失业保险则由国库分摊一定比率。给付方面,以全体国民为对象的国民年金保险,采用不问国籍、性别的平等待遇,以期达成所得的再分配及医疗保障。

五、东亚的社会行政体制

1. 东亚社会行政体制的性质

自艾斯平-安德森出版《福利资本主义的三个世界》一书以来,人们对书中所提出的保守的、自由的、社会民主的三种福利国家模式进行了大量分析论证。在分析论证过程中,一些学者注意到东亚社会福利行政体制有与欧美福利体制迥异的特点,因而很难归入"三分法"中的某个类型。如,日本北海道大学的宫本太郎(Taro Miyamoto)认为,东亚福利模式有四个特征:东亚国家社会支出的规模无一例外都比较小,因为他们优先考虑的是将有限的资源用于发展经济而不是福利方面;虽然福利支出规模不大,但对市场提供福利的干预和管制却很严厉;东亚国家社会保障制度是针对不同的社会阶层而设立的,条块分割,国家公职人员享有一定特权,而自雇者的福利制度与较快的经济增长相比显得比较落后;与欧洲国家相比,"家庭化"倾向比较严重,即家庭福利状况独立于市场的程度比较低[①]。

对东亚福利行政体制进行深入细致分析的当属英国学者伊恩·霍利德。霍利德在英国《政治研究》杂志2000年第4期发表的《促进生产的福利资本主义:东亚的社会政策》一文中,分析了东亚国家和地区的社会政策的特点。霍利德认为,东亚国家和地区不同于艾斯平-安德森所提出的福利资本主义的三个世界,而是一种促进生产的福利资本主义世界。东亚社会福利行政体制的主要特

---

① 郑秉文:《福利资本主义模式的变迁与比较》,载《福利资本主义的三个世界》(译者跋),法律出版社2003年版。

征可以概括为:(1)社会政策从属于经济政策;(2)低程度的社会权发展;(3)对社会分层化的影响程度有限;(4)市场受到高度重视。如果套用艾斯平-安德森的分析,自由世界优先考虑市场,保守世界重视不同的人的社会地位,社会民主主义世界重视福利,而促进生产的世界则一切以经济增长为前提①。

2. 东亚社会行政体制的三种亚类型

依据霍利德的分析,促进生产的福利资本主义世界有三个明显不同的亚类型,它们以不同的方式追求经济增长,并使其他非经济政策服从于经济增长的需要。它们分别是辅助型、普遍发展型和个别发展型。

(1)辅助型体制。中国的香港是这种体制的代表,它与艾斯平-安德森的自由型体制有某些共同之处,所不同的是辅助型体制把经济增长放在首位,因此这些地区的社会权利最少,阶级划分的作用非常有限,市场受到优先考虑。

(2)普遍发展型体制。普遍发展型体制以日本、韩国、中国台湾为代表。它将一些社会权利扩展到居民中那些从事生产的部分,从而产生了一批劳动贵族;政府在经济政策中发挥重要作用,并与市场和家庭一起对社会政策发挥重要影响。

(3)个别发展型体制。个别发展型体制以新加坡为代表。在那里几乎没有社会权利这种东西;但社会中那些从事生产的中坚力量的个人福利已经被提高到令人满意的水平,他们的地位也因此得到进一步加强;政府同市场和家庭一起在社会政策制定中起指导作用。

六、各国社会行政体制的比较

1. 西方国家社会工作行政体制的共同性

(1)社会行政职权的集中化趋势。西方大多数福利国家的社会工作行政,虽然并没有全部集中到一个部门,还有与其他机构分管的事实,但是社会工作行政职权的集中已成为一个趋势。就像联合国专家小组所提示的那样,如果社会福利服务被认定为政府职责中的一个特定领域,那么社会行政集中于一个独立部门就是一个必然的趋势。

(2)社会行政的法制化趋势。西方大多数福利国家的历史实际上就是一部社会立法的历史。社会政策是国家政策,需要社会立法与行政的手段才能推行;反过来,社会行政的有效实施,也必须以相应的社会立法作为后盾。社会政策、社会立法与社会行政的良性互动,有利于整个福利制度的稳定运行。

---

① 霍利德:《东亚社会政策的特点:促进生产的福利资本主义》,刘金婧摘译,载《国外理论动态》2001年第12期。

（3）社会行政人员的专业化。为了有效推行社会行政,适任的人员尤其是适任的行政主管是一个重要因素。传统上,社会行政主管是由优秀的直接服务者担任。但是,越来越多的称职的机构主管并非是有社会工作背景的管理者,其背景往往是来自于企业界或公共行政界。究其原因,具有社会工作背景的社会工作者由于欠缺管理方面的训练,因而影响了他们管理功能的发挥。社会工作者在管理训练上的不足,并不代表未来社会行政主管一定应由其他管理相关背景的人才担任。社会行政的根本还是社会工作,而不是管理。社会行政主管不只是要有设计组织工作的能力,还要有相关的知识和信息,更需要将此种能力、知识、信息与社会工作的伦理价值、方法、技巧相结合。这种结合的能力最好是从专业的社会工作者中寻找,而不是从专业的公共行政或企业管理领域中寻找。因此,社会行政人员的专业化是必然的。

（4）社会福利供给机构的多元化趋势。虽然政府负有提供人民所需社会福利服务的责任,但这并不意味着应完全由公共部门承担福利供给的角色。福利国家中普遍存在的趋势是运用志愿机构去推行社会福利服务,政府只是给予补助与督导。社会福利供给机构的多元化,有利于建立公、私立机构之间的伙伴关系以及提高福利供给的效率和效能。

（5）社会福利经费大部分由国库支出。社会福利服务的正常财源有三个:第一是公共税收,第二是保险费收入,第三是志愿捐赠。但联合国专家工作小组的报告书认为,社会福利服务的财源应大部分出自公款,至少也应该逐渐达成此目标。公款支援的社会福利不致损伤受益者的自尊心。而且在可能范围内,这些用于社会福利服务的经费最好出自中央政府的国库支出,免得各个地区分配不均,除非事实上有特殊困难,然后可以一部分取自地方税收,一部分出自中央补助。专家提示的这个社会福利财务的原则,实际上包括两个层次的内涵:第一,在公款与"私款"之间,以公款为主;第二,在中央政府与地方政府之间,以中央政府为主。

2. 西方国家社会工作行政体制的差异性

（1）基本价值取向的差异。虽然都是福利国家,但有积极和消极之分。积极的福利国认为有责任提升全体国民的社会福利水平,而消极的福利国则不愿意承担过多的责任,认为市场和家庭是满足个人需要的主要渠道,政府只能充当"剩余者"的角色。这种价值取向的差异将极大地影响社会工作行政的范围以及社会福利支出的多寡。

（2）没有一个统一的、标准的社会工作行政体制。社会福利服务在不同的国家,在机构名称、组织结构、职责范围、计划或实务等方面都有所不同,因而不可能也没有必要去建立一个一致的行政体制。各国社会工作性行政体制的有效性,正在于它们的独特性和适应性。

(3) 社会工作行政体制的运作机制的差异。支撑社会行政体制有效运作的,并非仅仅是政府的法令、规章等正式的制度安排,它还需要惯例、习俗、习惯等非正式制度的补充。一些学者(如诺思等人)以及《2002年世界发展报告》都注意到了社会资本或人际关系网络对建立正式体制的重要补充作用,并指出后者对于穷人以及后发展国家尤其重要,因为穷人或后发展国家通常缺乏正规的制度或机制。黄黎若莲在关于中国民政部的一项重要研究中,也强调了文化变量的重要性,正是这些文化变量导致了福利制度正规与非正规层面领域的独特性①。

第三节　中国的社会行政体制

"借他人之镜,照自己之影"。早在20世纪40年代,社会学家陈达就提出了"要比较中西差别,建立真正适合中国的社会行政体制与政策"的建议与期望②。下面我们集中讨论我国社会行政体制的类型及其特征。

一、计划经济时期中国的社会行政体制

1. "二元"的社会行政体制

计划经济体时期,我国社会福利行政体制呈现明显的二元特征,即人们依其身份、地位和不同所有制形式而享受不同的福利待遇。

其中,处在上层的是全民所有制职工,处在下层的包括广大农村人口、城镇集体企业职工、非公有制企业员工和个体劳动者等③。对于全民所有制职工,国家通过各种制度安排提供了养老、疾病、生育、工伤、家庭困难等方面的收入性福利,并且通过单位提供了诸如住房、食堂、子女入托等方面的福利,甚至采取"终身雇用方式",为职工提供"铁饭碗"。按照西方的福利体制类型划分,我国全民所有制及城镇大集体所有制企业职工的福利相当于"制度化再分配型"或者叫做"国家再分配型"社会福利。

非全民所有制劳动人口及广大农村人口的社会福利则完全不同。对这些群体政府所强调的是个人或家庭责任,国家并不向他们提供福利。只有当个人及家庭不能保障其基本生活时,政府才出面提供最基本的生活保障。这是典型的

---

① 黄黎若莲:《边缘化与中国的社会福利》,(香港)商务印书馆2001年版。
② 阎明:《一门学科与一个时代——社会学在中国》,清华大学出版社2004年版。
③ 孙炳耀、常宗虎:《中国社会福利概论》,中国社会出版社2002年版。

"补救型"社会福利。

因此,在计划经济体制下,我国社会行政体制的二元格局就表现为"国家再分配型"福利和"补救型"福利同时并存,两种模式分别适用于不同的对象。

对于计划经济体制下我国社会行政体制的类型,并不能简单地拿西方的福利体制类型来套用。黄黎若莲指出:"中国的福利制度是'混血儿',而不是'纯种马'。……中国的社会照顾模式是一个混合模式,它至少包含了两个独立的部分。民政福利只是一种剩余福利——受助条件严格、水准较低、范围较小,并且是补救性质的。与之平行而独立运作的是集体福利制度。它是为劳动人口而设计的,城市居民居其上层,而农民群众居于下层。其对城市工业人口的待遇既全面,又慷慨,可与最发达的福利国家媲美。农民的福利待遇与城市居民相去甚远,而且内容也只是一些最起码的福利项目"[①]。

2. 计划经济时期中国社会行政体制的构成

(1)政策法规。计划经济时期,中国社会是一个"总体性社会",国家集政治功能、经济功能和社会福利功能于一身。因而,在计划经济体制下还不可能形成独立的社会政策与社会立法。但在社会救济、社会福利和优抚安置等保障制度方面,内务部(民政部的前身)也颁布了一些条例和办法。如1950年内务部公布了有关革命烈属优抚工作的五个条例,1962年内务部和财政部颁布了《抚恤、救济费管理使用办法》等。

(2)社会行政组织。内务部是正式成立于1978年的民政部的前身。在中央层级下面,各大行政区、省、市和县都设置了民政机构。它们的正式名称为民政厅(省级民政机构)、民政局(城市与县级民政机构)以及民政科(城市街道办事处一级民政机构)。

(3)民政开支。民政开支指的是民政部和地方民政局的总开支。首先,在计划经济时期,民政开支从绝对数量上讲是微不足道的。例如,1978年全国有人口9.6亿,当年国家用在民政事业的费用人均不足1.5元。其次,民政开支在国家预算中所占比例很低。除了1963—1965年民政开支约占国家预算3%外,从第一个五年计划到第五个五年计划期间,国家用在民政事务上的平均开支仅占国家预算的1.3%。这种开支水平表明民政事务在当时的国家议事日程中的地位很低。

二、体制改革中的中国社会行政体制

1. 市场化改革与社会政策取向的变化

[①] 黄黎若莲:《边缘化与中国的社会福利》,(香港)商务印书馆2001年版。

在经过 30 多年的市场化改革和对外开放之后,中国不但基本确立了社会主义市场经济体制,积累了巨大社会财富,而且促成了新的社会结构因素的形成,其中最主要的是社会领域的成长。国家、市场与社会的关系的重塑,对社会福利政策取向产生了深远的影响。

社会领域的出现,尤其福利供给主体的多元化,在相当大程度上改变了计划经济体制下的社会福利结构。对全民所有制职工来说,社会化的服务使他们与其他居民一样使用福利服务,他们的单位背景在这里已经不大起作用了。对其他人群来说,社会领域的出现可能给家庭提供了新的支持。那些原来必须完全依赖家庭的弱势人群,将越来越多地依赖社会提供的帮助。社会领域的出现还引起国家在社会福利体系中的位置改变。国家原来或者是通过单位为职工提供福利,或者补偿家庭出现的缺漏,为"三无"人员提供支持,而现在必须处理与社会领域的关系,探讨如何通过对社会领域的支持而间接地帮助弱势人群。

此外,市场因素的出现也给社会福利制度带来了新的影响。市场的出现使人们可以通过个人行为从市场上购买自己所需要的服务。市场因素还为家庭提供了一种新的选择,当家庭照顾力量不足或暂时短缺时,可以利用市场机制来获得所需要的服务。市场机制还为社会领域的成长提供了新的空间,非营利部门可以利用市场机制进行运作,从中获得更多的资源,以弥补社会资源的不足。

改革开放后,社会领域的出现以及市场化因素的影响,导致社会政策取向在以下五个方面发生显著变化:(1)效率取代了平等成为社会分配的主要目标;(2)国家放弃了对人民生活大包大揽的角色,地方及社会团体的自由度增加;(3)政策目标不再为增长而增长,增长的最终目的是改善人民的福祉;(4)权力和责任下放的趋势非常明显;(5)经济诱因取代了精神鼓励成为勤奋工作的主要动力[①]。与此相适应,"社会福利社会化"成为社会政策的重要选择。

2. 混合社会行政体制及其特征

实施社会福利社会化政策的制度性后果是形成了一种中国特有的混合社会行政体制,即社会福利的提供由政府、市场、社会服务机构及家庭、邻里等共同完成,这是将正式照顾与非正式照顾结合在一起的混合体。中国的混合社会行政体制虽然存在着多种主体的福利提供者,但各个主体之间的地位并不是平等的,社会服务机构、邻里和家庭等在福利问题上并不享有真正的自主权。在这个意义上,这种混合社会行政体制既非西方意义上的福利多元主义模式,也不同于福利共责主义模式。

(1) 社会政策与社会立法。最近 20 多年是我国社会立法的高峰期,大部分

---

① 黄黎若莲:《边缘化与中国的社会福利》,(香港)商务印书馆 2001 年版。

社会立法都是在这个阶段密集出台的。如《中华人民共和国残疾人保障法》(1990)、《中华人民共和国未成年人保护法》(1991)、《中华人民共和国妇女权益保障法》(1992)、《中华人民共和国劳动法》(1994)、《中华人民共和国母婴保健法》(1994)、《中华人民共和国老年人权益保障法》(1996)、《中华人民共和国劳动合同法》(2007)、《社会保险法》(2010)等。为了有效贯彻这些社会立法,国务院还通过了一系列行政法规,代表性的有:《军人抚恤优待条例》(1988)、《农村五保供养工作条例》(1994)、《社会团体登记管理条例》(1998)、《民办非企业单位登记管理暂行条例》(1998)、《城市居民最低生活保障条例》(1999)、《失业保险条例》(1999)、《城市生活无着的流浪乞讨人员救助管理办法》(2003)、《工伤保险条例》(2003)、《基金会管理条例》(2004)、《农村五保供养工作条例》(2006)、《退役士兵安置条例》(2011)等。

近年来,各地相继出台的政府向社会组织购买公共服务制度,对于推动社会行政体制改革产生了重要影响。1995年,上海市浦东新区社会发展局委托上海基督教青年会管理罗山市民会馆,"罗山会馆"模式成为我国政府向社会组织购买公共服务的最早探索。此后,上海、北京、无锡、宁波、深圳等城市陆续进行了这方面的实践和探索。2009年7月,财政部批准国家彩票公益金向中国红十字基金会救助贫困家庭白血病儿童专项公益基金——"小天使基金"注资5000万元,则是中央政府首次向公益组织购买服务。政府向社会组织购买服务作为一种"政府承担、定项委托、合同管理、评估兑现"的新型政府提供公共服务的方式,对于转变政府职能、培育和发展社会组织、建构政社良性互动合作体制具有重要意义。

(2)社会行政组织。我国社会行政的主管部门主要是民政部门。除此以外,我国中央层面的社会行政相关部委至少还应包括人力资源和社会保障部、卫生部等。社会行政体制的有效运作有赖于这些部门之间的协调配合。

近年来,随着社会工作人才队伍建设力度和水平的不断提高,社会工作行政管理组织机构进一步充实完善。在中央政府层面,民政部设立了社会工作司,赋予该部门制定社会工作发展规划、政策和职业规范,推进社会工作专业人才队伍建设的职能。在地方政府层面,大部分省市、自治区民政厅成立了社会工作人才队伍建设领导小组。截至2011年底,北京、广东成立了社会工作委员会(社会办),上海市民政局、广东省民政厅、新疆维吾尔自治区民政厅以及深圳市民政局、广州市民政局成立了社会工作处,多数省市民政厅在人事处加挂了社会工作处的牌子。

与此同时,民办社会工作服务机构近年来也发展迅速。截至2011年底,全国已创办600多家民办社会工作服务机构,主要分布在社会救助、社会福利、社区建设、减灾救灾等20多个领域①。

（3）社会福利经费。改革开放以来，虽然我国的民政事业开支每年有一定幅度的增长，但民政开支占国家预算的比例仍然偏低。如最近20年时间里，每年的民政开支都不到国家预算的2%，平均占国家预算的比例为1.5%。这种民政开支水平说明目前的民政福利仍然没有超出狭义的剩余福利概念。

（4）社会工作者制度。近年来，社会工作专业人才队伍逐步壮大。首先，在社会工作专业人才教育方面，社会工作理论研究和教育水平不断提高并取得显著成果。截至2012年底，全国已有260多所高等院校设立了社会工作本科教育专业，每年毕业学生约1万多人；北京大学、中国社会科学院、华东理工大学等60所高校和科研单位开展了社会工作硕士专业学位教育（MSW）。其次，在社会工作专业人才职业水平评价方面，2008年以来已连续5年组织了社会工作者职业水平的国家考试。再次，在从事相关社会工作人才方面，自2009年民政部发布《关于民政事业单位岗位设置管理的指导意见》以来，全国各地在民政行政机关、民政事业单位、城乡社区、民办社工服务机构以及司法、公安、卫生、教育、人力资源社会保障、人口计生和工青妇、残联等领域积极开发社会工作岗位，截至2011年底，已在相关部门设置了63 000多个社会工作岗位②。

社会工作专业人才政策制度建设取得重大突破。2011年，中组部、民政部等18部委联合发布了《关于加强社会工作专业人才队伍建设的意见》。文件的发布实施，奠定了我国专业社会工作发展的制度基础，是我国专业社会工作发展的里程碑，标志着我国社会工作专业人才队伍建设进入了全面、深入发展的新阶段。与社会工作政策发展同步，应加快社会工作立法进程，条件成熟时，尽快制定《社会工作师法》或《社会工作者条例》，使社会工作走向法制化轨道。

推荐阅读文献

艾斯平-安德森. 福利资本主义的三个世界. 北京:法律出版社,2003

白秀雄. 社会福利行政. 台北:三民书局,1989

蔡文辉. 社会福利. 台北:五南图书出版公司,1999

黄黎若莲. 边缘化与中国的社会福利. 香港:商务印书馆,2001

霍利德. 东亚社会政策的特点:促进生产的福利资本主义. 刘金婧摘译. 国外理论动态,2001(12)

江亮演等. 社会福利与行政. 台北:五南图书出版公司,2000

---

① 中国社会工作协会:《2011年度中国社会工作发展报告》,《公益与社会》2012年第6期。
② 中国社会工作协会:《2011年度中国社会工作发展报告》,《公益与社会》2012年第6期。

莱斯特·M.萨拉蒙等.全球公民社会.北京:社会科学文献出版社,2002

孙炳耀,常宗虎.中国社会福利概论.北京:中国社会出版社,2002

王思斌.社会政策实施与社会工作的发展.江苏社会科学,2006(2)

阎明.一门学科与一个时代——社会学在中国.北京:清华大学出版社,2004

中国社会工作协会.2011年度中国社会工作发展报告.公益与社会,2012(6)

周弘.国外社会福利制度.北京:中国社会出版社,2002

第四章 社会服务机构

社会服务机构是社会服务的承载者,也是组织、配置社会服务资源开展服务的责任者。本章对社会服务机构的性质、类型和功能做一简要说明。

第一节 社会服务机构的性质

一、社会服务机构的定义和性质

社会服务机构通常是指以"助人自助"为宗旨,由受过专门训练的社会工作者、作为职业的服务人员和志愿者组成,为特定的有需要的服务对象提供专业服务的人群服务组织(human service organization)。其目的在于协助个人、家庭、团体和社区预防或解决所面临的问题,提高他们的社会功能及促进他们的幸福和快乐。社会服务机构的服务对象主要包括儿童、青少年、妇女、老年人、残障人士等一系列社会弱势群体和因各种原因而使生活陷入困境的人群。

根据这个定义,社会服务机构的性质可以从以下三个角度来理解。

1.社会服务机构是价值驱动的非营利组织

社会服务机构的经费来源主要是政府财政拨款、社会捐赠等,其宗旨在于为服务对象谋求幸福和改善社会。因此,社会服务机构的目的不是要赚取利润,它们着重施与而不在乎回报。机构的成就不是以获利的多少来衡量,而是以机构目标达成的程度为依归。所以一般社会服务机构都设有明确及清晰的目标、使命、服务重点、服务承诺、服务策略等以作日后评估之用。另外,社会服务机构所提供的专业福利服务也表明了该机构要达成的理想和抱负。因而这类机构本质上是使命导向和价值导向的机构,富有重理想追求和"道德"事业的色彩。

2.社会服务机构是从事经常性、连续性服务的实体性社会组织

社会服务机构不是其他社会组织的内设机构或附属机构,实体性是其有别于社会团体的一个基本属性。社会团体是指由公民自愿组成的会员制的组织,其组织结构具有松散性,活动具有不定期性。与社会团体相比,社会服务机构是面向社会开展服务的组织,其活动特点是连续的、经常的,其组织结构具有实体性。

3. 社会服务机构是一个福利服务输送系统

如果从系统论的角度来理解社会服务机构的性质,可以把社会服务机构看成一个运作中的福利服务输送系统,其输入的元素包括服务对象、社会工作者、社会服务机构行政人员及社会服务资源等。这些元素在服务机构内通过专业服务的提供如个案工作、小组工作、社区发展等而产生转化。经转化后输出的成果是在计划及介入下而达成的服务对象、群体或组织的改变。

二、社会服务机构的特征

1. 组织特征

(1) 社会服务机构的素材是人

社会服务机构所供应的产品不是一般的商品和劳务,也不是法规,而是发生改变的个人。社会服务机构不是价值中立的团体,而是满载价值的团体。首先,社会服务机构在选择改变人的技术时,不能违背社会环境既存的普世价值;其次,社会服务机构应该提升对文化和性别的敏感度,对服务对象的性别、文化、族群、阶级等社会背景非常敏感;最后,社会服务机构要发展多种服务机制来满足不同服务对象的特殊需要。

(2) 社会服务机构的目标不易清楚界定

社会服务机构的对象是人,关于人的价值、规范、意识形态难以绝对地形成共识,因为它受到多元社会团体利益的影响。首先,社会服务机构的任务环境很难精确表达,有时必须抽象、模糊些,以使不同的人都可以接纳;其次,组织的产出目标也会以各种利益团体的最大公约数来界定;再次,组织为了避免利益团体间的冲突,会追求多元目标;最后,社会服务机构目标不易产生共识也发生在内部成员间,内部成员由于角度不同、地位差异,不一定能完全达成共识。

(3) 社会服务机构的服务技术是不确定的

社会服务机构的服务对象是人,服务技术很难标准化。人的行为产出不易清晰地界定,行为发展的稳定性也不足,因果逻辑关系更不易确定。为此,需要将某些案例类型化,或者发展精密的技术以吻合特殊服务对象的需求。

(4) 建立和维持专业关系是社会服务机构的核心活动

既然社会服务机构以促使人的改变为目的,员工与服务对象的专业关系不仅是助人过程的一个重要环节,而且专业关系本身也具有治疗功能。因此,专业助人关系的建立和维持是助人过程的关键。

(5) 社会服务机构依赖专业社会工作者

人的个性千差万别,导致人改变的内在心理因素、认知因素和行为因素也复杂多样,因而人的改变技术也是复杂而多变的,有赖于具有专业社会工作知识的员工来操作。

(6) 社会服务机构的效果不易测量

社会服务机构的目标不易界定清楚,导致达成目标的成效难以测量。另外,受测量工具发展的限制,也使社会服务机构成效的测量不十分清晰。

(7) 社会服务机构易受外部环境变迁的影响

社会环境的变迁会产生不同的社会需要和问题,机构也会开展一些新服务来回应这些需要,社会环境变迁成为机构发展的机遇。经济环境的变迁会影响社会服务机构的发展,例如经济不景气会使政府减少社会福利的开支和资助,会限制社会服务机构的发展;经济好转便有较多资源推动社会福利的发展。政治环境的变迁则会影响政府制定社会福利政策的方向和内容,也会影响资源分配的优先顺序。这样,社会服务机构深受社会、经济及政治环境的影响,社会服务机构的发展脉络只有从社会、经济及政治环境的变迁当中才能得到较好的理解。

2. 结构特征

社会服务机构一般实行董(理)事会的治理结构,以确保组织的健康稳定运行。董事会及其领导下的总干事(秘书长)构成社会服务机构的最高管理阶层。

(1) 董(理)事会

一般来说,董(理)事会拥有以下六项基本的角色功能:第一,决定组织的任务与目标;第二,督导服务方案的制定与执行;第三,预算与财务监督;第四,募款;第五,甄选与解聘行政主管;第六,作为与社区沟通的桥梁①。

社会服务机构的董(理)事会与营利组织的董事会相比,有以下几个特质:第一,通常社会服务机构的董(理)事会规模较营利组织大。第二,社会服务机构的董(理)事会组成方式也与营利组织的董事会有所不同,社会服务机构的董(理)事会一般包括组织外部及非被聘任的成员,营利组织的董事会一般都会包含内部及外部的受薪成员。第三,社会服务机构的董(理)事会与营利组织的董事会相比,在运作时可能存在较多的意见不一致。第四,社会服务机构的董(理)事会的实际执行功能较营利组织更强,特别是在募款方面以及行政管理的支持方面,而在小型及新设立的社会服务机构中,董(理)事会的执行功能更显著。

(2) 委员会

委员会的设立,多由董(理)事会委托,也可由总干事(秘书长)直接来筹组。委员会的性质有两种:永久性的和特殊性的。永久性委员会的任务是长

---

① 官有垣:《非营利组织与社会福利》,(台北)亚太图书出版社2000年版。

期的,只要机构存在,它就会存在,例如,执行委员会、财务委员会、人事委员会、公共关系委员会等;特殊性委员会是为协助总干事推展业务而设立的,如筹备机构周年庆、进行某项专题研究等。

(3) 高阶层行政人员

在社会服务机构中,高阶层行政人员主要指总执行干事(或简称总干事)及其助手(称为副总干事),有些机构称"秘书长"及"副秘书长"。总干事的主要职责是:第一,负责维系机构的核心任务与财务目标;第二,确保机构财务收支的正常状况;第三,维系一个有效能的管理团队;第四,确保人员训练、服务方案的规划与执行;第五,培养与维系一个能够激发员工潜能与专业素养的组织气候;第六,作为机构对外的主要发言人,应时刻检讨机构的产出与表现是否符合社区大众的期望与要求;第七,保持与董(理)事会之间良好的互动关系,鼓励和促使董事会成员参与机构的活动,并使董(理)事们与行政人员一起成长[①]。总干事(秘书长)直接对董(理)事会负责。

3. 目标特征

社会服务机构本质上是非营利组织,即不以营利为目的,而以提供福利服务给有需要的人士为宗旨。

政府机构、工商企业和社会服务机构,这三类机构存在的目的都可以说是服务社会、服务人群。政府机构存在的目的是提供稳定的社会秩序,以使工商企业兴旺发达,人民安居乐业;工商企业存在的目的是提供各种优质的商品与服务,以提高人们的生活质量,同时提供就业机会,推动社会繁荣和国家经济发展。但是,政府机构往往会在拥有权力(手段)与谋求人民幸福(目的)之间进行"目标置换",工商企业的最终目的还是增加利润,它为消费者提供服务,甚至提供最佳的服务仅仅是实现利润的手段而已。

社会服务机构,无论传统的慈善活动或福利服务,还是社团活动、公益活动,不论其对象是老年人,还是青少年、妇女儿童,它们都具备同一特点,就是都不以营利为目的。社会服务机构存在的目的是向社会上缺乏机会,或没有能力去创造机会,真正有需要的人提供其必需的服务。即使对某些服务项目收取费用,也只是为了继续维持服务的质和量。

此外,由于有些社会服务机构的资金来源是多元化的,所以机构在目标界定方面可能面临多重服务目标和期望而存在冲突。面对多元目标及其冲突,社会服务机构管理者如何抉择,这无疑成为社会服务机构重要的伦理议题。

---

① 官有垣:《非营利组织与社会福利》,(台北)亚太图书出版社2000年版。

第二节 社会服务机构的类型

一、社会服务机构的分类标准

"社会服务机构"的外延实际上相当广泛,有必要分门别类,以深化对社会服务机构的认识。

1. 按与政府的关系划分

社会服务机构作为"第三部门"的主要组成部分,面临的核心关系是政社关系。在同政府的关系上,社会服务机构可以划分为不同的类型,一般用社会服务机构的建立方式对其进行划分。社会服务机构有政府主导建立的、政府支持建立的、社会成员自主建立的等几种不同形态[①]。

(1)政府主导建立的社会服务机构。政府主导建立社会服务机构的目的是扩大自己履行职能的范围和空间。有人称这类社会服务机构为"政府所有的社会服务机构"(government own NGOs,GONGO),这些组织在客观上常常成为执行政府某种职能的"准部门"。我国就存在着大量政府主导型社会服务机构,这与长期以来政社不分、政府集权的社会管理体制密切相关。

(2)政府支持建立的社会服务机构。这类社会服务机构一般存在于政府希望积极发展但又无暇顾及的领域。政府通过支持建立某些社会服务机构而有效地推动科学、文化、国民健康及其他公共事业和社会服务的发展。

(3)社会成员自主建立的社会服务机构。这类社会服务机构是由某些社会成员根据共同志向和兴趣自主建立的组织,它具有很强的民间性、志愿性,并且带有一定的"草根性",其活动在同政府的关系上具有明显的独立性。

社会服务机构与政府关系上的差别也意味着从政府得到的支持上的不同。由政府主导建立的社会服务机构在经济和政治上一般会得到政府的大力支持,政府支持建立的社会服务机构次之,纯民间的社会服务机构除了在规定范围内可能获得政府的某些支持外,其运行主要依靠民间捐赠和外部支持。

2. 按受益对象划分

所有社会服务机构都是不以营利为目的的。但是从受益范围来看,社会服务机构之间还是有差别的。

(1)以组织参与者为对象的社会服务机构。在这类组织中,组织成员既是

---

① 王思斌:《社团的管理与能力建设》,中国社会出版社2003年版。

服务的提供者,也是服务的受益者。这类组织本质上是互利互助性组织,或者说这类组织的直接服务对象是对内的。

(2)以社会弱势群体为对象的社会服务机构。这类组织由受过专门训练的社会工作者、作为职业的服务人员和志愿者组成,恪守社会工作的伦理价值,为老人、儿童、残障人士、精神病患者等弱势群体服务。这种服务机构的福利服务是向外的,即社会上那些不幸的社会群体。

(3)以广大社会为对象的社会服务机构。这类组织从事的是一般的公益活动,受益者是广大社会。它们的社会服务活动以倡导某种有利于人类生活和社会发展的价值观念和从事不同类型的公益活动为主,包括增强人们的环保意识,倡导公益活动,促成良好的社会环境,宣扬和平与社会公正等。

二、社会服务机构的主要类型

1. 以院舍服务为主

儿童、青少年、老年人、弱智人士、精神康复者等不同服务对象,在其无家可归、家庭严重丧失功能、受虐、失依、失养、被遗弃、患有精神疾病或情绪受创伤适应不良等情况出现时,依据个别情况需要进行短期或长期安置并提供必要的社会工作服务,这就是院舍社会工作(residential social work)①。主要从事这类院舍社会工作的机构就被称为院舍服务型社会服务机构,如儿童福利院、社会福利院、精神病院等。

由于英国早期家庭外住宿照顾服务大多采用大型院舍模式,因此,"residential care work"中文多译为"院舍工作"。其实,英文"residential care"并不局限于大型院舍的工作,特别是在近些年来"去机构化"(non-institution)成为趋势的背景下。正因为如此,有学者认为译为"舍护工作"更能反映目前这一社会工作方法的本质。

(1)院舍工作的目的

一般来说,院舍工作有两个目的:一是照顾及康复的目的,通过评估服务对象的需要及问题,提供适当的照顾或治疗;二是社会控制目的,为了防范某类服务对象可能的罪错行为而进行必要的约束和监管。这两个目的有时是分开的,有时会集中于同一个院舍机构。

(2)院舍工作的对象

院舍工作的对象非常广泛,包括:第一,需要照顾和保护的儿童及青少年;第二,有行为和情绪问题的儿童及青少年;第三,缺乏照顾的老人;第四,需要照顾

---

① 顾东辉:《社会工作概论》,上海译文出版社2005年版。

或训练的弱智人士;第五,需要照顾或训练的弱能人士;第六,需要长期照顾或在过渡适应期内的精神康复者;第七,处在过渡适应期的罪犯等。

(3) 院舍工作的模式

院舍工作基于对不同受助者的需要及问题的把握,主要采取三种不同的照顾模式。第一,家庭替代模式(family - substitute care)。这一模式假设受助者需要"正常"的家庭照顾,只是由于某些原因,其家庭并不能发挥原有的功能。因此,运用此模式的院舍单位旨在提供与正常家庭相同的照顾,以取代家庭对该个体提供的照顾。无论房舍的设计或生活节奏的安排,都应尽量"家庭化"。更为重要的是,此模式十分重视温馨的关怀、情绪的支持及个别的辅导,以使受助者能在"正常"的家庭氛围中生活和成长。家庭替代模式最适合缺乏家庭照顾的儿童及老人。第二,家庭重组模式(family - alternative care)。此模式假设某些家庭不但未能充分发挥其应有的功能,而且本身出了问题,因而损害了个人的行为、情绪或人际关系。运用此模式的院舍单位旨在为受助者提供与以往家庭生活完全不同的生活方式,使其在有纪律、有控制的环境下成长。教育与改造因而成为该模式的工作重点。这一模式较适合缺乏正常社会化、价值扭曲、有行为偏差的青少年。第三,家庭辅助模式(family - supplement care)。这一模式假设受助者的家庭基本上能发挥其应有的功能,只是在某一段时间或暂时需要外部的协助才能渡过危机。此模式旨在协助受助人的家庭渡过暂时难关,强化基本照顾能力,发挥家庭应有的功能。①

(4) 院舍工作的发展趋势

院舍工作呈现出如下一些发展趋势:第一,由慈善及志愿工作,发展成为社会及政府对个人的一种照顾责任;第二,由志愿者提供的方式,发展成为由社会工作者等专业人员提供的服务;第三,由普遍性照顾发展成为个性化照顾;第四,由大型院舍形式发展成为小型家居形式;第五,由与社区隔离的院舍照顾,发展成为在社区内建立的院舍单位;第六,由以社会控制功能为主发展成为以个人的照顾及康复功能为主。

2. 以服务项目为主

大多数民办社会服务机构是以社会化、项目化的方式开展各种服务活动的,甚至有的机构就是为了运作项目而成立的,其主要工作就是一个大型项目。机构的一系列重要管理活动,如策划、组织、人力调配、筹款、志愿者管理、财务管理等,都是围绕项目展开的。因此,在一定意义上可以说,项目是此类社会服务机构的生命线。

---

① 列国远:《舍护社会工作》,载周永新主编:《社会工作学新论》,(香港)商务印书馆1994年版。

(1) 社会服务项目的特征

第一,社会服务项目不以营利为目的。它不是为了通过项目投资获得利润,而是为了完成组织的使命。因此,无论在项目前期可行性分析还是项目结束期的评估,都更加重视评价社会效益的指标,而较少使用经济效益指标。

第二,社会服务项目以提供社会服务为主。如培养智障儿童的项目、照料老年人的项目、为妇女提供法律援助的项目、扶贫开发项目、医疗卫生服务项目等。

第三,社会服务项目利益相关者数量众多,需求复杂。社会服务项目的利益相关者可分为服务使用者、捐款人、合作伙伴、政府相关部门等多种类型,它们的需求之间具有很大差异。要保证项目的成功,就要善于协调和平衡它们之间的利益关系。

第四,社会服务项目的资金来源以外部资助为主。社会服务项目通常向外部组织申请,如各种基金会、支持机构、中介机构、国际组织、政府部门、企业等。因此,做好项目的选择、开发及申请工作,对于社会服务机构项目的成功非常关键。

(2) 以运作项目为主的社会服务机构的主要类型

社会服务机构运作的项目的服务范围相当广泛。如果按照项目服务对象划分,社会服务机构可分为十大类:一是社区发展,包括社区中心服务、社区协调、社区服务计划;二是家庭及儿童服务,包括幼儿日间服务、家庭服务、儿童院等;三是康复服务,包括视听觉疾患者、弱智者、自闭精神病患者、肢体伤残及大脑麻痹人士的医疗康复服务、特殊教育及训练、自助活动、社会康复服务、辅助支持服务、职业康复服务等;四是安老服务,包括统筹及转介、社区支持服务、老人教育、老人就业服务、经济援助、殓葬服务、老人医疗服务、老人房屋设施、院舍服务、交通服务;五是社区矫正服务,包括社区服刑人员的服务、"两劳"释放人员的服务;六是社区戒毒康复服务,包括心理辅导、行为修正、家庭治疗、职业训练等;七是学龄儿童及青少年服务,包括营舍服务(夏令营)、儿童及青少年中心服务、学校社会工作、体育社交及康乐服务、青少年热线等;八是长期病患者服务,包括医疗康复服务、其他志愿服务;九是其他服务对象服务,包括妇女服务、外来务工人员服务、艾滋病患者服务、无家可归者服务;十是社会组织支持性服务,包括社会服务评估、社会组织能力建设、公益组织孵化等。

美国学者史蒂文·史密斯(Steve Smith)和迈克尔·利普斯基(Michael Lipsky)依据福利国家的契约服务观点,划分了三种社会服务机构的类型[1]:一

---

[1] 黄源协:《社会工作管理》,(台北)扬智文化事业股份有限公司2001年版。

是传统的社会服务机构：即由富有的公民领袖所创立的历史悠久的服务社团，相对于其他机构，这类机构通常资金实力比较雄厚，因而对政府财政的依赖度较低。此外，这类机构通常提供多元化的服务和方案，其理事会规模较大，成员则是来自于社区的经济和政治精英。二是契约式的社会服务机构：即主要承接政府委托的公共服务项目的社会服务机构，这类机构的大多数资金来自于政府，其理事会规模要比传统的社会服务机构小许多。三是邻里或社区志愿服务机构：即为满足邻里或社区需要而成立的服务机构，这类机构致力于解决地方所遇到的问题，或解决那些较不被社区所认同的问题，如受虐妇女或艾滋病患者。这类组织往往是由拥有强烈助人使命的志愿者或不拿工资的工作者所组成。上述三类社会服务机构，从它们与政府之间的关系来看，正好形成一个"连续体"，即一端是以社区为基础的志愿组织，它们是非科层化的，且成员是基于特定使命而聚集在一起的；而另一端则是为高度回应政府采购公共服务合同而建立的。

第三节　社会服务机构的功能

一、社会服务机构的服务功能

社会服务机构的宗旨是为社会中有需要的群体提供不同类别的社会福利服务。提供社会服务是这类组织的最本质特征，或者是其天职。社会服务机构正是靠自己高质量的福利服务来获得社会的认可和支持，并维系机构本身的生存和可持续发展的。社会服务机构的服务功能具体体现在以下三个层面：

1. 治疗功能

治疗功能是社会服务机构最基本的职能，它可以被简单地归结为解决问题。社会服务机构通过社会工作者与服务对象建立专业关系，全面了解服务对象的情况，特别注意掌握与问题相关的细节，设法找到问题的症结所在。然后对症下药，为服务对象提供直接服务，以求缓解并最终解决问题。

2. 预防功能

社会服务机构不仅仅为有需要的人群提供福利服务，它还以积极、主动的态度对待社会问题，及早地预测、发现、控制和消除那些可能妨碍社会功能有效发挥的因素和条件。社会服务机构的预防功能通常在两个不同的领域实现：一是预防个人间、个人与团体间以及团体间相互作用中可能会出现的社会问题；二是预防社区组织中经常会发生的社会病态。

3. 发展功能

社会服务机构是联结社会福利政策与社会服务对象的重要中介,因而是一个国家社会福利制度的重要组成部分。通过社会服务机构的专业服务,不但可使服务对象的需求得以满足、参与能力得以提升,而且通过这个过程可以确保社会的和谐稳定,促进整个社会幸福感的提升。

二、社会服务机构的经济功能

1. 社会财富的再分配

社会服务机构从国家和社会筹集大量的社会资源,并为实现社会目标而对社会资源进行重新配置,使资金、技术、智力从城市转移到落后乡村,从高收入阶层转移到低收入阶层,从发达地区转移到不发达地区,从而在一定程度上实现了社会财富的再分配。

2. 促进就业

社会服务机构既是人力密集型组织,又是志愿型组织,它不仅需要大量的专业服务人员,也需要大量志愿者的参与。因此,社会服务机构的发展有力地促进了劳动人口的就业。包括社会服务机构在内的非营利部门在很多国家已经形成规模。根据萨拉蒙领导的约翰·霍普金斯非营利部门比较研究项目的研究发现,36个国家的非营利部门总就业量相当于4550万全职工作人员(雇员和志愿者)。这意味着非营利部门从业人数约占经济活跃人口的4.4%。[①]

3. 为经济发展创造良好环境

社会服务机构可以将一大批有学识、有经验、有技能、有志向、有抱负的人组织和动员起来,通过培训、教育、引导等方式进一步提高他们的综合素质和服务技能,共同致力于社会公益事业,从而为经济发展创造了良好的环境,储备了高素质的人力资本队伍。

三、社会服务机构的政治功能

1. 促进社会公平

社会服务机构主要服务于社会弱势群体,为他们提供福利服务,增强他们的参与社会事务的能力;社会服务机构还从政策和制度层面倡导社会政策对弱势群体的关注。这在一定程度上改善了社会弱势群体的生存状态和生存环境,减少了社会排斥,促进了整个社会的公平。

---

① [美]莱斯特·M.萨拉蒙,S.沃加斯·索克洛斯基等著:《全球公民社会——非营利部门国际指数》,北京大学出版社2007年版。

2. 维持社会秩序

社会服务机构通过提供社会服务可以减少社会问题,通过社会服务提供社会适应机制,可以满足人们被接受、认同的需要。社会服务机构倡导社会政策的渐进变革以及服务对象与社会环境之间的调适,这都在一定程度上维护了现有的社会秩序。

3. 进行社会控制

社会服务机构通过矫正失范的社会成员的认知和行为,逐步认同主流社会的价值和规范,改善其社会功能,可达到一定程度的社会控制目的。

四、社会服务机构的文化功能

1. 张扬社会团结的价值

社会服务机构是富有使命感的组织。它通过自己持续的服务行动,通过面向社会大众的募捐活动,不断唤起民众对公共利益的热情和投入。久而久之,就会在广大群众中间培养起互助、友爱、和衷共济的现代慈善意识,形成社会团结、和谐的文化氛围。

2. 人道主义伦理

人道主义强调对人的基本价值和尊严的尊重。社会服务机构从服务对象的需要出发,以同感、真诚、尊重的态度对待服务对象,注意发挥服务对象的潜能。这种对弱势群体的人道主义关怀,会在社会公众中产生良好的示范作用,从而推动整个社会人道主义伦理的形成和发展。

第四节 我国社会工作服务机构的发展

自从2003年中国大陆第一家专业社会工作服务机构——上海乐群社工服务社——诞生以来,社会工作服务机构经过近十年的发展,已成长为社会服务机构中的中坚力量。本节着重阐述我国社会工作服务机构的发展历程、类型与功能。

一、社会工作服务机构的发展历程

1. 探索起步阶段(1999—2003)。1999年12月9日,"浦东新区社会工作者协会"成立,成为协助政府职能部门推动社会工作职业化、专业化的促进机构。2000年,浦东新区建立了潍坊社区社工站、沪东社区社工站等社工站。社工站作为浦东新区社会工作者协会的派出机构,聘任若干名刚从高校社会工作专业毕业的年轻社会工作者开展社区服务、医疗服务等。

2. 职业化建设阶段(2003—2007)。2003年2月28日,中国大陆第一家专业社会工作服务机构——上海乐群社工服务社宣告成立。此后,上海相继成立了上海浦东阳光慈善救助服务社、上海市自强社会总社等多家社会工作服务机构。截至2011年底,仅浦东新区就有专业社会工作服务机构40家,服务范围涉及慈善救助、医疗健康、民族与宗教、婚姻家庭、流动人口、青少年、戒毒、矫正等20个领域。

此外,浦东社会工作者协会于2003年下半年受当时的劳动和社会保障部委托开发社会工作者国家职业标准。劳动和社会保障部于2004年6月正式颁布了《社会工作者国家职业标准》,这是国内社会工作职业化进程中的一件大事,标志着"社会工作者"正式作为一种职业得到了国家的法定认可。

3. 制度化发展阶段(2007年至今)。在上海社会工作服务机构发展取得显著成绩的同时,深圳等城市也从制度和实务层面大力推进社会工作职业化、专业化进程。2007年9月30日,深圳市委常委会审议通过了《关于加强社会工作人才队伍建设推进社会工作发展的意见》及7个配套文件(简称"1+7"文件),对社会工作进行了多方面的制度安排,可以说是深圳社会工作的"基本法"。从2007年起,深圳的社会工作服务机构如雨后春笋般成立。根据《深圳社会工作发展报告(2012)绿皮书》提供的数据,截至2011年12月底,深圳全市专职社会工作者达1800余人,社会工作服务项目160余个,社会工作服务机构达58家,社会工作服务范围涉及16个领域,本土督导队伍达241人。

2009年10月,民政部印发了《关于促进民办社会工作机构发展的通知》,此后,民办社会工作服务机构发展迅速。截至2011年底,全国已创办600多家民办社会工作服务机构,服务范围涉及20多个领域。2011年中组部、民政部等18个部委联合发布的《关于加强社会工作专业人才队伍建设的意见》,奠定了我国专业社会工作发展,包括专业社会工作服务机构发展的制度基础。

上述社会工作服务机构发展的三个阶段,大致形成了"社会工作站"、"社会工作服务社或社会工作服务中心"、"社会工作师事务所"等几种组织模式。一是"社会工作站"模式。2000年,浦东社工协会开始了建立社会工作站的尝试,这可能是内地最早的社会工作站。"社会工作站模式"在运作过程中,很快暴露出了它的脆弱性:由于它们在办公场地上依赖于其所进驻的组织(学校、社区、医院和市民会馆管理方),其工作人员无法获得充分的运作自由度,影响了服务的开展。二是"社会工作服务社"模式。2003年上海乐群社工服务社成立之后,尽管其发展过程一波三折,但"乐群"模式最终还是获得了政府和社会的广泛认可。此后,服务社模式不断得到复制。上海有影响的三大社团(上海市自强社会服务总社、上海市新航社区服务总站、上海市阳光青少年事务中心)以及深圳

50余家社会工作机构基本都冠以"社会工作服务社"或"社会工作服务中心"的名称。三是"社会工作师事务所"模式。2007年10月30日,浦东成立了全国首家社会工作师事务所——上海公益社工师事务所。它是由社会工作专家领衔、由专业社会工作者组成的一家专业社工服务机构。该模式得到了上海市民政局及民政部领导的肯定,此后,事务所模式又不断得到复制。应当说,在三种职业化、专业化社会工作组织模式当中,"社会工作师事务所"特别突出了社会工作的专业属性以及民间机构属性,因而在加强社会工作人才队伍建设背景下,产生了较广泛的影响力。

二、社会工作服务机构的主要类型

根据前述社会服务机构的分类标准,结合国内社会工作服务机构发展现状,社会工作服务机构类型可以从以下几个角度进行划分:

(1)根据社会工作服务机构与政府的关系划分。社会工作服务机构可以分为政府主导型与民间自主建立型。上海市2004年成立的三大社团,即上海市自强社会服务总社、上海市新航社区服务总站、上海市阳光社区青少年事务中心,以及中国社会工作协会、上海市社会工作者协会等,都属于政府主导型社会工作服务机构。而像上海乐群社工服务社、上海公益社工师事务所等,以及深圳2007年之后成立的大部分社会工作服务机构,则从一开始就采取了民间自主建立、民间自主运作的方式,属于民间自主建立型社会工作服务机构。

(2)根据服务对象划分。总体来看,现有的社会工作服务机构以服务于社会弱势人群为主,但不同的服务机构在具体服务对象方面还存在一定差异:一是青少年社会工作服务类机构,二是老人社会工作服务类机构,三是司法社会工作服务类机构,四是妇女社会工作服务类机构,五是社区发展类社会工作服务机构,六是综合服务类社会工作机构。

(3)根据在社会组织"服务链"中的不同地位划分。自发型社会组织(自发形成的各类兴趣团体)、操作型社会组织(从事一线专业服务的社会组织)、支持型社会组织(为草根社会组织提供能力建设、孵化托管、筹资平台、资源拓展等支持性服务的社会组织)、资助型社会组织(包括公募基金会和非公募基金会)、枢纽型社会组织(包括工、青、妇、科协、残联、侨联、文联、社科联等联合性社会组织),构成了一个完整的社会组织的"服务链"。大部分社会服务机构直接为有需要的社会弱势人群提供福利服务,属于操作型社会组织;还有一些社会服务机构,不是直接为服务对象提供服务,而是为其他社会服务机构提供人员培训、服务评估、能力建设、孵化托管、社会工作研究等支持性服务,它们属于支持型社会组织。比较典型的资助型社会组织有上海公益事业发展基金会("联劝")、南都公益基金会、友成企业家扶贫基金会等；中国社会工作协会、上海市社会工作者协会则发挥了枢纽型社会组织的功能。

三、社会工作服务机构的功能

1. 社会工作服务机构的发展促进了政府职能的转变

在政府职能转变过程中,对于涉及青少年教育服务、外来人口服务、儿童与家庭社会工作、就业咨询与辅导、老人服务、社会服务项目评估和社会工作研究等社区公共事务领域,政府逐步退出,由专业的社会工作机构介入,加快了政府职能转变的步伐,提升了社会福利服务输送的效率和专业化水平。

2. 社会工作专业服务满足了社会弱势群体的个别化和系统化服务的需求

社会的弱势群体包括失业人员、贫困人口、残疾人、老年人、儿童、外来务工人员等。对于弱势群体的多样化需求,政府很难满足,更多要依赖于专业社工机构的介入和关注。

3. 社区社会工作服务机构的发展为居委会减负创造了条件

居委会是居民自我管理、自我教育、自我服务的基层群众性自治组织,并不是一级政府机构。但是,由于街居体制没有发生根本转变,"上面千条线,下面一根针",居委会行政性、事务性工作负担过多过重。根据有关调查数据,目前居委会承担的工作有社会保障、社会发展、创建示范、综合治理、人口计生、公共卫生等6大类150多项,台账140多本。居委会负担过重,影响了其自治功能的有效发挥。社区社会工作服务机构的发展,就为居委会减负、回归法律本位提供了良好的外部条件。

4. 社会工作服务机构能够发挥吸纳集聚社会工作人才的作用

政府组织和经济组织内虽然有一定数量的社会工作岗位,可以吸纳培育部分社会工作人才,但专业社会工作机构才是社会工作人才最大的舞台和蓄水池,也是培育和锤炼社会工作人才的最大熔炉。因此,培育发展专业社会工作机构,是推进社会工作人才队伍建设的重要组织基础,也是推进社会工作专业化、职业化的重要途径。

推荐阅读文献

顾东辉. 社会工作概论. 上海:上海译文出版社,2005

官有垣. 非营利组织与社会福利. 台北:亚太图书出版社,2000

何志安,林彩珠. 追求卓越:前线社会福利服务管理技巧. 香港:香港城市大学社会科学学部,2000

黄源协. 社会工作管理. 台北:扬智文化事业股份有限公司,2001

列国远. 舍护社会工作. 见周永新:社会工作学新论. 香港:商务印书馆,1994

萨拉蒙. 全球公民社会. 北京:社会科学文献出版社,2002

王思斌. 社团的管理与能力建设. 北京:中国社会出版社,2003

第五章 社会服务的计划

计划是一个组织如何达到目标的逻辑过程。如今无论是在机构管理、政府公共管理还是在社会工作管理中，都需要对所要达到的工作目标、工作程序、方法进行论证，并做出决策，制定科学、周密、合理的工作计划，以确保工作目标的实现。

第一节 社会服务机构的目标与整体规划

一、社会服务规划的含义和意义

（一）规划与计划的含义

规划与计划的含义是有区别的。规划是社会服务机构为实现机构的使命、长远目标而做出的重要的战略性的计划，它是一种对未来的分析与选择程序。计划（plan）则是为了实现机构的战略规划，对机构的内外环境、社会服务需求的评估分析、设定机构的目标、拟定并选择用来实现目标的可能的行动安排[①]。

规划与计划的共性特征有：(1)二者都是未来取向的；(2)二者都是目标取向的；(3)二者都是一个连续不断的过程；(4)二者都须随环境的变化而调整与改变；(5)二者都与政策、方法和结果有关。二者的不同之处是：规划一般指较长时段的、对重要问题的设计，相对粗略；而计划是对较近时段行动的设计，一般比较细致。

（二）社会服务规划的意义

规划是社会服务中的一个重要环节，其地位和作用表现为以下几个方面：

规划可以明确组织的发展方向。规划可以使成员了解组织的发展方向，并以团队的方式努力合作，以实现组织的目标。

规划能减少不确定性。规划可以使组织的行动按着某种预先设计的方式进行，降低组织行动的不确定性。

规划能集中人们对组织使命与目标的思考。组织有了明确的使命，才会有

---

① 黄源协：《社会工作管理》，(台北)扬智文化事业股份有限公司2001年版，第91页。

明确界定的目标,组织成员才会在组织中明确自身工作的价值与意义。

规划能为人们提供行政控制的标准和手段。在人们对未来活动进行方案设计的同时,也意味着对人们的活动过程和活动结果提供一个控制、评估的标准,依靠规划可以对组织成员的工作进行测定,对其绩效进行评估。

周密的规划能够增强组织凝聚力。良好、周密的规划有利于组织成员的配合和目标的达成,从而有助于使成员获得成就感和满足感,进而增强组织的凝聚力。

二、社会服务机构的目标分析

(一)社会服务机构目标的含义

1. 社会服务机构的宗旨与目标

机构宗旨是与机构目标相联系的概念,机构宗旨表明一个机构的存在对于社会的意义。社会服务机构宗旨主要是指机构共同的价值观、信念以及存在的原因,表明机构为谁服务以及提供何种服务。宗旨有三项功能:说明机构的业务范围,对员工、志愿者、捐款人给予激励,提供对服务效果加以评估的标准。宗旨强调了该机构的核心价值观,具有较强的激励作用[1]。

机构目标就是一个机构在未来一定时间内要达到的目的。没有明确的目标,就不能形成机构发展的合力和凝聚力,整个机构就会陷入混乱状态。机构目标设置的功能包括三项:一是明确机构成员的努力和活动的方向。机构目标说明了应该做什么,机构内的人力、物力、财力都将围绕这一目标集中力量去实现目标。二是实现机构内部的有效沟通和协调。通过界定成员的大致工作内容,帮助机构成员调整行为,减少部门、成员间的相互冲突和矛盾。三是为机构决策、绩效考核、组织结构设计提供依据。

2. 社会服务机构的管理目标

管理就是机构中的管理者在特定的环境下对机构所拥有的现实资源进行有效的整合,以便实现既定的机构目标的过程。管理的目标就是追求工作的有效性。管理有效性要从效率、效益两个方面来衡量。效率涉及机构是否"正确地做事",效益涉及机构是否"做正确的事"。机构目标的有效实现,需要"正确地做正确的事"。而如何做到这一点,则与管理的具体目标与手段有关。也就是说,机构目标是通过一系列资源配置活动的衔接逐步实现的,机构目标层层纵向分解或按照不同领域横向分解,这些分解后的小目标,既是机构目标的规定,又是管理活动欲达到的具体目标。

---

[1] Sharon M. Oster.《非营利组织策略管理》,(台北)洪叶文化事业有限公司2001年版,第28页。

（二）社会服务机构目标的层级

1. 机构发展的战略目标

社会服务机构的目标是分层次的，有战略目标，也有管理目标或具体的工作目标，它们构成一个体系。机构的生存与发展取决于机构的内外环境和组织本身的功能定位。从组织生存与发展的宏观角度看，机构需要确立发展的战略目标。

战略目标的制定是确保机构迈向成功之路的前提，因此，战略目标的制定必须建立在科学基础之上。战略目标的制定，特别是对机构内外环境条件的分析，需要有好的综合分析技能。要考虑社会、技术、经济、政治、法律等因素，考虑竞争者、政府、企业、消费者、公众、金融机构等方面的要求。内部条件分析包括机构管理、市场营销、财务会计、服务方法、研究与创新、计算机信息系统等方面。

2. 机构管理的目标任务体系

机构的既定目标一定是层层纵向分解或按照不同部门横向分解，这些分解后的小目标既是组织既定目标的规定，又是管理活动或工作欲达到的具体目标。从组织管理的角度看，机构目标的分析包括：使命、总目标、具体目标、分部门目标及个人目标等。它们形成一个层级体系。

（三）社会服务机构目标的制定

1. 社会服务机构目标制定的原则

制定目标不是一件简单的事情，制定目标时必须坚持 SMART 原则。

所谓 SMART 原则，即目标必须是具体明确的（specific），目标必须是可以衡量的（measurable），目标必须是可以达到的（attainable），目标必须和其他目标具有相关性（relevant），目标必须具有明确的截止期限（time-based）。无论是制定团队的工作目标还是员工的绩效目标都必须符合上述原则，五个原则缺一不可。

2. SWOT 分析

通常采用 SWOT 分析模型，即通过分析机构的内、外部环境条件，在找出机构所面临的内部优势（strengths）与劣势（weaknesses）、外部机会（opportunities）与威胁（threats）的基础上，制定机构目标。在评价外在环境时，可从三个方面考虑：第一，对影响机构的宏观社会环境（包括政治、经济、社会、技术等）的大趋势和情况有较全面的审视和了解。第二，对机构的利益相关者（stakeholder）的审视。所谓利益相关者是指与本机构有实际的和潜在关系的组织和人。这包括政府、社区、共同合作者、资源提供者、服务对象以及机构的竞争对手等。第三，对同行业内其他服务机构的合作或竞争情况的了解。机构管理者必须了解机构面对何种竞争、现今的竞争对手在做些什么以及他们共同合作可获得的利益是什么。

3. 社会服务机构的目标管理

彼德·德鲁克(Peter Drucker)于1954年提出目标管理(management by objectives,简称MBO)理论,这是一种以建立目标体系为基础的管理程序,特别强调员工与上司共同参与设定具体又能客观衡量成果的目标。MBO将组织整体目标借由参与管理,逐层转化为各阶层与各部门的子目标,形成一个目标体系,同时以制定的目标作为激励员工的工具,上下级通过共同讨论进行绩效评估,是一种比较理想、完整的规划与控制程序。德鲁克对这一概念做了精辟的解释:"所谓目标管理,就是管理目标,也是依据目标进行的管理。"目标管理有以下几个特点:参与导向、系统导向、控制导向、授权导向和结果导向。它对社会服务机构的管理也有重要参考价值。实际上,目标管理指出了参与式地制定目标对于机构日后的顺畅运行具有重要的意义。

三、社会服务计划的类型

(一)计划的类型

按社会服务计划期限的长短分类,可分为长期计划、中期计划和年度计划,它们是一个彼此相辅相成的计划体系。

长期计划一般不少于三年,它属于战略性计划,也就是机构管理者根据社会发展状况,对机构的未来发展做出的预测。这种类型的计划具有战略性、纲领性的特点,能保证社会服务组织发展的连续性和稳定性。中期计划一般为期二至三年,它是长期计划的具体化,又是制定年度计划时的依据。这种类型的计划具有明确、详细、行动取向等特点,着重于实现目标所应采取的方法。年度计划一般是指一年以下,包括季、月、旬、日和小时的计划。它又可称为"运作性的方案计划",也就是贯彻实现中长期计划的具体执行计划。

对社会服务计划还可以进行其他分类,如按社会服务计划的范围来分类,可将社会服务计划分为总体计划、分支计划等。各类计划之间互相联系、互相制约,共同构成统一的社会服务计划体系。

(二)战略规划与行动计划

所谓战略规划是指机构通过分析现在与未来的环境中存在的机会和威胁、可供使用的资源,确定组织的任务,设立目标和制定组织能够在环境中成功运行的战略。战略规划描述了机构打算如何利用现有的环境条件和资源来参与竞争的计划。它有以下特征:(1)它是由机构最高管理层作出的决定;(2)它涉及大量资源的分配,如资金、人力、或物力;(3)它有长期效应(通常三到五年);(4)它关注机构与外部环境的相互作用。①

行动计划则是指为了战略计划的实现,分阶段、分职能、分部门对组织的资源进行调配以更有效率地实施战略计划、实现战略目标的执行性计划。行动计划由基层管理者制定,时间跨度较短,通常以一年为期,根据战略规划向下展开,任务非常具体,有可操作性,可分解成每日的行动目标,即可对机构员工的工作加强控制,又可作为日后进行绩效评估的依据。

战略性计划的过程如图5-1所示:

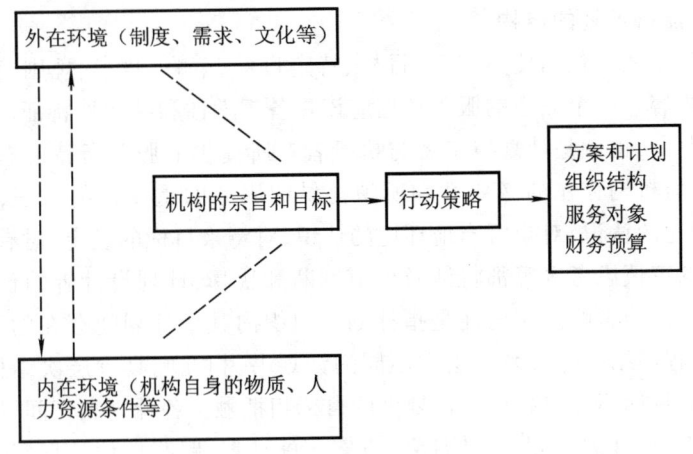

图5-1 战略规划的过程

战略规划与行动计划的性质和作用各有不同。战略规划注重未来发展方向性目标的指引,关注机构与外部社会环境的关系。行动计划主要考虑机构本身的条件和社会大众的服务需求,关注特定时间段应实现的工作目标,详细规定了工作内容、工作程序、工作方法、人力配备、财务经费的预算和绩效评估方法等。行动计划通常由基层主管人员制定。

2010年以来,随着我国实施国民经济和社会发展第十二个五年计划,我国在社会福利、社会工作等领域的总体规划获得了较大发展,特别是规划的综合性得到加强。2011年10月,由中组部等18部委联合发布的《关于加强社会工作人才队伍建设的意见》,是国家出台的第一个系统建构专业社会工作制度、推进社会工作专业人才队伍建设的专门文件。2012年4月,中组部等19部委联合发布《社会工作专业人才队伍建设中长期规划(2011—2020年)》(以下简称《规划》),这是我国第一个关于社会工作专业人才队伍建设的中长期规划。《规划》

---

① 格罗弗·斯塔林:《公共部门管理》,上海译文出版社2003年版,第193页。

共分序言、指导思想、基本原则、战略目标、主要任务、体制机制、重大政策、重点工程和保障措施等方面内容,指出了到 2015 年、2020 年我国社会工作专业人才队伍的发展目标。

《规划》运用综合系统的观点,在规划方法、组织结合方面有所创新。规划组织的结合是指通过加强规划组织的协调权威,保证规划的权威性,克服"机构障碍",加强不同部门与不同专业的协同工作,建立全国各相关领域的信息系统,保证各有关部门共同编制规划目标,共同评价规划方案。

(三)服务计划的结构

服务计划通常包括使命、整体目标、特定目标、策略、政策、规则、程序、方案和预算等内容。一个完整的服务计划应该具备哲学性和结构性特征。哲学性主要指价值判断,也就是计划拟定者与执行者对所提供的服务所持的态度和价值观。例如,对机构存在的必要性和所拟提供的服务的重要性的认识,对机构利益、员工利益的认识,对当时当地环境的认识,对将来目标的设定,对有效达成目标的手段的审慎思考等等都将涉及价值判断和抉择,计划设计者的价值观在此时有着决定性的影响。结构性是指计划与组织内其他计划间存在的层次结构、配合结构、程序结构等关系。层次不同的计划书,相互间具有层次结构,此时低层次计划的目标不得与高层次计划书的目标相抵触。各计划相互间可能存在程序结构关系,如外展计划、宣传计划、方案实施计划、跟踪评估计划等,在程序上有先后之分,在进度上必须密切配合。

有效管理的第一步就是拟定有效的计划。所谓有效的计划包括三方面的能力结构,即分析、执行、测量。在分析方面,管理者有责任分析制定机构目标、确定服务评估架构。在执行方面,管理者能够拟定适当的服务项目和步骤,有效地管理和激励员工等。在测量方面,管理者必须评估服务的效能、提出服务的改善建议。

第二节　社会服务机构中的决策

一、社会服务计划是一个决策过程

(一)决策的含义及作用

决策这个概念首先由决策理论研究的经典作家 H. A. 西蒙用于分析企业管理,然后用于研究行政管理。西蒙认为决策就是对若干个准备行动的方案进行选择,以期优化地达到目标。因此,决策是一种选择的过程,决策就是做决定。

决策是社会服务机构管理的主要组成部分,实际上,社会服务计划的制定就是一个决策过程。

决策的重要性决定了其在社会工作行政中的核心地位和决定性作用。首先,决策是社会服务过程的首要环节和执行各项管理职能的基础。决策是管理的先导,社会工作行政的各个环节的活动都需通过一定形式的行政决策来实现。其次,决策是社会工作行政成功的关键,决策从根本上决定了行政管理效果的优劣。第三,决策水平是衡量领导者能力的重要标准。当社会对社会服务机构提出一定的服务需求时,机构领导有责任果断制定政策,最大限度地满足国民的社会需求。社会服务机构领导的素质与能力将直接影响到其能否做出科学的决策以提高整个服务机构的工作效能。

(二)决策理论

国外行政决策理论流派众多,比较有影响的有完全理性决策理论和有限理性决策理论。

1. 完全理性决策理论

传统的经典决策模型依据"经济人"的假设,认为决策者遵循最优化的决策准则。这一理论假定决策者具备完全客观、理性、逻辑的思维能力,能精确计算和界定要解决的问题;会有一个明确的、具体的目标,能获得与决策有关的全部信息;能确定所有相关的标准,所有被选方案和可能产生出来的结果都可以被精确地计算出来。决策者总是选择那些能产生最大经济报酬的方案,以获得最大化的经济利益。

这种理性决策模型追求的是理想化的尽善尽美的分析。但大多数学者认为,在实践过程中,人们的能力、知识、经验很难达到那样的境界。在社会服务组织的决策管理中,因服务需求的变化、服务对象的不同,很难对问题目标加以精确计算,因而简单地用它来进行实际决策常常会行不通,很难获得最优化的效果。

2. 有限理性决策理论

20世纪40年代,西蒙出版了《行政行为——行政组织中决策过程的研究》一书,奠定了行政决策科学的有限理性决策的理论框架。西蒙等学者认为传统经典理性决策模型存在一定的局限性。他认为,实际上人的理性是处于完全理性和完全非理性之间的一种有限理性。西蒙认为在现实环境中,决策是十分复杂的,涉及许多相关利益者,管理者所掌握的是模糊信息,决策的备选方案是不可能尽知的,已知方案的结果也是不确定的,管理者的分析、认识能力也不尽相同,决策所需的时间、资金等资源永远都是有限的。因此,他们只能选择满意的方案而不是最优方案。

满意原则是指决策者在决策中追求满意标准而不是最优标准。决策者只需对部分备选方案进行筛选,选择一个能满足最低决策准则的方案即可。尽管可能在备选方案中还存在着更好的方案,但时间和成本约束使得管理者仅仅满足于能够寻找、选择到可以接受的、可行的解决问题的方案,无法做出最佳决策①。

社会服务领域的组织决策环境与西蒙所分析的有限理性状态十分相似,无论是在机构组织还是在员工、服务对象方面都具有各种不稳定性,因而有限决策理论的应用更具现实可行性。

二、社会服务机构决策的一般程序

(一)决策的一般程序

1. 发现问题

决策是为了解决问题而进行的,界定问题、理解问题的情境是十分必要的。然而,对机构决策者来说,需要界定的问题很多,大致包括以下几类:(1)社会服务机构生存与发展、社会服务需求产生的一系列制度背景问题,即如何理解、运用和发展社会福利制度。(2)社会服务机构的改革与发展问题。例如组织决策者如何理解员工要求机构改革的建议。(3)机构服务对象的需求评估问题。社会服务机构面对复杂的社会需要,要对服务需求进行准确的把握和评估。在综合考虑上述因素后,可以确定要解决的问题。

2. 确定目标

明确问题后,就需确定目标。在确定目标时,要做到以下几点:第一,决策目标必须考虑需要与可能之间的平衡;第二,决策目标的表达应当准确;第三,决策目标系统应主次分明,即要分清层次;第四,限定目标的正负面效果,以控制决策的不利影响。

3. 拟定方案

确定目标之后,要设计具体的实施方案,以实现这些目标。要制定多个备选方案,以从中选择出所需要的方案。

4. 比较、分析方案

社会服务项目的确定是众中选优,所以需要决策者对各种方案进行综合分析。通过比较分析,方能显示各种方案的利弊。

5. 选择方案

在仔细权衡每一项方案的正面或负面的后果的基础上,再去选择能有效地解决社会问题或满足社区需要的最满意和可行的方案。

---

① 西蒙:《管理行为》,北京经济学院出版社1988年版。

至此,决策过程基本结束,接下来就是实施方案和对实施过程的评估。

(二) 社会服务机构决策的复杂性及其危险

社会服务机构决策是在一定的环境条件下通过组织成员的参与而进行的,决策的内容涉及机构的战略发展、服务项目的选择、执行措施的制定、机构员工的任用、机构财务资源的筹集及分配等各个方面,因此,决策过程会受到组织内外各方面因素的影响,具有明显的复杂性。在我国,社会政策的自上而下的推行模式,常常会出现决策考虑不周,实施者遭遇诸多不协调的状况。已有的决策在实施过程中,因执行者拥有很大的决策空间和自由裁量权,而加进了不可忽视的自下的行为,实施者依照自己的判断甚至是偏好去选定或舍弃某些目标对象,提高或压低福利服务的规定标准,这也使得社会福利政策方面的决策过程变得十分复杂[1]。同时,要实现规划与部门决策的结合是比较困难的,这也是规划与计划有时脱节的主要原因,因为这涉及现行的行政管理体制。

面对复杂的决策,实际上决策者不一定能做出最合适的决策,甚至会导致决策中存在着危险。斯基德摩尔(R. A. Skidmore)指出了决策过程中可能存在的危险和陷阱。(1)拖延。人们在面对难以抉择的难题时,总是指望时间可以解决一切问题,出现决策上的拖延。(2)过度简化。在解决问题或做决策时,有时会有"大而化之"的倾向。(3)非理性行为。决策往往并非建立在客观公平的基础上,事态的复杂性、个人的感情会影响做出合理的决策。(4)因错误导致沮丧[2]。

三、社会服务机构决策的类型与方法

(一) 社会服务机构决策的类型

依据不同的角度,决策可以分为不同的类型和方法,较常见的分类方法有以下几种:

1. 依理性程度可分为直觉的决策、判断的决策和问题解决的决策

直觉的决策与情感而不是与理性相联系,判断的决策建立在知识和经验的基础上,问题解决的决策是建立在理性研究及分析基础上的一种比较客观和科学的理论模式。

2. 依问题性质可分为程序式决策和非程序式决策

程序式决策是正规的、有组织的、正式的类型,常用于处理问题明确、简单且

---

[1] 王思斌:《社会政策实施与社会工作的发展》,《江苏社会科学》2006年第2期。

[2] R. A. Skidmore. Social Work Administration: Dynamic management and human relationship(3rd ed.). Boston: Allyn & Bacon, 1994: 74 – 76.

重复、无需替代方案的工作。非程序式决策是非连续性的、非正式的、结构不严密的类型,常用于较为独特、问题结构不佳、需要创新的工作。在实践中,决策常常是介于二者之间的。

3. 依工作者本身的角色可分为咨询式决策、协商式决策、协助式决策、权威式决策

咨询式决策是决策者就有关行动方案征询其他人的意见,咨询对象一般是与特定决策相关的重要人士、专家或团体。协商式决策是决策者协调各方不同意见,做出折中、可接受的决定。协助式决策是指并非本人自己要做决策,而是协助他人做决定。权威式决策则是指决策者在确认自己的权力范围的前提下,无需通过咨询,自己就可做决定。

(二) 决策方法

社会服务机构在决策中一般采用以下几种决策技巧:

1. 专家决策法

这种方法也叫德尔菲方法。德尔菲法强调参与决策的成员互不见面,而是通过精心设计的调查问卷方式,将许多专家的意见集中起来,形成一种决策的过程。

2. 头脑风暴法

头脑风暴法由美国人亚历克斯·F. 奥斯本发明,它通过会议形式,鼓励与会者(5 至 10 人)不断产生或改进想法,从而找到解决问题的创造性方法。

3. 可行性分析方法

社会服务机构在决策时要选择那些能有效地解决社会问题或满足社区需要的最理想和可行的方案。在决策中要考虑目标、方案的综合效益、风险等因素,对各种潜在问题和不利因素作充分的估计,通过分析、对比,从中选出最佳方案。

4. 参与式决策

参与式决策不但吸收机构的一般工作人员参与决策,而且可能吸收服务对象参加决策。由于一般工作人员、服务对象更了解具体情况,所以这种决策可能更符合实际。

第三节 社会服务计划的制定

一、社会服务机构计划的程序

关于社会服务计划的制定程序,许多社会行政学者提出了自己的看法。莫里斯(R. Morris)和宾斯托克(R. H. Binstoch)认为,计划包括以下六个步骤:(1)

问题识别，(2)问题分析，(3)获取资源控制者或社区权力中心的支持，(4)行动计划的发展，(5)方案推行，(6)方案评估。约克(R.O.York)则认为计划制定的程序包括以下步骤：(1)问题识别、需要评估，(2)目标界定，(3)识别达到目标的各种可行方案，(4)决策，(5)方案推行和评估。香港学者梁伟康认为，计划的程序可分为九个步骤：(1)评估需要，(2)调查社区资源，(3)识别居于优先但未获满足的需求，(4)制定目标，(5)发展战略，(6)制定工作计划，(7)编制预算，(8)履行方案，(9)评估方案。

综合上述学者、专家的意见，我们认为，社会服务计划的程序是：

（一）确定社会需要

社会服务计划和决策的前提在于了解社会大众的各种社会福利的需求，发现在满足需求时存在的问题。发现问题、评估需求是服务计划建立的首要基础。

1. 问题识别

问题识别是指确定可能的服务对象的人数，要解决的问题的性质、产生原因及后果的严重性。社区中的福利机构都应收集下列的相关资料：(1)关于社区问题及其产生背景的资料；(2)有关社区整体特征的资料；(3)有关服务输送的资料。通过问题分析，才能对有待处理的问题中的主要服务对象有一个正确的了解，然后设计有针对性的服务计划。

2. 因果假设分析

为了找到问题产生的原因，常采用因果假设归因的分析方法。实际上，有什么样的问题归因就会有什么样的解决问题的方案。

3. 评估需要

总体上说，社会需要就是指政治、经济等方面的现实资源状况与社会大众的需求之间存在的差距。英国约克大学教授布拉德肖(Jonathan Bradshaw)指出有四种不同的社会需要：感觉到的需要，这种需要是服务对象本身所感受到的；表达的需要，即个人将感觉到的需要转化成对某种社会服务的使用；规范性的需要，社会服务应有规范性标准，如果社会服务不符合专业人员所制定的标准，则社会便会产生规范性需要；比较的需要，即社会服务之间存在比较。如果一个社会服务机构没有提供类似机构都有的服务，而社会又对这种服务存在需求，则会出现比较性需要。

评估需要的原则是：(1)分析服务对象对问题和目标的知觉性。服务机构的专业人士不能仅凭本身的专业知识界定服务对象的需要，而必须考虑服务对象的感受。(2)了解服务对象的需要是否可从现在所获得的服务方案中得到满足，避免因服务的重复而浪费资源。

评估需求的方法可分为：资源点存、调查访问法、使用者分析、与重要人物访谈。资源点存是指点数一个特定社区内目标群体可利用的服务以及服务提供与服务需求之间的差异,这种分析方法可帮助机构避免服务方案的重复和竞争。使用者分析包括实际案主的分析和服务提供者的分析。需要收集的资料有:使用者的人口学统计资料、不同类别的个案利用量、追溯案主的来源、分析使用的可近性和使用障碍。

(二) 提出备选的服务方案

提出备选的服务方案是指根据调查和预测的有关数据、资料,尽量发掘各种可行的计划草案,在此基础上,对各种备选方案的优缺点进行比较评估。设计备选方案必须整体详尽、互相排斥。具体步骤是:

第一步是集思广益,初步设计,尽可能设想出各种不同的方案,大胆探索各种可能的途径和方法,以确保备选方案的多样性。

第二步是精心设计,详细论证,反复计算,细致推敲方案中的每一个细节,确保备选方案的准确性和科学性,尤其是对方案结果的准确估计以及对实施细节的明确规定。根据以上原则和步骤所拟定的备选方案具有创新性、可行性、多样性的特点。

(三) 选择方案

1. 方案的评估

选择方案就是决策者对各种可行方案进行综合分析,选择能更有效地解决社会问题或满足社区需要的最理想和可行的方案。要做到这一点,就要对方案进行科学的评估。对备选方案的评估可能从不同角度着眼,有的考虑方案的可行性,有的考虑方案的投入产出。在后者中有的从效率的角度分析问题(成本—效率分析),有的则关心效果(成本—效益分析)。社会服务方案一般更关心服务的投入与效果,即它在多大程度上解决了服务对象希望解决的问题。

2. 可行性方案的选择

当机构思考方案是否可行时,通常会考虑三种可行性:政治制度的许可性、经济的可接受性和社会的可接受性。

可行性方案必须遵守六个准则。(1)效率:指资源投入和服务产出之比率;(2)效能:指方案达到目标的程度;(3)可行性:指成功实施这项方案的可能的程度,包括目标是否实际可行、机构员工能否完成该方案、机构过去完成该方案的记录和方案计划是否适当等;(4)重要性:指这个方案是否是实现目标的唯一方法和途径;(5)公平:指这个服务方案公平地提供给有需要的个人或团体的程度;(6)附加的结果:指社会将会获益或受损的程度,而这一范围并未在方案所要达到的目标上列明。总之,某项方案越符合上述准则,则越应被选为最理想的方案。

具体地说,分析以下条件有助于机构决策者选择可能的方案:(1)该项服务是否切合机构/服务方案目标及优先顺序;(2)机构是否有足够的资源提供该项服务;(3)所提供的服务是否被服务接受者和社会成员所接纳;(4)是否可由现在的服务提供者继续给予服务;(5)该项服务是否符合政策的规定(即这项服务是机构或服务方案所必须推行的);(6)该项服务所产生的效益是否比估计的成本更重要;(7)能否测量该项服务的效能;(8)被选取的服务方案是否具备可操作性;(9)在推行该项服务时,是否会有严重的危机产生。

二、社会服务机构计划的方法

(一)确定总目标

如前所述,机构制定的目标一定是与其所识别的社会问题及社会需要有关。根据问题的先后、大小的不同,目标也有层次性。目标可分为总目标和子目标,总目标(agency goals)是指机构对社会服务方面的一些总体原则性的想法,如:提高社会福利水平,满足社会需求,促进社会参与,消除贫困和犯罪等。此类目标比较抽象,难以测量。子目标(objectives)是指机构将总目标具体化、明确化,具有可操作化、可测量、短期性的特点,此类目标具体、明确、可测量,因而切实可行。

(二)目标分解

米勒(Millar)将目标分为结果目标(output objective)和过程目标(process objectives)。结果目标指接受服务的群体在接受服务后,在行为、心理、生活品质方面的改变。过程目标指的是计划执行过程所达到的状态。社会服务总是通过一定的服务过程,即通过一系列目标的达成来实现总目标的。

劳伯弗(Laubfer)将宗旨和目标之间的关系以目标树表示如下(图5-2)[①]。

目标树形象地反映了目标之间的关系,它指出,任何上层目标都是由下层目标结合而成的,上层目标是通过逐步分解而实现的。通过目标树可以把抽象的总目标分解为可操作的具体目标,在目标分解的过程中要注意避免下层目标超过或不及上层目标,同时要注意横向目标之间的整合。

(三)支持条件分析

制定计划时还应考虑到计划实施时所需具备的支持性条件,包括以下几个主要方面:

1. 法律制度保障

社会福利制度与政策的制定必须建立在立法基础上,社会服务机构推行的

---

① 万育维:《福利计划与评估》,台湾社区发展研究训练中心1994年版,第27页。

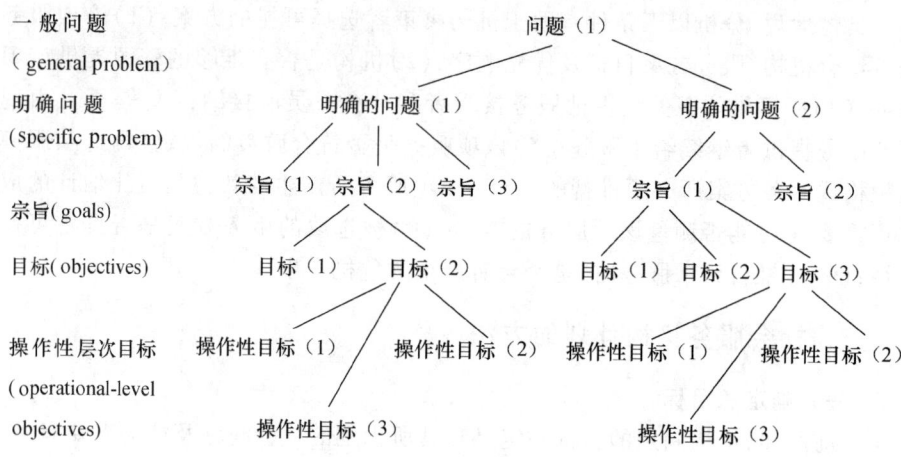

图 5-2　宗旨与目标的关系

社会服务,必须考虑其计划、决策是否与国家相应的法律法规相一致。

2. 机构的管理架构准备

执行计划前,要考虑组织机构是否完善、管理体制是否合理。

3. 人力资源准备

组织在制定、实施计划前对人力资源必须进行客观分析,以使行动计划有人力资源的支持。

4. 技术能力准备

技术能力条件包括物质设备以及运用这些设备的技术,简单地说,就是硬件与软件技术,这两方面缺一不可。

5. 财力准备

计划实施前,要考虑机构有多少财力、物力,现有资源是否能满足需求,如何筹措和使用资金等。

6. 价值观念准备

在计划、决策付诸实施前,机构各级成员及其活动的参与对象都应对社会服务实施活动有充分的认识和足够的思想准备,实施人员应对计划有充分的理解和认同。

三、社会服务计划的影响因素

计划的有效性是受多种权变因素影响的,不同类型的计划所适应的环境和组织自身的状况是不同的。影响社会服务计划的因素主要有四项:外部政治、经济环境的制约,服务对象,机构间关系和组织自身的能力。

（一）外部政治、经济环境的制约

社会服务计划的制定和实施,是在一定社会福利制度、社会政策的引导下进行的。社会福利制度和社会政策的制定又受到各种政治、经济因素的影响。

首先,政府的社会福利政策制约着社会服务计划目标的选择。社会服务机构计划的制定、服务目标的定位、服务方式的选择无不受到国家政策的影响,社会服务计划的设计必须符合政府的政策。

其次,社会经济发展的水平制约着社会服务计划的实施。一个国家的社会福利水平与该国在一定时期的经济发展水平有正向的关系。经济发展水平越高,社会财富积累水平越高,用于社会服务的资源则越丰富。同时,福利水平和经济发展水平又会影响社会成员的福利需求的规模和层次。

第三,国家财政分配体制制约着计划实施所需资源的获得渠道。社会服务机构的服务明显地依赖社会的经济能力,并取决于财政分配体制。长期以来,我国的财政体系一直是计划性的"吃饭财政"和"建设财政",在这种条件下,不可能发展出普遍的社会服务。随着公共财政体系的建立,社会服务将会得到越来越有力的支持[1]。

(二)服务对象

社会福利服务所面临的最大课题,一方面是经费短缺问题,另一方面是服务对象的需求不易充分掌握的问题。政府各级统计单位虽定期进行各类福利服务人口的现况调查,并得出相关调查结果数据,但还不能普遍建立服务需求面与制度供给面的分析评估指标,致使福利政策的发展目标虽可确立,在执行与推行过程中却缺乏比较实际的战略规划和实施计划。各类社会服务机构在确定服务计划时,同样会出现机构的服务理念、目标与服务对象的需求相脱节的问题。

(三)机构间关系

社会服务机构所提供的各类福利服务必须通过福利服务组织网络来满足。假如没有建立各类服务相互支持的系统,整体福利服务的功能将无法充分发挥。由于部门之间专业分工的局限性,使得机构规划欠缺整体观念,机构间的服务有重复、冲突、相互矛盾的现象。因此,服务计划应考虑相关服务机构间的紧密合作。

(四)组织自身的能力

组织的战略规划和计划的制定最主要的是要以组织自身的能力为基础。组织的自身能力包括组织的人力资源、财力、自身服务的优势和合法化的职能。一个社会服务机构可能希望做很多事,但是,这些必须以自己的能力为依据,要明确哪些是自己能够做到的以及计划所做服务的优先次序等。

---

[1] 徐永祥:《现代社会工作与和谐社会建构》,《学海》2005年第2期。

随着我国各类公益事业的发展，国家财政投入社会福利事业及公益服务项目的比重日益增加，各类服务计划的制定及实施对于提升社会服务管理及专业化服务水平至关重要。我国现阶段社会服务计划的制定及实施中存在的问题有：服务计划的各个层级的目标界定不清晰，新增服务项目的内容与现有社区服务内容相重合，服务方法的专业技术内涵有待提升，服务实施过程的系统性、协同性不足，对资金使用的效益、效率的问责意识有待提高，对财务管理的规范性需要加强，服务成效评估标准的设立有待明确等。

四、社会服务计划的文本架构

（一）方案名称

选定一个好的方案名称是很重要的。这是方案给服务对象及社会大众的第一印象。如果方案名称响亮，能吸引人或是具有正向价值含义，又能包含方案的主要内容及服务对象，就是一个好的开始。一般而言，方案名称可采用主标题和副标题联合使用的方式来命名，也可以只用一个标题来命名。

（二）实施依据（或社区、案主的问题与需求）

许多社会福利机构将董（理）事会或会员大会决议事项作为办理方案的依据，也有些政府社会服务部门依据法律规定，或者是基于政策实施计划。然而，如果方案设计依据的是案主的需求评估，则应列出具体且明确的社区（案主）的需求与问题，而且最好能采用量化的资料来加以说明，以期为方案所需解决的问题提供有说服力的理由。

在说明问题产生的原因时，方案撰写者最容易犯的一个错误就是陷入循环论证。例如，青少年问题的产生是由于青少年缺少同辈群体的互助。作者接着就会努力描述青少年为何需要互助群体。的确，青少年希望被同辈群体认同是这一发展阶段最显著的特点，这是一个不争的事实，但是如此叙述并没有确认青少年的需求如何才能在互助群体中得到满足。事实上，不能提供有效建议的互助群体才是青少年问题产生的原因。

（三）宗旨与目标

方案应明确其宗旨、目的及目标，并应坚持问题解决取向及正面的陈述来设定目标。从每个抽象目标中可分解出三到四个具体目标。具体目标又可分为过程具体目标和结果具体目标。过程具体目标描述了实现方案需经历的程序和步骤，但没有说明这些活动将带来什么影响。例："建立一个有100个高中生志愿者的青少年吸毒防治热线"。结果具体目标则反映了方案实施后，案主在行为、技能、态度、价值观念、知识状态等方面改变的状态，说明了谁、有多大程度、将获得什么结果。例如："100个处于危机中的初中生加入了课后同龄人劝告和指导活动,这将使他们在阅读、数学方面的能力有将近30%的改善,对毒品和酒精中毒方面知识的了解提高30%。"

撰写具体目标时常犯的错误有:(1)在具体目标中常出现不恰当的结果。(2)在具体目标中涉及太多的需求和问题,承诺太多不能在一个确定时间段内完成的任务。具体目标应该是现实可行的,一旦具体目标的设计是无法实现的,审核方案的投资方(基金会)或捐赠人就很难给予资金的支持。

(四) 服务对象

这是指实际接受方案服务的对象及人数。在方案计划时,首先应确定方案实施范围内的"一般人口群",再经过初步筛选找出"危机人口群",再依参与方案的可能程度选定"标的人口群",最后依问题的严重程度及优先性选定实际参与方案的"服务人口群"。

(五) 服务内容

这是指针对方案所欲解决的问题,向投资人解释目标将怎样实现,并提供一个合理、清晰、明确且符合资源需求的行动方案,包括由何人来执行,如何执行,需要哪些资源,活动的时间、地点、期限等,均应在方案实施前详细规划。此外,如果活动策略是引用参考文献或使用评估工具,则应在计划书后详细注明来源及出处。

(六) 服务方法

这是指社会服务方案中针对服务目标所要采取的各种服务的方式、程序与步骤,一般分为直接服务方法和间接服务方法两大类。这里要考虑的是服务资源、服务方法和服务目标的对应性、适用性。事实上,有些问题可能需要用个案工作的方法,有些问题则适用于小组工作方法,有些问题则需要将直接、间接服务方法整合性地加以使用,切忌将所有社会工作方法在服务方案中一一罗列。

(七) 经费预算

方案计划的经费预算采取"收支平衡"及"务实"的原则,注明经费来源、金额及用途,具体的编列方式则视不同的方案计划而不同。如果是小规模的方案(例如为期一个月的青少年假日成长营活动),则以最简单的线性项目预算法编列即可。如果方案是为期五年的大规模方案时,则应采用方案取向的计划设计预算(PPBS)方法。这种预算方法并不关注员工薪酬、设备、交通成本等项目的投入,只涉及成本-效益分析和优先顺序的制定。

(八) 工作流程

这是指方案实施步骤。通常是以甘特图作为工作流程的监督工具,其最简单的形式包括工作项目及时间序列,明确各项工作的进度及完成期限,以协助工作者掌握工作进度,并可供过程评估之用。

（九）评估方法

评估是方案活动任务表的最后一个部分,通过把方案目标和服务输送计划作为基准,可以检验做出决定的途径或方法是否达到了效果。该部分主要回答了这样一个问题:如何去判断或决定目标是否达成?服务计划在实施过程中有时仍需要评估,包括投入评估和过程评估,评估的目的主要是看服务过程是否按原来的计划在进行,有时也是为了看原来的计划是否符合实际。在后一种情况下,评估的结果可能包含对原来方案的修改。关于过程评估、结果评估的内容,本书将在后面的章节做较为详细的介绍。

推荐阅读文献

格罗弗·斯塔林.公共部门管理.上海:上海译文出版社,2003

关信平.社会政策概论.北京:高等教育出版社,2004

黄源协.社会工作管理.台北:扬智文化事业股份有限公司,2001

Sharon M. Oster.非营利组织策略管理.台北:洪叶文化事业有限公司,2001

万育维.福利计划与评估.台北:台湾社区发展研究训练中心,1994

王思斌.社会政策实施与社会工作的发展.江苏社会科学,2006(2)

西蒙.管理行为.北京:北京经济学院出版社,1988

徐永祥.现代社会工作与和谐社会建构.学海,2005(2)

J. Bradshaw. The Concept of Social Weed. New Society,1972(30)

R. A. Skidmore. Social Work Administration – Dynamic Management and Human Relationship. 3rd edition. Boston:Allyn & Bacon,1994

R. Morris and R. H. Binstoch. Feasible Planning for Social Change. New York:Columbia University Press,1966

R. O. York. Human Service Planning:Concepts tools methods. Chapel Hill:University of North Corolina Press,1982

Y. Dror. Public Policy Making Reexamined . New York:Chandler Publishing Co. ,1968

第六章 社会服务机构的组织与运行

社会服务机构功能的发挥有赖于机构把各种资源有效地组合起来,并运用于服务活动。本章将介绍社会服务机构的组织过程,分析机构中的领导、协调和控制等重要活动。

第一节 社会服务机构的组织

社会服务计划的实施,必须依靠社会服务组织系统来推行,社会服务机构的结构形态和运行机制是否合理与高效,是影响社会服务质量和机构运行效率高低的主要因素。组织既是一种结构,也是一个过程。在后者意义上,组织就是协调各种资源去实现目标的过程。

一、社会服务机构的组织过程

(一)明兹伯格的观点

亨利·明兹伯格(Henry Mintzberg)是当代最具影响力的新组织结构学派的代表人物。他认为,组织类型也必定是那些适合环境的类型,并可以通过组织结构的设置,使内部各种特性协调一致,在其运作过程中产生综合效应。明兹伯格认为组织可分为五个部分(图6-1):

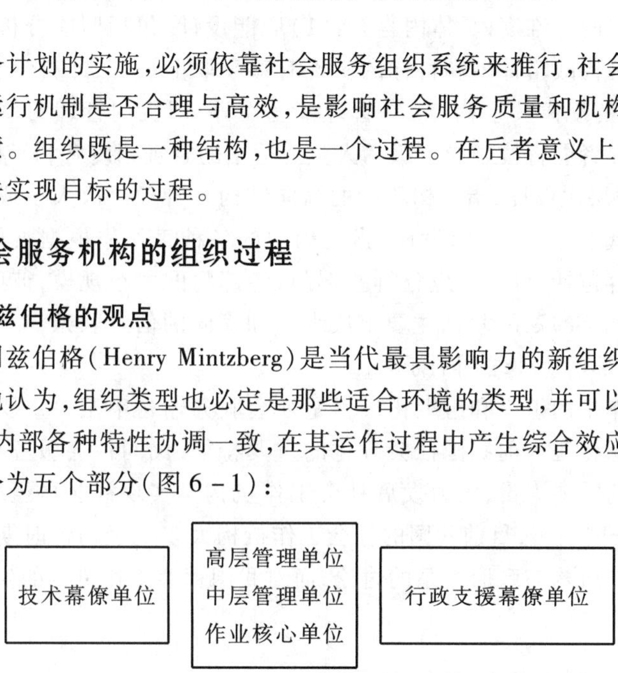

技术幕僚单位	高层管理单位 中层管理单位 作业核心单位	行政支援幕僚单位

图6-1 组织的架构

他认为,这个架构可界定出关键的组织变迁,并有助于管理者了解在特殊环境与策略下适合的组织形态。而组织的成功是基于个别组织综合运用其属性的能力。

明兹伯格从组织过程的角度提出了组织的五种协调机制,即工作过程标准化、成果标准化、技能标准化、相互调整和直接监督。另外,他提出组织结构的五种流程系统,即正式权力流程系统、非正式权力流程系统、规章制度流程系统、工作群体流程系统和特殊决策流程系统①。他的组织过程理论对全面理解社会服务机构的运行具有重要的意义。

(二)机构(项目)成员的组织过程

机构的组建、服务项目的设计、成员组织的过程与机构的外部因素和内部因素有关。影响社会服务机构建立的外部因素主要是：观念、经济、技术、教育、政治制度、社会结构状况、社会财富的分配形式、社会服务组织的性质等。内部因素包括：机构的组织文化、成员的价值理念、机构的象征性标志、历史传统、团队构成与管理、人事编制、社会性别政策。

斯基德莫尔认为，组织的四个基本结构要素是劳动分工、等级和职能过程、结构和控制幅度②。机构组建、项目设计的过程是一个组织结构设计的过程，包括横向和纵向两个维度，具体内容有：(1)职能设计，包括职能分析、职能整理和职能分解。机构战略计划和目标的实现有赖于职能设计，即科学合理地规定管理层次、部门的规模及结构。(2)管理幅度设计，即机构管理的控制幅度，指组织的一名领导者能直接领导下级的人数。适中的管理幅度有利于提高组织的效率。(3)管理层次设计，指机构职能的纵向结构。管理层次太多或太少，都将导致组织效率低下。(4)部门设计，指机构中的各种工作应根据某种标准加以分类。具体内容包括，机构中应分哪些部门，各部门的大小规模，彼此之间的关系如何等。(5)信息联系设计，主要解决纵向和横向的信息联系，克服专业化分工与上下沟通、部门协作之间的矛盾。

社会工作中的组织和组织化过程是社会服务输送中至关重要的组成部分。社会的非组织化是当前我国社会分化的重要特征，民间社会服务组织是实现社会再组织化的重要力量，大力发展社会工作机构是实现社会再组织化的有效途径③。已有研究表明，目前我国的社会工作机构大多处于初创时期，学者们比较注重社会工作机构与政府关系的讨论，而对我国社会工作机构的生成、发展及组织化过程的研究则较少。

二、社会服务机构的组织结构

(一)组织的一般结构类型

组织结构是指组织成员为完成工作任务，实现组织目标，在职责、职权等方面的分工、协作体系。组织结构由组织目标和任务以及环境的情况所决定，它表

---

① 亨利·明兹伯格：《明兹伯格论管理》，中国劳动社会保障出版社 2004 年版。
② 雷克斯·A. 斯基德莫尔：《社会工作行政》，中国人民大学出版社 2005 年版。
③ 徐永祥：《社会的再组织化:现阶段社会管理与社会服务的重要课题》，《教育与研究》2008 年第 1 期。

明了组织各因素相互联结的架构。恰当地设计机构的组织结构,对于实现机构目标是非常重要的。

一般说来,较常使用的组织形态有三种:纯直线式组织结构、直线幕僚式组织结构、功能职权式组织结构。

纯直线式组织结构是最简单的组织方式,它由上而下分为若干层级,各层级呈金字塔形状,是一种自上而下通过严格分工和权力分层而形成的组织形式。直线幕僚式组织结构是指机构阶层间存在的纵向关系和横向关系,幕僚专家则是负责协助直线部门的管理者。功能职权式组织结构是指幕僚部门在特定工作范围内,可以直接对其他管理人员下达命令,幕僚在此种结构类型的组织中有相当大的权力。采取此种类型的组织结构,目的是为了让最佳的专家涉足一项问题或任务。

在国外,私人机构和公共机构都有董事会来帮助阐述它们的目标、政策和服务。施米特(Schmidt)提出了董事会的九项职责:(1)实现机构的目标;(2)创建结构;(3)提供必要的设施;(4)雇用执行官;(5)决定政策;(6)编制预算并提供资金;(7)检查运作情况;(8)解释所提供的服务;(9)参与社区计划。

(二)团队式结构

1. 团队的特征

团队是指通过其成员的共同努力能够产生积极协同作用的组织形式。团队工作的特征是:(1)机构成员具有强烈的归属感和责任感;(2)所有层级的员工都将参与到机构运作中,团队成员有机会参与决策,具有团队领导的意识;(3)团队成员之间具有充分的信任和沟通;(4)团队支持成员个人的发展,成员也将自己的发展融入团队的事业中;(5)团队成员之间存在积极的冲突,成员通过创新的方式来解决冲突;(6)团队是有效的学习型群体,团队成员个人的知识可以在团队内得以分享,成员的学习也与团队目标的实现息息相关。

2. 团队的类型

根据团队在社会服务机构中的不同作用,团队可以有以下类型:

(1)问题解决型团队。一般由来自同一部门的5~12个员工组成,他们定期地聚在一起,讨论并解决工作中某些具体问题。这一类型的团队目标比较明确、简单和集中,人员的组成也比较单一,有利于团队的沟通与合作,有利于问题迅速解决。

(2)跨专业团队。所谓跨专业团队是由来自不同部门、不同专业领域的专业人员组成的一个群体,他们组成团队的目的是完成一项共同任务,或是通过建立跨专业团队来为服务对象提供个案管理,提高服务质量。

(3)自我管理型团队。随着授权运动和追求平等价值观在众多组织中的兴起,团队正在被建立或者改造成自我管理型的团队。它是指员工有一定的自主性,可以控制工作节奏,决定工作任务的分配,成员间相互可以进行绩效评估。在这种类型的团队中,员工满意度有所提高,但缺勤率和流失率增加。

团队工作过程包括五个主要的程序:沟通、妥协、合作、协调、完成。[①] 如果管理者和机构工作者能团结在一起,表达他们的思想和感受,机构的士气和效能就会提高。我们在看到团队积极作用的同时,也要注意克服其负面作用。

由于社会服务机构越来越强调服务质量,而服务对象对服务的需求则更趋多元化,因而,社会服务机构在组织结构设计时,一方面仍然要坚持分工和科层等级原则,朝着服务更为专业化的方向发展,另一方面又要采取跨专业的团队结构,以取代传统的僵硬的组织部门分工结构;另外,可采取授权方式,赋予机构员工或团队更多决策权和责任,以使机构更加有效地适应社会环境的变迁,并迅速回应服务对象的需求。

我国社会工作服务机构的发展正处于起步阶段,机构管理层级因过分受现有行政体系影响设置得过于繁琐复杂,组织扁平化结构难以呈现,行政化倾向依然存在,服务的效果有待提升。

第二节　社会服务机构中的领导

一、领导者的职责与条件

(一) 什么是领导

1. 领导的含义

传统的管理理论认为领导是组织赋予一个人的职位和权力,但多数组织行为学家认为领导是一种行为和影响力,这种行为和影响力可以引导和激励人们去实现组织目标。斯基德莫尔认为,领导既可以被界定为一种地位,又可以被界定为一种能力,也就是领导者在一定的组织结构中依据有关的规章制度,运用各种方法和手段,有效影响下属去共同努力,以实现既定的管理目标的行为过程。优秀的领导者应该为组织注入思想基础,这对组织的决策和未来的发展都至关重要。

一般认为,领导是一种影响人们实现组织或群体目标的能力和过程。具体地说,领导是一个人以他的实际影响力去解决存在的问题,以其能力和威望去影响人们达到某种目标的过程。领导的影响力来自两个方面:一方面是在组织中

[①] 雷克斯·A. 斯基德莫尔:《社会工作行政》,中国人民大学出版社2005年版。

拥有某种职权和地位而具有很大的影响力,另一方面是由于领导者个人的素质而产生的权威,使其具有一定的影响力。

领导的要素包括以下四个方面:(1)领导者。领导者在社会服务管理活动过程中处于中心地位。(2)被领导者。社会服务机构中领导活动是在领导与被领导者沟通的过程中实现的,后者的素质和成熟程度对领导行为有直接影响。(3)领导行为的内容。包括决策、指挥、控制、协调、监督、检查等行政管理活动。(4)客观环境。

2. 领导与管理

领导与管理密切相关,但它们之间又有明显区别:(1)管理的职能比领导宽泛。领导从根本上说是一种影响力,直接影响人们的行为。管理是对组织资源进行有效配置的过程,包括计划、组织、协调、领导、控制等。(2)领导和管理在机构中工作的侧重点不同。管理带给机构一种秩序与效率,而领导更加强调带给组织一种变革与发展。管理者比较注重效率,也就是如何将事情做正确。领导不仅关注是否做对了事情,还要具有一定的分析能力。(3)领导者和管理者在机构中的作用和责任不同。管理者是被指派的,其影响力仅限于其所拥有的职权范围内。领导者或是被指派的,或是由团体内产生的,其影响力有可能超越正式职权所赋予的范围。

(二)领导者的职责

领导者的职责和其职位、职权是统一的。领导者被授予一个职位而有了名位,他必须负有与名位和权力相应的责任。领导者的责任分为两种:(1)法律责任。即领导者在担任某一职务、运用权力时对法律所应做出的承诺,也就是对法律予以领导者的规定所做出的回应。(2)工作责任。即领导者自己的岗位与领导责任。

社会行政领导者职责的具体内容包括:

1. 贯彻执行法律

负责贯彻执行法律、法规以及国家的社会福利政策,将社会服务的政策从宏观到微观逐渐具体化,真正加以落实。

2. 决策与规划

领导者要策划组织的长、中、短期目标,细分目标,设计方案,引导机构实现组织目标。

3. 沟通

领导者应在机构内保持信息沟通的畅通,使组织成为一个通畅的信息系统,并能注意与员工的情感沟通,鼓舞下属的工作情绪,进而增进其工作效率。具体方法有:(1)尽量向部属说明工作任务的重要性;(2)以身作则,和部属同甘苦共患难;(3)给予部属陈述意见的机会和提供建议的机会;(4)讲究工作效率,鼓励部属发挥主观能动性;(5)尊重部属的人格;(6)营造和谐的组织气氛。

4. 组织建设

领导者总要通过一定的组织机构才能行使他的职权,进行指挥。组织建设有两大内容:一是设置适应工作需要的合理机构,确定组织的框架和规模。二是制定出保证机构正常运转的规章制度。

5. 选用人才

这是领导者的一项经常性工作和重要职责,也是领导能力、领导水平的重要表现。领导者要做到知人善任,人尽其才,才尽其用。

6. 协调及解决冲突

领导者要协调机构内部各部门之间以及组织与外部环境之间的关系,保证人员、财力和物力、时间以及信息的平衡,同时还要处理组织内部的各种利益冲突。

7. 控制与监督

控制和监督是指机构为确保实现既定目标而进行的检查、监督、纠偏等管理活动,领导者负有这种责任。控制和监督的内容有过程控制和冲突控制。

8. 保持机构对环境的适应

社会环境的多变会对社会服务机构产生复杂影响,社会服务机构为求生存和发展,就要在多变的社会环境中谋求适应。这是机构领导的一项重要任务。

(三) 领导发挥作用的条件

领导包含着两个方面的关系:一是领导与被领导的关系,二是领导者的主观指导与客观环境之间的关系。领导的成败,不仅和领导者、被领导者的素质有关,而且要受到组织内外的客观环境的制约。菲德勒(F. E. Fiedler)就将"情景控制(situational control)的灵活性"作为评判领导绩效高低的一项重要目标[1]。

领导作用的发挥,取决于领导者、被领导者和环境三方面的相互制约和相互影响,它们构成了领导发挥作用的基本条件。如图 6-2 所示[2]:

二、领导模式

采取什么样的领导方式对于领导来说是重要的。20 世纪 30 年代,学者们曾经提出了关于领导的特质理论,60 年代,有关领导者特质理论研究的重点是领导者的"胜任力"。同时,研究者还转向对具体领导者表现出的行为的

---

[1] 竺乾威:《公共行政学》,复旦大学出版社 2000 年版,第 57 页。
[2] 黄维德:《组织行为学》,清华大学出版社 2005 年版,第 171 页。

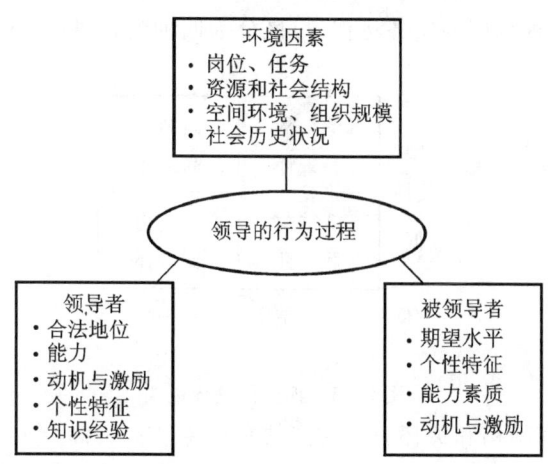

图 6-2　领导发挥作用的基本条件

研究。

(一) 利克特的领导模式

美国密歇根大学的伦西斯·利克特 (Rensis Likert) 教授和他的同事对领导人员和经理人员的领导类型和领导作风进行了长达 30 年之久的研究。利克特提出了四种管理方式: (1) 专制—权威式。领导者专制, 对下属很少信任, 以惩罚为主, 沟通采取自上而下的方式。(2) 开明—权威式。领导者对下属有一定的信任, 激励方法中奖赏和惩罚并用, 有一定程度的自上而下的沟通, 也向下属授予一定的决策权, 但自己仍牢牢掌握控制权。(3) 协商式。领导者对下属相对比较信任, 主要采用奖赏的方式进行激励, 沟通方式是上下双向的, 部分具体问题的决策权会通过征求下属意见、协商讨论的方式下放到部门。(4) 群体参与式。领导者对下属在一切事务上都抱有充分的信心, 积极采纳下属的意见, 强调组织内部的沟通, 鼓励各级组织做出决策①。

利克特认为, 采用第四种领导方式在设置和实现目标方面是最有效率的, 更容易取得成绩。

(二) 四分图领导模式

美国俄亥俄州立大学的研究人员弗莱西曼 (Fleichman) 和他的同事也对领导方式进行了比较研究。他们将不同的领导方式最后归纳成两个维度, 称为领导方式的关怀维度和结构维度。关怀维度代表领导体恤下属, 尊重他们的想法

---

① 顾锋:《管理学》, 上海人民出版社 2004 年版, 第 256 页。

并建立相互信任关系的程度,而结构维度则表示领导引导下属为实现目标而努力的程度。这两种维度的实务运作,可区分为四种模式,见图6-3:

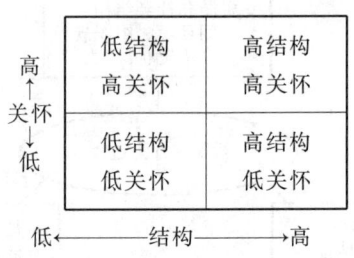

图6-3 四分图领导模式

研究发现,在结构和关怀方面均高的领导者("高—高"领导者)常常比其他三种类型的领导者("高—低型"、"低—高型"、"低—低型")更能使下属取得高工作绩效和高满意度。领导者的直接上级主管对其进行的绩效评估等级和高关怀性呈负相关。

(三)权变的领导模式

一些研究结果表明,没有最好的领导模式,只有最合适的领导模式,组织绩效更多地来自领导风格和管理环境的匹配,这就是权变管理思想的核心内容。

1. 菲德勒的权变模式

菲德勒模式指出,群体绩效取决于领导者风格和工作情境之间的合理匹配。

(1)领导风格。菲德勒假设个人特征会影响领导者的有效性。他区分了两种领导者风格:关系导向型和任务导向性。关系导向型领导者看重和他们的下属搞好关系,被下属喜爱。任务导向型领导者注重使下属高水平地工作,注重工作的完成情况。

(2)情境特征。菲德勒辨析了三个对领导而言最重要的情境特征:领导者—成员关系、任务结构、职位权力。领导者—成员关系是指追随者对领导喜爱、相信和忠诚的程度。任务结构是指将要完成任务的明确程度,即下属知道领导者需要完成什么以及如何完成。职位权力是指领导者在组织中享有的法定权力的强弱。

(3)领导风格与情境的匹配。根据菲德勒的研究,在不同的情形下,可以使用不同的领导方式。根据以上三个情境因素的相互关系可综合出表6-1的八种情况①。

表6-1 三种因素组合成的八种情形

因素3	因素2	领导者与成员的关系			
		和谐		恶劣	
		强势位置	弱势位置	强势位置	弱势位置
实现工作任务的结构	紧密结构	1	2	5	6
	松散结构	3	4	7	8

情形1：和谐的领导与成员关系，紧密的工作结构及强势权力位置，这是最佳搭配。领导者可以和所有成员同心协力，上下一致地高效率实现目标。情形2：在这种情形下，领导者处于弱权力位置，最好是按机构的规章制度，用指令来推动工作任务的完成。情形3：在这种情形下，机构中实现工作任务的结构较松散，领导者可利用适当的咨询、协商来补救，以事为中心的领导方式仍可得到较好的效果。情形4：领导者处于相当不利的位置，只有依靠与成员的密切关系来赢得下属的理解和支持，实现组织目标。在这种情形下，以人为中心的领导方式才能得到较好的效果。情形5：在这种情形下，领导者要改善与员工的关系，但这需要时间，因此，最有效的方法应是设立合理的激励制度，以调动员工的工作积极性，领导者应采纳以人为中心的领导方式。情形6：这种情形下，领导者要加强个人的影响力，通过有系统的个别交谈等各种方法去改善与成员的关系。因此，以人为中心的领导风格在这种情形下是最佳选择。情形7：领导者应加强督导的次数和内容，使员工了解实现目标的步骤及计划，以人为中心的领导方式是占主要地位的领导风格。情形8：这是领导者面临的最困难的一种情形，领导者一方面要以事论事，另一方面也要用各种方法去改善与成员的关系，人事并重的领导风格将是最佳选择。

2. 情境领导理论

这个理论是由保罗·赫西（Paul Hersey）和肯尼斯·布兰查德（Kenneth Blanchard）提出的。该理论的主要思想是，有效的领导风格应当适应其下属的不同的成熟度。下属的成熟度由工作成熟度和心理成熟度两项要素构成。工作成熟度是指一个人工作的知识和技能。心理成熟度是指一个人做事的意愿和动机。领导者的行为风格应当随下属在两方面成熟程度上的不同而做出相应调整，才能取得好的效果。下属成熟度低，宜采用命令式领导方式。下属不太成

---

① 梁伟康、黄玉明：《社会服务机构管理新知》，（香港）集贤社1994年版，第138页。

熟,宜采用说服式领导方式。下属比较成熟,宜采用参与式领导方式。下属高度成熟,宜采用授权式领导方式。

3. 领导行为连续统一体模型

坦南鲍姆(Tannenbaum)和施米特提出了一个受到广泛关注的领导行为连续统一体模型。他们认为影响管理人员风格的最重要因素是:(1)管理者的个性因素,例如价值观、对下属的信赖、对某些领导风格的偏爱等;(2)下属的因素,如责任心、知识和经验等;(3)情境因素,诸如组织文化和传统、组织成员的团结、决策问题的性质和时间的压力等。

(四)领导理论的一些前沿发展

1. 魅力领导理论

魅力领导是指那些通过个人能力对追随者们产生深刻且非凡影响的现象。该理论认为,一位具有领导魅力的领导者比没有魅力的领导者更能影响下属的行为。魅力型领导应具备的主要才能有:第一,有影响下属或追随者的能力,并清楚地了解此权力关系中的变化和敏感处;第二,有鼓动职员和志愿者的能力和建立团队声誉的能力;第三,具备策略型的思考能力,并能清晰地表述远景,使之可行和可达[①]。

研究表明,魅力型领导与下属的高绩效和高满意度之间有显著的相关性,员工会由于喜爱自己的领导而表现出更高的工作绩效和工作满意度。魅力型领导的负功能是过分主导组织、缺少问责。

2. 不同性别的领导方式的差异

斯基德莫尔指出,大多数社会工作机构的领导者仍然是男性。在中层管理,尤其是督导者这一层面,情况有所不同,因为有很多女性正在被雇佣。关于性别和领导的有关研究指出:男性领导与女性领导的相似性大于差异性,原因在于无论男女,一般都应具备作为一个领导所应具备的领袖特质。但是男性与女性领导也存在差异。有研究表明,女性倾向于采用较民主的领导风格,男性则更乐于采用命令控制型的领导风格。女性领导不像男性那样过分看重输赢和竞争,她们将谈判看作维系关系、努力实现双赢的手段。

三、社会服务机构中的权威

(一)职权与权威

领导的影响力来自于两方面:职权和权威。按照《辞海》的解释,职权是政

---

① 伊恩·斯迈利、约翰·黑利:《NGO 领导、策略与管理:理论与操作》,社会科学文献出版社 2005 年版,第 139 页。

治上的强制力量,职位范围内的支配力量。职权的一个鲜明特点是,它是一种法定的指挥他人的权力,以其正式的职务和对事物的控制为基础。职权的另一个特点是具有单向支配及强制性特点,在执行过程中常常不考虑被管理者的意愿,要求被管理者服从。职权主要涉及合法权、奖赏权和惩罚权三种。来源于职位的权力,通常被称为制度性的合法权力。这种权力是被服从权力的人认可、信服的力量和威望,使得拥有这种合法权力的人获得了权威性。

来源于领导者个人人格魅力的权力,对其追随者来说,同样具有权威性。韦伯认为,权威就是一种双方认可的关系,是影响他人决策和行为的能力。领导没有权力不行,但光有权力还不够,还必须拥有权威。然而,有职权未必有权威,有职权的人对权力的运用一旦超过合法权力所限制的范围,也将失去其权威性。职权和权威两者相辅相成、相互促进,对于组织绩效的提升是十分有利的。拥有权威的领导者,一旦获得合法的职权,则将更具影响力。

(二) 权威的类型

韦伯根据权威或合法权力的主要来源,将其分为三种类型:(1)传统型权威,是基于固定不变、历史悠久的地位,并且是由习俗和已接受行为所授予的。(2)魅力型权威,是由领袖所具有的与其追随者建立特殊关系的能力而导致的权力。它来自个人人格的某种素质,具有超人的特殊力量和品质,能吸引大量的追随者。(3)法理型权威,其基础是基于理性建立的规则,这些规则反映了组织依据制度来达到目标的系统性尝试。法理权威不属于个人,只属于他们所掌握的机构。

根据领导因个人素质所产生的权威性,可将非职权的权威区分为:(1)专长权。这种权力源于信息和专业特长。(2)个人魅力权。它建立在领导者的个人素质之上,能激起其追随者的忠诚和极大的热忱。(3)背景权。这是指个人由于以往的经历而获得的权力,只要人们知道他的特殊背景和荣誉,就很容易听从其意见,接受其影响。(4)感情权。这是指个体由于和被影响者感情较融洽而获得的权力①。

(三) 行政权威与专业权威

从组织结构的角度看,现代社会组织成员的分工大体可分为两类:一部分成员从事组织的行政管理工作,一部分成员则从事技术开发和推广工作,由此形成了两种不同的权威,即行政权威和专业权威。行政权威主要是指在组织结构的纵向层级上拥有较高职权地位的人。专业权威则是指在某一专业领域拥有较高专业技术能力的人。行政权威主要从事机构的领导和管理工作,专业权威则将

---

① 芮明杰:《管理学》,上海人民出版社 2005 年版,第 271 页。

精力放在机构的技术开发和服务工作上。行政权威应具备有效领导所应具备的领导特质:一是引导,二是影响,三是管理。专业权威则应在自己的特定专业领域拥有较为领先的技术能力。行政权威和专业权威二者的关系是相辅相成的。随着技术复杂程度的提高,导致组织管理的难度增加,专业权威参与行政管理、提供技术咨询的机会也会不断增加。专业权威则需通过行政权威的职权影响力,拓宽技术推广的渠道。

一个有效的领导者是否要既是行政权威又是专业权威,主要取决于机构的目标和管理的实际情境。领导者能否既具行政权威又具专业权威的能力,则视领导者的个人素质而定。一个具有专业权威的行政领导,其在下属中的威望和影响力是很大的,对组织目标的实现是极为有利的。一个拥有合法性职权和领袖魅力的行政权威,不一定要成为专业权威,但同样可以凭借其高尚的人格魅力、优秀的管理能力,赢得组织成员对其认同、服从。

随着我国社会工作机构的不断发展壮大,越来越要求机构高层领导者以及管理者的职业化。我国社会工作教育及在职培训对人才培养十分重要,但是大多重视技能培训,对专业服务机构主管应具备的管理理念及知识训练不足。我国社会工作服务机构缺乏有经验、有权威性的领导者与管理者。斯基德莫尔认为,传统上有经验的个案工作者可以成为机构的行政主管,名列前茅的临床个案工作者可以成为机构的领导。为了发展和提供恰当的社会服务,社会工作行政工作者应具备管理者的知识体系、专业态度以及实务能力。

第三节 社会服务机构中的沟通与协调

一、沟通与协调的含义

(一) 沟通及其模式

所谓沟通,就是指人与人之间通过语言、文字、符号或类似的表现形式,进行信息、情报交流和传达思想的过程。沟通不仅是指意义的传送,更重要的是指意义必须被理解。

沟通一般涉及信息的传送者、接受者、传递通道以及所要传递的信息内容。概括地说,各种沟通过程都可以用图6-4所示的模型来反映。按照这一模型,完整的沟通过程可以分成以下几个阶段:(1)创造有价值的信息;(2)信息编码;(3)选择信息传递通道;(4)接受者接受信息;(5)接受者理解或阐释信息;(6)接受者做出反应。

(二) 协调及其功能

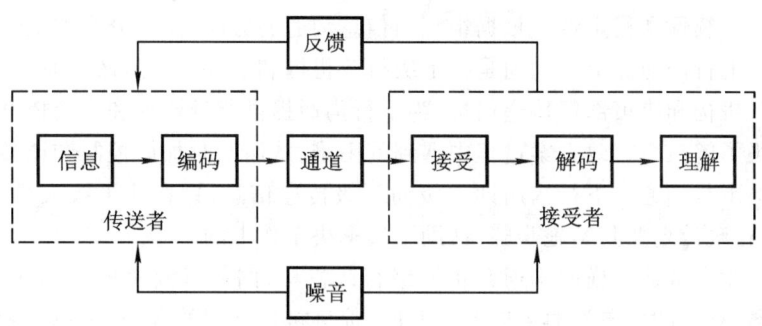

图 6-4 沟通过程模型

协调就是指管理者为了有效地实现机构的特定目标而引导机构各部门、人员之间建立良好的协作与配合关系,以实现共同目标的行为。协调可分为机构内部的协调和机构外部的协调,就某一个具体单位来说,协调的范围大致有本单位内的协调,上下级单位的协调,与其他单位的协调。机构内外部的协调不外乎通过一定的沟通,使机构内外的关系和谐,各个组织管理环节互相衔接、互相配合,做到人力、物力、财力合理计划、合理搭配、合理使用,减少冲突,化解矛盾,从而实现组织的高效运作。

协调的功能具体表现为:(1)对机构的各种要素进行统筹安排和合理配置,并使机构运行的各环节相互衔接,相互配合,减少误解、避免摩擦、冲突与工作重复。(2)为机构内部创造一个相互尊重、平等待人、互助互利、诚实守信、团结协作的温暖和谐的人事环境。(3)通过加强政府相关部门的联系,维持与服务对象的工作关系,建立与社区的良好关系,从而扩大组织在整个社会的影响,使机构管理过程能为外界群众所了解、关心、支持,为组织发展创造良好的外界环境。(4)使有关规章制度相互配套,协调好各项政策、计划、法规,使其互不抵触,使社会行政组织对重大社会政策的实施、执行都有合法程序。(5)消除部门在人力、物力、财力和时间上的浪费,降低行政成本,提高行政效率。

二、社会行政中的沟通

社会服务机构的性质表明行政中的沟通十分重要,沟通方式最能体现一个人的关系建立的能力。社会行政中的沟通大致可从组织沟通、人际沟通和信息传递路径三个方面加以分类。

(一)组织沟通

根据组织沟通网络,可将沟通分为正式沟通和非正式沟通。

1. 正式沟通

正式沟通是指按照组织明文规定的原则、方式进行的信息传递与交流,它具

有一定的连续性和稳定性。根据组织内信息沟通的方向,又可分为如下几种:

(1) 上行沟通。上行沟通是指下级行政机构和个人按照行政关系自下而上地向上级机构和决策部门传递信息,为下行沟通提供背景资料和决策依据,也有利于上级了解执行行政方案过程中遇到的困难,从而及时加以控制和调整。

(2) 下行沟通。下行沟通即上级向下级传递信息,旨在让下级人员了解行政目标、行政计划及其实施步骤,帮助下属解决工作上的困难。

(3) 横向沟通。横向沟通是指同级行政机构,同一行政机构内部和人员之间的沟通,有效的横向沟通可以节省时间,促进机构之间的合作,避免互相推诿、不负责任的现象出现。

(4) 斜向沟通。斜向沟通是指信息在组织中非同一层次不同部门或成员之间进行的非水平沟通,通常发生在业务具有某种联系但分属不同职能部门、不同层级之间。斜向沟通方式可以使各部门及时、准确地了解其他部门的情况,从而了解全局。

2. 非正式沟通

非正式沟通是指正式途径以外的不受组织层级结构限制的沟通方式,大多以行政人员的交往关系为基础,具有自愿性质,其效力有时甚至超过正式沟通。其沟通途径是各种非正式组织内的人际关系网络或人们私下之间的闲谈与交往。这种沟通方式的优点在于沟通速度快,有些信息是在正式场合无法得到的,缺点在于容易使信息被严重扭曲,造成失真现象。因此,机构主管要重视非正式沟通,仔细认真分析非正式沟通的内容并加以正确诱导和利用,以减轻正式沟通渠道的负荷量,促使正式沟通提高效率。

(二) 人际沟通

根据沟通所使用的符号系统划分,沟通有语言沟通和非语言沟通。

1. 语言沟通

语言沟通方式是指使用正式语言符号系统所进行的沟通,包括口头沟通和书面沟通方式。口头沟通方式是指运用口头表达的方式进行信息的沟通,是信息传递的主要方式。书面沟通方式是指以书面形式进行的沟通。

2. 非语言沟通

非语言沟通方式是指用非语言符号系统进行沟通,包括身体语言沟通和辅助语言沟通等形式。身体语言沟通通过目光接触如眼神、手势、表情动作、体态变化或饰物、着装变化、空间距离等形式来实现。辅助语言沟通通过非语言的声音,如重音、声调的变化、哭声、停顿等来实现。辅助语言在沟通过程中起着十分重要的作用。

(三) 信息传递的路径

根据信息传递的方向和路径,沟通可分为单向命令、双向沟通、网络式沟通。单向命令是指在沟通过程中,信息发送者只发送信息,接受者则只接受信息而不反馈信息的沟通方式。双向沟通是指在沟通过程中,信息的发送者和接受者的地位不断发生变化的沟通方式。如讨论、协商、会谈等都属于双向沟通。网络式沟通是指信息沟通途径和方向在两个以上时的沟通形式。

在社会行政沟通中,大致有三种关系模式,即聚联式、单联式、互联式,见图6-5:

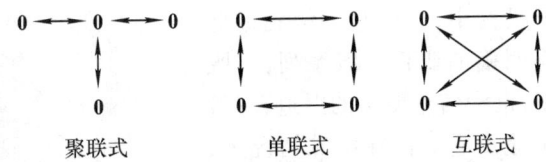

图6-5 社会行政沟通的模式

聚联式存在一个沟通中心聚集沟通内容,然后统一向各方面传递。这种沟通关系模式一般是在机构简单、要求迅速下达命令的情况下存在。在单联式沟通中,每个成员只能与其相邻的两点发生沟通联系,其他各点则相互隔离。在互联式沟通中,各沟通点可以和其他点互通信息,机构成员的参与率高。

三、社会行政中的协调

协调是使组织各部门之间、成员之间分工合作、协调一致达成目标的活动。社会服务需求的增加及服务对象的问题的复杂性,使得社会服务机构都需要进行部门之间、机构之间的协调。

(一) 组织结构式协调

组织结构式协调是指以结构化的方式实现组织部门之间或组织之间的协调。组织结构式协调体现在机构内部,就是在机构内部建立职权等级协调系统以协调上下级之间的关系,或建立部门间的协调系统以协调同一层次各行政部门的职、责、权等方面的配置。组织结构式协调体现在机构外部,就是通过在各服务机构之间成立组织,由各有关单位派代表组成小组或委员会,并成立联合的办公机构,以加强联系和协调工作。

依据协调的对象划分,协调可分为协调关系和协调工作。协调关系是使组织中的不同部分、不同成员之间建立良好的合作与协调关系,协调工作则是使他们在工作过程中进行良好配合。

依据对于协调活动的设计划分,协调可分为程序性协调和工作性协调。程序性协调是在制定机构的活动计划时,对不同部门、人员相关活动在时间、过程方面的合理搭配,使服务活动在进行过程中实现互相支持、互相配合的效果,这种协调是在活动设计过程中进行的。工作性协调则是指在服务活动进行的过程中,领导者具体地联系、调节各方面行动,以使他们互相配合地活动。

(二)法约尔的协调方法

法约尔是法国著名行政管理学者。他认为协调就是把所有的活动和工作结合起来,使之统一并和谐,以避免不必要的冲突和重复努力的过程。管理就是一种协调性活动。

他认为在管理机构中,从最高一级到最低一级应该建立关系明确的职权等级系列,这既是执行权力的线路,也是信息传递的渠道,一般情况下不要轻易地违反它。但在特殊情况下,为了克服由于统一指挥而产生的信息传递延误,法约尔设计出一种"跳板",也叫"法约尔桥"(Fayol bridge)。如图6-6所示,法约尔认为,若按正常的权力路线,F要和P联系,必须通过E层层上报至A,再由A通过L层层下达给P,这样有可能造成信息延误。因此F和P

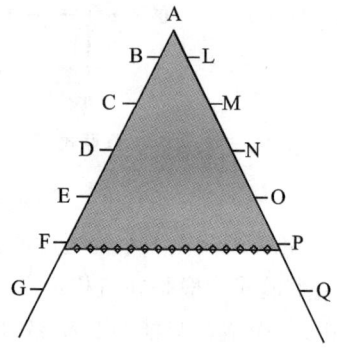

图6-6 法约尔的"跳板原则"

可直接联系。但是必须事先取得各自的上级E和O的同意并且在联系后立即汇报他们所商定的事情,这就是"法约尔跳板"。概括地说,就是在遇到一些需要快速办理的事情时,为提高办事效率,需要跳过原有的管理路径,在平行的两者之间建立直接联系的渠道,即建立跳板或天桥。法约尔认为,"跳板原则"简单、迅速,而且可靠,它减少了情报的失真和时间延误,既维护了统一指挥原则,又大大提高了工作效率。法约尔的"跳板原则"以非制度化的手段克服了科层制过分僵化的弊端而达成横向合作[①]。

第四节 社会行政中的控制

一、社会行政中控制的含义

(一)控制的含义

社会行政控制是指社会行政组织在动态变化的环境中,为确保实现既定目标而进行的检查、监督、纠偏等管理活动。社会行政控制在社会行政实施中同样

---

① 法约尔:《工业管理与一般管理》,中国科学出版社1980年版,第10页。

是一个十分重要的环节。这个概念包含三个方面的含义:(1)控制有很强的目的性,控制与计划密不可分。社会行政控制的目的在于对行政实施过程中有违行政计划目标和方向的行动、降低行政实施效率的活动、有碍行政沟通的障碍,加以及时纠正与消除。(2)控制是通过监督和纠偏来实现的。行政控制的过程一般包括确定标准、评估成效、纠正偏差三个步骤。控制标准的确定是控制过程的起点,有了控制标准才能对行政实施情况进行评估,将实际情况与标准加以对照,然后对有偏差的行政活动加以纠正。(3)控制是一个过程。控制贯穿计划制定和计划执行的整个过程。

控制系统包括控制目标体系、控制主体、控制对象、控制方法和手段。控制工作只有依靠结构完整、全面、严谨的组织系统,通过明确的职责分工、具体可行的管理条例,最后将职责落实到人,才能有效控制机构的员工及其所从事的服务。

(二)控制的意义

控制工作的目的就是保证机构服务活动的有序与高效。控制的重要性主要体现在以下几个方面:(1)社会行政控制对于确保行政实施计划的实施方向,促进行政实施的效率与效益等有着重要的保证作用。行政控制的真正意义在于通过行政控制,使行政实施的工作状态与行政计划的工作状态尽量相符合,确保行政实施的结果和人们预先计划的目标完全一致。(2)组织发展到一定的规模,就必须实行授权管理。分权程度越高,控制就越必要;否则,就无法对员工的工作进程和绩效加以考核,授权就会失去其应有的意义。(3)控制将有助于机构和管理者发现错误,纠正错误。

二、社会行政中的控制类型

控制可根据不同的标准分为许多类别。例如,根据服务所需投入的资源和效果,可将控制分为服务过程控制、成本控制;根据机构管理者控制的重点和重心,可将控制分为对员工的控制、对财务的控制、对服务质量的控制、对信息的控制;根据机构组织管理的角度,可将控制分为科层控制、小团体控制、市场化控制。

(一)科层控制

韦伯提出理想的组织形态是科层制组织。他认为,从纯技术的观点来看,科层制组织能获得最高的效率,因此,它是对人类行为支配的已知方式中最具理性的组织形式。在明确性、稳定性、纪律的严格性及可靠性诸方面,它都比其他形式的组织更优越。

社会组织的科层结构也是一种控制结构,这是建立在科层职权和分工之上的控制方式。科层控制的主要特点是：(1)层级化。即机构的控制是由层级结构来实现的。这种控制是机构中层级权力所规定的，具有合法性。(2)制度化、规范化，即对机构中的各个部门、各个员工工作的职责、考核标准等都设有相应的制度、规范，如机构董事会的组建及其责任、角色的界定，员工服务程序和服务伦理的规定，绩效考核标准的设计等。(3)追求效率。这种控制以组织设计的理性原则为基础，在组织的设计、行动计划合理情况下，这种控制会带来组织运行的高效率。(4)这种控制忽视了下级的参与。

（二）小团体控制

小团体是指由较少人员组成的为满足特定需求而形成的相互作用、相互协调的群体。小团体既包括组织机构中较小的工作部门，也包括机构众多的非正式群体。小团体控制来自团体成员的相互认同。在正式组织的某些小部门，如果成员们对部门目标、共同利益有较强的认同，成为一个紧密合作的团体，那么，小团体就对其中的个人起到一定的控制作用。至于组织机构中的非正式团体，它本身就是靠大家之间的相互好感结合而成的，因此也会有一定的控制作用。

社会行政人员可以通过小团体对组织的活动进行控制。有效的团队控制主要体现在以下几个方面：团队的规模和人员结构、明确的目标和强烈的归属感、有控制的授权和信息共享、有效的绩效评估与奖酬体系、适当的资源和培训教育、独特的团队文化和共同的价值观。

（三）市场化控制

现在的社会服务机构越来越重视成本—效益分析。在这种情况下，社会服务机构的领导应该具有像企业经理那样的特质，更重视管理和绩效，并借用市场机制对机构行为进行控制。

福利服务市场化要求服务提供者分析市场机会，设定行销目标。而机构间的多元竞争，服务对象对福利服务的选择权，服务需求者从服务对象成为消费者，福利资源提供者对服务效果的更多关注，都要求社会服务机构更有效地利用资源。在这种情况下，社会服务机构的市场表现就是衡量其服务效果的主要指标，于是，利用服务效果、市场竞争能力来约束、督促机构成员就是一种有效的手段，这就是市场控制。

在福利服务市场化控制的背景下，政府采取委托外包的形式购买民间服务机构的服务，新管理主义的运用则应运而生。新管理主义对于提高社会服务机构的效率有一定的意义，但是也要注意它可能产生的问题。在社会服务机构中运用新管理主义可能面对的问题有：第一，有限的预算要管理无限的服务，造成机构运作上困难重重。第二，市场化取向的运作方法强调为求助者量身定做服务，要设法处理好大规模的需求和个别化的处置这一矛盾。第三，有限的社会服务提供者如何能提供大量的服务,让需求者能对服务有所选择,也是机构面对的主要问题。第四,为满足大量的消费者的需求,机构常常侧重于发展高度专门的技术或是服务质量方面降低要求,这与市场化追求不断提升服务质量的特性是相矛盾的。

三、社会服务机构中的冲突与控制

(一) 冲突及其形成

1. 冲突的层次

英文中的"冲突"源于拉丁语"confligere",它的意思是"在一起摩擦或碰撞"。冲突的产生过程可以分为多个层次,包括从双方之间的紧张气氛到可能引发暴力冲突的危机。如图 6-7。

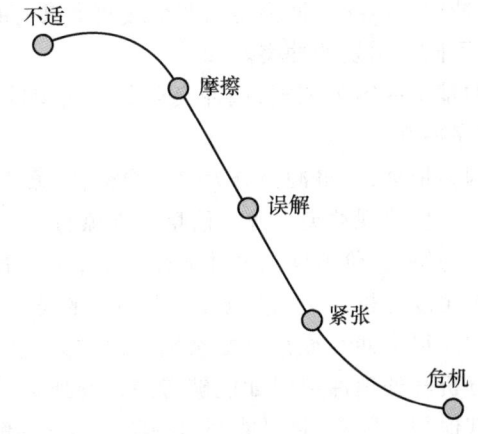

图 6-7 冲突的层次

阶段一:不适。双方可能并没有说什么,但是感觉不对,此刻似乎也很难找出问题。

阶段二:摩擦。出现激烈交锋,但不会为此出现长久的内心反感,之后你会觉得沮丧或懊恼。

阶段三:误解。动机和事实常遭到误解或混淆,问题反复出现。

阶段四:紧张。以消极的眼光和思维定势来思考各种关系,彼此紧张关系造成持续不断的忧患状态。

阶段五:危机。行为受到影响,很难再按正常状态行事,极端姿态会引发极端状况,如关系破裂、离职或暴力行为①。

---

① 罗纳德·S. 克雷比尔等:《冲突调解的技巧:调解人手册(上册)》,南京大学出版社 2011 年版。

2. 冲突的类型

冲突是一种广泛存在的现象,在任何组织的各种形式的活动、各个层面都存在。社会服务机构也不例外,它可能会遇到多种冲突。

若以冲突后果为依据,冲突可分为建设性冲突和破坏性冲突。建设性冲突,又称为水平适当的冲突,是指对组织有益的冲突,冲突的积极影响表现为促进更好的沟通、改善决策过程和提高生产率。破坏性冲突,又称为功能失调的冲突,是指过于激烈或者过于稀少的冲突。

若以冲突范围为依据,冲突可分为个人层次的冲突、群体层次的冲突和组织层次的冲突。不同层次的冲突具有相互作用、相互关联的内在互动关系。人际冲突是指两个或两个以上的个体之间的冲突,体现在个体之间在认识、行为、态度及价值观等方面存在着分歧。群体冲突是指两个或两个以上的群体之间的冲突,包括纵向与横向冲突。组织间冲突是指两个或两个以上的组织之间因观念、角色、认知和利益等不同而引发的冲突。

若以冲突呈现的基本内容为依据,则冲突可分为认识冲突、情感冲突、目标冲突、利益冲突和程序冲突。

若以冲突的起因为依据,可将冲突分为信息冲突、资源冲突、关系冲突、利益和需求冲突、结构冲突、价值观冲突。源于信息和资源的冲突可能比关系、利益、结构上的冲突更加容易解决,价值观上的冲突往往是最难解决的。

人们可以从多个角度分析冲突的性质,区别冲突的类型。现实中导致冲突的因素是多种多样的。很多冲突往往是复杂因素的结果,甚至可能涵盖所有因素。组织领导者在分析和处理冲突时如能够考虑冲突所涉及的人、历史、社会、文化背景以及各种其他相关因素,将可能开辟一条多样化的解决冲突之路。

3. 冲突形成的原因

组织机构中冲突形成的原因主要包括以下几个方面:①

(1) 人际因素。包括:①个性差异。组织中成员由于具有不同的价值观、需求、目的和动机等,在错综复杂的交往和互动过程中,彼此间不可能协调一致,从而可能导致冲突的产生。②沟通障碍。群体与群体间、个体与个体间由于信息传递障碍,使得人们对某些问题的认识和理解有差异,甚至彼此缺乏信任,导致冲突产生。③归因失误。当个体利益受损时,如果将对方的行为视为故意且有敌意,则冲突极易发生。

(2) 群体间因素。包括:①目标不相容。这是指组织中不同部门或群体都有自己的目标和立场,一旦存在相互矛盾或互相妨碍的方面,则冲突就会产生。

---

① 黄维德:《组织行为学》,清华大学出版社 2005 年版,第 147~148 页。

②相互依赖性。组织间不同部门和个体之间存在着许多工作的相互依赖关系,若有一方功能失调,则将导致其他部门和个体的目标无法顺利实现。

（3）组织因素。在这方面造成冲突的原因有:①资源稀缺性。相对于服务需求,资源始终是有限的。不同的机构都会为了各自的目标和组织利益而争夺资源。②任务的不确定性。组织中的权责和职责规定不够清晰时,成员有可能出现互相推诿责任、争夺好处的行为,冲突就不可避免。③组织的变动性。组织出现较大变动,员工会产生不安全感,彼此对组织变动的状况有意见分歧,容易引发冲突。

社会服务机构中比较常见的冲突表现为:(1)机构成员个人目标与机构目标的冲突。(2)角色期待与机构成员心理的冲突。即机构对担任某个特定职位的员工的角色期待,与成员心理发生矛盾,有些成员不愿意做出符合角色期待的行为。(3)机构内的上级行政主管单位与下级服务机构之间的冲突。由于组织层级所担负的职能不同,常使上级行政主管机构及主管与下级专业服务单位之间对同样问题及管理措施产生不同的态度与看法。

4. 解决冲突的途径

组织及组织中的个人或群体应对冲突的方式多种多样。常见的冲突反应方式有两种极端:一种是极力回避问题,一种是诉诸暴力。在两种极端解决办法之间也形成了一系列结构性的制度来解决冲突。面对冲突的双方第一步可能是简单地讨论问题,就一个或多个问题进行协商。如果协商无法达成一致意见,"第三方"会被邀请作为和事老帮助消减敌对情绪,尝试和解。如果冲突双方仍需要其他帮助,组织或个人会邀请"调解者"帮助寻找可能的解决方案并进行谈判,由冲突双方最后决策。如果调解不成,冲突将离开社区调解程序进入法律程序。由"仲裁者"出面判断正误并做出裁决。司法系统和负责立法的国家政府也提供了有效解决实际或潜在冲突的方法,如图6-8:①

（二）冲突管理策略

1. 冲突管理的基本原则

在社会服务机构中,冲突管理的基本原则是:(1)倡导建设性冲突,避免破坏性冲突,把冲突控制在适当水平。(2)实行全面系统的冲突管理,而不是局限于事后的冲突控制和解决冲突,减少冲突管理的成本。(3)不走极端,持中,以和为贵化解冲突。(4)具体问题具体分析,灵活适宜地处理冲突②。

2. 冲突管理的策略

---

① 罗纳德·S. 克雷比尔等:《冲突调解的技巧:调解人手册(上册)》,南京大学出版社2011年版。
② 时巨涛:《组织行为学》,石油工业出版社2005年版,第237~238页。

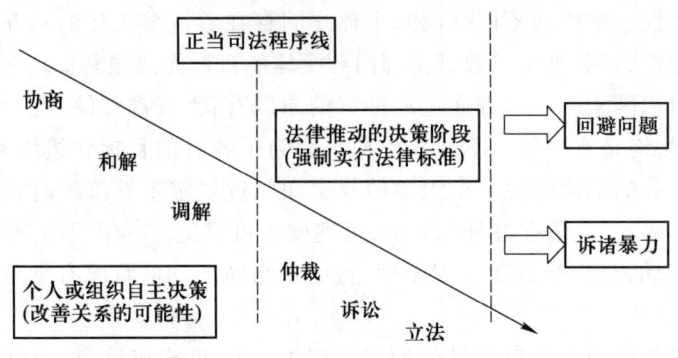

图 6-8 冲突解决的途径

（1）个人冲突管理策略。①分析冲突原因。管理者可以通过加强对冲突原因的认识而有效解决冲突。②了解冲突当事人。管理者必须了解冲突双方的兴趣利益所在，且让他们参与解决问题的过程。③选择自己的立场。

根据冲突的不同情况，管理者可以选择回避、缓解、正视等三种方法来进行处理。回避策略即对冲突不采取积极分析解决的行动，而是允许冲突在某种控制条件下继续存在，但又不至于使局面失去控制。缓解策略即设法为冲突的解决争取时间并创造条件，使冲突因延缓时间而减少其尖锐性和重要性，从而变得容易解决。正视策略即正视冲突的原因，强调满足冲突各方的共同利益，是最积极的、从根本上解决冲突的策略。

（2）机构冲突管理策略。①改变机构的组织结构。不合理的组织结构往往是引起冲突的重要因素。管理者可以通过组织变革来打破原有的权力结构体系，重新组合工作团队，提高工作责、权、利界定的规范化程度，保证机构内部沟通的顺畅，增强内部各单位的相互依赖。②重塑机构文化。管理者可以通过改变机构的组织文化来解决冲突。通过建设和推行理性看待冲突、崇尚合作、加强沟通等积极内容的组织文化和风气，培养员工正确处理冲突、控制有害冲突发生的素质。

（三）冲突转化策略

冲突转化论认为我们的目标不仅是结束或者避免坏的东西，而且要利用冲突发展机构，开启新的好的局面。人们逐渐意识到管理冲突、化解冲突还远远不够，转化冲突可以帮助我们化腐朽为神奇并带给我们这样的理念：人类以及我们生活的社会能够变得更好，冲突提供了通往这些变化的多样化机会，我们的责任是在冲突发生的那一刻探寻冲突产生最大积极变化的途径。转化冲突的核心是尊重每个人的价值观和独特性。一方面要充分激发冲突双方的潜能，鼓励冲突双方表达,期待他们为问题负责,这是一个赋权的过程。另一方面要提高双方了解和尊重对方价值观及尊严的能力,这是一个接纳的过程。

组织行为学的理论研究表明,一个健康有活力的组织应当保持功能正常的冲突,或者利用冲突来促进组织发展。常见的方法有:(1)改变机构文化来激发冲突。即在组织文化的塑造中容纳合理冲突的存在,通过宣传、示范,倡导创新意识和行为,激发功能正常的冲突。(2)设计科学的绩效考核制度、激励制度,强调员工之间的差别比较,提高冲突水平,从而提升机构服务的效率和效益。(3)改革机构组织结构,打破组织原有的平衡和利益格局,激发冲突。(4)有意识地使用具有威胁性和模棱两可的信息,减少机构成员因思维定势导致的不思进取的态度,促进机构成员的积极思维。(5)强调群体间界限,倡导"内和外争"来激发群体间的冲突。(6)引进外来的专业人才,激发机构内新旧价值观念、新员工和老员工之间的互动和碰撞,增加机构的组织活力。

推荐阅读文献

法约尔. 工业管理与一般管理. 北京:中国科学出版社,1980

顾锋. 管理学. 上海:上海人民出版社,2004

亨利·明兹伯格. 明兹伯格论管理. 北京:中国劳动社会保障出版社,2004

黄维德. 组织行为学. 北京:清华大学出版社,2005

梁伟康,黄玉明. 社会服务机构管理新知. 香港:集贤社,1994

芮明杰. 管理学. 上海:上海人民出版社,2005

时巨涛. 组织行为学. 北京:石油工业出版社,2005

雷克斯·A. 斯基德莫尔. 社会工作行政. 北京:中国人民大学出版社,2005

王思斌. 社会工作概论. 北京:高等教育出版社,1998

伊恩·斯迈利、约翰·黑利. NGO领导、策略与管理:理论与操作. 北京:社会科学文献出版社,2005

竺乾威. 公共行政学. 上海:复旦大学出版社,2000

徐永祥. 社会的再组织化:现阶段社会管理与社会服务的重要课题. 教育与研究,2008

罗纳德·S. 克雷比尔等. 冲突调解的技巧:调解人手册(上册). 南京:南京大学出版社,2011

第七章　社会服务机构的人力资源管理

许多社会服务机构所从事的社会服务工作需要依赖员工的能力和专业知识为服务对象提供优质的服务,人力资源自然成为机构开拓专业服务空间、提升服务质量的重要资源。人力资源管理对机构的生存与发展有着重要意义。

第一节　人力资源管理及其意义

一、人力资源管理的含义

(一)理论渊源

"人力资源"这一概念是由管理大师彼得·德鲁克于1954年在其名著《管理实践》中首先提出并加以明确界定的。20世纪60年代以后,西奥多·W.舒尔茨(Theodore W. Schultz)提出人力资本理论,人力资源的概念更加深入人心。所谓人力资源,就是指人所具有的对价值创造有贡献作用并且能够被组织所利用的体力和脑力的总和[①]。这个解释强调人的劳动能力和身心素质,这些能力对组织的发展具有推动作用。所谓人力资本是指劳动者所具备的两种能力:一种能力是通过先天遗传获得的,一种能力是后天经过学习而形成的。人力资源和人力资本都是以人为基础而产生的概念,现代人力资源理论大都以人力资本理论为依据,从这点看,两者是有联系的。但二者又存在一定的区别,人力资本侧重强调劳动者在提升能力时所作的投资,注重成本收益的分析。人力资源则是指由于劳动者拥有的各种劳动能力而对社会所作的贡献,注重投入产出的分析。资源是存量概念,资本则是兼有存量和流量的一个概念。

人力资源管理是管理过程中的五大职能之一,是管理者对与一定的物力相适应的人力所执行的招聘、培训、考核、报酬以及协调各种关系的职能或管理行为。人力资源管理的产生和发展经历了六个阶段:

萌芽阶段,即工业革命时代(18世纪末—19世纪末)。随着劳动分工思想的提出,对工人管理的问题就凸显出来,奠定了人力资源管理的雏形。

建立阶段,即科学管理时代(20世纪初—30年代)。人力资源管理的一些

---

① 董克用、叶向峰:《人力资源管理概论》,中国人民大学出版社2003年版,第6页。

基本职能在这一阶段初步形成,如工作分析、招聘录用和员工培训等。泰勒、法约尔、韦伯等人提出的古典管理理论对人力管理理论的发展产生了深远的影响。

反省阶段,即人际关系时代(20世纪30—40年代)。人际关系理论开创了管理中重视人的因素的时代,强调企业内员工个体是"社会人",极大丰富了人事管理的内容。

发展阶段,即行为科学时代(20世纪50—70年代)。组织行为学的发展使人事管理从对个体的研究与管理扩展到对群体和组织的整体研究和管理。人力资源管理也从监督制裁到人性化激励,努力寻求人和工作的愉快配合。

整合阶段,即权变管理时代(20世纪70—80年代)。在这一阶段,各类组织的外部环境存在大量不确定性因素,权变理论应运而生。在这种理论影响下,人力资源管理也强调针对不同情况,采取不同的管理方法。

战略阶段,即战略管理时代(20世纪80年代至今)。这一阶段注重战略管理和决策,战略管理理念逐渐成为各类组织的管理重点,而人力资源管理则对战略管理目标的实现起着重要的支撑作用①。

20世纪70年代以来,人力资源管理已初步形成了一套较为完善的理论、方法、步骤和措施,它的基本内涵是:(1)人本主义精神的追求。它把人视为"第一资源",尊重员工的需要,其制度设计更加重视发挥员工的积极性和开发员工的潜在能力。(2)内在运行机制的完善。人力资源管理与开发的内在运行机制是指各级各类人力资源主管机构围绕行政管理的需要和人力资源管理的目标,配套设计的一整套员工管理活动的规则或制度化措施。(3)促进经济与社会的发展。当前我国正在进行社会主义现代化建设,人力资源开发和人事管理制度的建立与改革,将促进经济与社会的进步。

(二)人力资源管理的基本理论

随着工业革命以后雇佣劳动的产生,人力资源管理的实践不断发展,形成了各种流派的人力资源管理理论。以下我们侧重介绍人性假设理论、激励理论和人力资本理论。

1. 人性假设理论

人力资源管理就是对人加以管理,对人的基本看法决定了人力资源管理的具体管理方式与管理方法,人性假设构成了人力资源管理的一个理论基础。对于人性假设最具代表性的理论就是美国行为科学家道格拉斯·M.麦格雷戈(Douglas M. McGregor)提出的"X理论"和"Y理论",以及埃德加·H.沙因(Edgar H. Schei)提出的"四种人性假设理论"。

---

① 董克用、叶向峰:《人力资源管理概论》,中国人民大学出版社2003年版,第55页。

麦格雷戈认为不同的管理者之所以会采用不同的方式来组织、控制和激励人们，原因在于他们对人的性质的假设是不同的。

X理论以下列四种假设为基础：（1）员工天生不喜欢工作，只要可能，他们就会逃避工作。（2）大多数员工都是以个人为中心的，导致个人目标与组织目标相矛盾，为此必须采取强制措施或惩罚，迫使他们确保组织目标的实现。（3）员工只要可能，就会安于现状，逃避责任。（4）大多数员工喜欢安逸，没有雄心壮志。

Y理论以下列四种假设为基础：（1）员工视工作如休息、娱乐一样自然。（2）如果员工对某些工作做出承诺，他们会进行自我指导和自我控制，以完成任务。（3）一般而言，每个人不仅能够承担责任，而且会主动寻求承担责任。（4）绝大多数人都具备做出正确决策的能力，而不仅仅是管理者才具备这一能力。

麦格雷戈认为Y理论比X理论较为优越，但是约翰·J. 莫尔斯（John J. Morse）和杰伊·W. 洛希（Jay W. Lorsch）这两位学者于1970年提出著名的超Y理论，对麦格雷戈的理论作了修正。他们认为，有的人愿意在严格的规章制度下工作，有的人却需要得到更多的自治和责任，才能发挥自己的创造性。在进行人力资源管理活动时要根据不同的情况采取不同的管理方法。

沙因在其1965年出版的《组织心理学》一书中提出"四种人性假设理论"。也就是"经济人假设"、"社会人假设"、"自我实现人假设"、"复杂人假设"。这是目前为止对人性假设最为全面的一种概括。按照沙因的这一研究结果看，实际上不存在一种适合于任何时代和任何人的通用管理方式，管理必须是权变的，要根据不同的人的不同需要和不同情境采取不同的管理方法。

2. 激励理论

激励就是激发行政人员的主观能动性，使行政人员产生内在的动力，使他们朝向机构所期望的目标前进。许多管理学家分别从不同的角度提出了种种激励理论。

（1）激励的基本过程。根据行为的形成过程，美国管理学家A. D. 希拉季（A. D. Szilagyi）将激励的过程分为七个阶段，即需求未满足，内心不平衡；寻找和选择满足需求的途径；导向目标的行为和绩效；重新衡量和评估需要；奖励或惩罚；绩效评价；需要得到满足。

（2）内容型激励理论，着重研究激励的原因和对激励有影响的因素。马斯洛提出了需求层次理论，认为个体的需要由低到高可分为生理需要、安全需要、归属需要、尊重需要和自我实现的需要。奥德弗认为人的需要主要有三种：生存需要（existence）、关系需要（relatedness）、成长需要（growth）。美国的赫茨伯格（Frederick Herzberg）提出了双因素理论。赫茨伯格认为，与人的工作积极性有关的因素有两个:一类是所谓"激励因素",如晋升、赏识、责任、工作成就、荣誉等,这些因素可起到激发人的工作动机,使人产生一种内在的工作动力的作用;另一种是"保健因素",如安全保障、管理监督等,这些因素虽不能直接激励人们努力工作,但可以防止员工产生不满。他认为激励因素能够更持久地激励人的积极性。美国心理学家戴维·麦克利兰(David McClleland)于20世纪50年代提出了成就激励理论。他认为人有权力、归属和成就三种需要,但在不同人身上这三种需要的强度不同。在管理时,管理者应当根据员工的不同需要,给员工安排相应的任务,从而使员工具有内在的工作动力。

(3)过程型激励理论,主要研究行为如何被引发、怎样向着一定的方向发展、如何保持以及怎样结束这种行为的全过程。其中比较典型的有期望理论、公平理论和目标理论三种。

3. 人力资本理论

人力资本理论的代表人物西奥多·W. 舒尔茨认为,资本有两种:物质资本和人力资本。人力资本是以劳动者的质量或通过其技术知识、工作能力表现出来的资本。舒尔茨理论的具体内容是:人力资源是一切资源中最主要的资源;在经济增长中,人力资本的作用大于物质资本的作用;教育投资是人力资本的主要部分。

上述理论对人力资源管理的实践活动具有十分重要的指导意义。社会服务机构的人力资源管理也需要应用这些理论去满足员工的不同层次的需求,激发员工的工作动机和工作热情,确保机构的服务品质,促进机构自身的成长和发展。

二、人力资源管理与人事管理

(一) 人力资源管理的内容

人力资源管理的内容可以概括为以下七个方面:(1)人力资源规划。这包括对组织在一定时期内的人力资源需求和供给做出预测,根据预测的结果制定出平衡供需的计划等。(2)工作分析。这包括两个部分的活动:一是对组织内各职位所要从事的工作内容和承担的工作职责进行清晰界定,二是确定各职位所要求的任职资格。(3)招聘录用。这一职能其实包括招聘和录用两部分。(4)绩效管理。根据既定的目标对员工的工作结果做出评价,发现其工作中存在的问题并加以改进。(5)薪酬管理。这一职能所要进行的活动有:确定薪酬的结构和水平,实施工作评价,制定福利和其他待遇的标准以及进行薪酬的测算和发放。(6)培训开发。包括建立培训体系,确定培训的需求和计划,组织实施培训过程以及对培训效果进行反馈总结等活动。(7)员工关系管理。这一职能除了要协调劳动关系,进行机构文化建设以及营造融洽的人际关系和良好的工作氛围之外,还要对员工的职业生涯进行设计和管理①。

(二) 人力资源管理与人事管理的异同

人事管理与人力资源管理常常被交替使用,二者之间是一种继承和发展的关系。一方面,人力资源管理从人事管理演变而来,是对人事管理的继承,它依然在履行传统人事管理的许多职能。另一方面,人力资源管理又具有不同于传统人事管理的全新视角:人事管理是以工作为中心;现代人力资源管理则是以人为中心,力图根据人的特点和特长来组织工作,从而使得人力资源的能量得到最大发挥。表7-1显示了人力资源管理与人事管理的区别。②

表7-1 人力资源管理与人事管理的区别

人力资源管理	人事管理
1. 成员为主,组织成员作为资源被规划、管理、分析和设计,发挥潜能与专长	1. 组织为主,使成员在组织中运作,达到组织的目标
2. 偏重协助成员的发展	2. 偏重执行组织的既定政策
3. 人力当作生产和投资	3. 人事当作消耗
4. 重视培训与开发	4. 重视控制

三、社会服务机构中人力资源管理的重要性

(一) 员工资源的开发与管理

我国的社会服务机构在人力资源开发与管理上面临下列挑战:(1)员工的专业服务能力不足。我国社会服务的高素质人员有限,影响了社会服务机构专业服务质量的提升。(2)员工流动性大,而社会服务工作需要具有专业使命感的人来承担。(3)员工缺乏训练机会。由于社会服务组织工作繁重,无法提供员工在职训练的机会。(4)无效人力的处理。在社会服务组织中,因为历史因素,许多机构中存在一些缺乏工作意愿或者无法适应新工作要求的员工,而现有的人事制度又难以处理这些问题。(5)工作角色冲突的困境。我国的社会服务机构成员包括专职人员、志愿者以及政府监管机构及人员。这三类人员因不同的立场与观念,往往产生工作上的冲突。如何建立沟通管道,同时促进彼此了解是人力资源管理的重要责任。(6)机构管理模式转变。当前我国的社会服务机构面临社会转型,如何让员工理解组织的改革,共同为发展努力,是人力资源管理的重要责任。

---

① 董克用、叶向峰:《人力资源管理概论》,中国人民大学出版社2003年版,第35~36页。
② 黄源协:《社会工作管理》,(台北)扬智文化事业股份有限公司2001年版,第224~226页。

社会工作人才队伍是现代社会管理与服务的重要力量,是我国的第六支人才新军①。社会工作人才队伍建设,在我国是一个全新的课题,也是一个人力资源开发的系统工程,应当综合运用人力资源开发与管理的理论和方法,在政策性开发、制度性开发、投资性开发、使用性开发等方面采取措施,加快社会工作职业立法力度,稳步提高社会工作人才队伍的专业能力及知识水平,构建社会工作管理体制和机制,发展出符合社会服务机构特质的人力资源管理方法,加强社会工作人才队伍建设。《国家中长期人才发展规划纲要(2010—2020年)》(简称《规划》)提出了三方面举措:一是加强社会工作专业教育;二是完善职业水平评价制度;三是实施重点人才工程。

针对当前社会工作专业岗位不明确、不充足等问题,《规划》提出要加快城乡社区社会工作专业岗位设置步伐,加大公益服务事业单位社会工作专业岗位开发力度,积极发展民办社会工作服务机构,加强公共服务和社会管理部门对社会工作专业人才的使用。针对社会工作人才流失问题,《规划》提出必须通过建立职业晋升机制、建立薪酬激励制度等方式,畅通流动选拔渠道。

(二)志愿者队伍的管理

对于社会服务机构来说,志愿者是重要的人力资源,加强对志愿者队伍的能力培训与管理,有利于社会服务的开展。

依照美国社会工作者协会的定义,志愿者是一群追求公共利益,本着自我意愿与自由选择而结合,并进行公益服务的人。在国外,志愿服务也是组织化的。但是在我国志愿服务尚不发达,甚至存在着某些不正确的认识,即认为做志愿服务完全是随意性的,它是爱心的表现,没有方法与技术方面的限制。社会服务机构要有效地运用志愿者资源,需要推进社会工作者与志愿者的联动发展机制。要建立注册志愿者与社会工作者结对联系制度,使每个社会工作者相对固定联系一定数量的志愿者,有针对性地联动开展社会工作,逐步形成社会工作者引领志愿者共同服务社会的运行体系。还应加强对志愿者的培训和管理,包括服务理念的强化、服务方法的培训、制度规范的建立、志愿者网络的建设等。

第二节 员工的聘用与培训

一、机构服务与员工发展计划

机构服务与员工发展计划,就是机构通过科学的预测,分析自身的人力资源

---

① 中组部:《国家中长期人才发展规划纲要(2010—2020年)》。

的供求情况,制定必要的政策和措施以确保自身在需要的时间和需要的岗位上获得各种所需要的人才,使机构获得可持续性发展,使员工得以成长。机构服务及员工发展计划的具体内容包括:

1. 预测机构的组织结构

机构的管理者应根据服务需求的程度预测机构的组织结构,对机构所需人才及数量做统筹的规划。

2. 制定人力供求平衡计划

在考虑机构的人力需求时,应根据服务对象的类型、服务的目标、所要求的服务、机构所排列的服务优先顺序,对机构所需人力的种类、所要提供的服务单位数量、员工工作负荷量进行计划,在计算机构现有的人力供应状况时,应根据现有的人事管理政策、机构现有员工的特征以及人力损耗等因素作通盘考虑,测算出机构现有的人力供应数量。然后将人力需求量与人力供应量加以比较,两者如不符合,则应重新对机构的服务目标及服务方案的优先顺序进行规划,并对人力使用的优先顺序进行排列。

3. 制定员工晋升计划

对机构来说,有计划地提升有能力的员工,是组织的一种重要职能。对员工个人来说,有计划的提升会满足员工自我实现的需求。

4. 制定员工培训计划

员工培训计划的目的是为了培养人才。加强对员工专业知识和工作技能的培训,可提升服务质量,防止机构员工的挫折感。

5. 人力使用和调配计划

人力资源计划不仅要满足机构未来对人力资源的需要,还要对现有人力进行充分的挖潜,通过有计划的人员配置和内部职位的流动来实现这一目的。

二、员工的聘用

(一)聘用的程序

1. 发招募通知

如机构的岗位空缺在机构内部调配,则可由内部通告通知员工,然后由员工提出申请。若经研究发现机构内部没有合适的人选,则需发布公告,对外公开招聘。

2. 收集申请者资料

要决定申请者是否被录用,首先要对申请者的背景资料进行分析。申请者的背景资料包括:学历、专业训练、经验及一般背景;表达能力、思考能力及组织能力;申请者的事业发展目标与期望;申请者的进取心;工作稳定性,申请人是否经常换工作;申请人申请岗位的原因与动机,对这一岗位的期望;体力(身体状况)、性格、兴趣、爱好等。

3. 初步评估选择

如果时间允许,则可以从众多申请信件中挑选一些合格者进行面谈,其标准是根据某职位所需的条件去评估申请者是否有资格接受面谈。具体可从三个方面去考察:一是申请者在以前的工作经历中最喜欢和最不喜欢的工作;二是申请者对工作环境、职责、性质、地点有何期望;三是申请者的兴趣、爱好与工作所涉及的责任是否相同。在个人特点方面,还需评估申请者的体能与性格特点是否符合工作分析所列出的要求。

4. 录用

经过一系列人力资源计划的制定、工作岗位分析、申请人资料汇集、评估选择,最后选定最适合的人员以填补岗位的空缺。

5. 安排职位

引导被录用者熟悉环境,包括了解机构的历史、宗旨、组织结构、服务特色、人事政策、财政运作、工作守则等,使新员工尽快适应、掌握机构的要求及各项工作细节。

(二)聘用过程使用的方法

1. 面谈

面谈是提拔录用过程中一个经常被招聘者使用的技术手段。面谈时应注意以下几点:避免谈话内容不集中,避免主持面谈者自己滔滔不绝,避免会谈气氛的不和谐。因此,主持面谈者除了要有足够的面谈技巧以外,还要制定出一个评估申请者的准则,事后要根据这些准则写出报告。这样,才能充分保证面谈的有效性以及对申请者评估的科学性。

2. 实际工作情境模拟与测试

西方国家的人事管理已发展出一种技术"情境测试",以对申请者进行评估筛选。(1)通过向申请者展示有关实际工作中经常遇到的工作情况,要求申请者具体去做一些工作,从而判断他实际工作的能力;(2)模拟实际工作情境。例如,模拟一个机构中某个职位的角色,通过角色扮演,了解申请者是否胜任。工作模拟的方式有:①套餐式模拟练习,提供一大批的备忘录、信件、报告及文件等,申请者要用最正确的方式处理上述资料,处理完毕,接着要回答一份问卷或参加一个面谈,以证明其决定、行动是正确的。②无领袖方式的小组讨论。即通过小组自由讨论,观察申请者的人际关系技巧、个人的影响和领导才能。③管理游戏。管理游戏通常要求申请者解决难题,通过这些游戏,可观察申请的领导才能、组织能力或人际关系技巧。④简短的演讲。要求申请者针对一个管理的主题作简短演讲,评估者观察其语言上的沟通技巧、说服力、镇定程度和对演讲造成的压力的反应。

3. 测验

社会服务机构可通过考试来对人才进行选拔。常用的考试类型有:智能测验;性格测验;才能或成就测试;性向测试,即对申请者的某些特殊能力或工作潜力加以测试;兴趣测试,即对申请者对某种职业的专注程度的测试。此外,还有体能测试、心理测试等。

三、员工的培训

(一) 培训的意义

随着科学技术的迅速发展,社会发展进程加快,当代社会行政管理日趋复杂,知识更新加快,要使行政人员紧紧跟上时代步伐,必须加强培训工作。

培训的作用体现在两个方面。一是对机构而言,培训有助于:(1)提高机构的服务素质,如果机构员工不断得到培训,并在实践中加以运用,势必提高机构的服务水平;(2)增加服务对象,机构服务质量提高,必然造成良好的社会效应,使得更多的有需求的人前来求助;(3)吸引和储备人才,机构推行有系统的员工训练计划,定能吸引更多的人才加盟,机构自身也能得到更进一步发展。二是对员工个人而言,培训有助于:(1)丰富个人工作上的知识和技巧,使其能和社会发展同步;(2)提高员工对工作的兴趣和满意感,员工能力的增强,势必带来工作上的成就感,因而也会增进其对工作的兴趣;(3)促进员工对机构产生归属感,员工个人获得发展的机会,就会乐意为机构服务,并对机构的工作目标和方针政策产生认同感,因而产生归属感,最终增加机构人员的稳定性。

(二) 培训的种类

培训方案的种类有三种。一是岗前培训,指机构对新聘的员工在到岗前举办的培训。二是在职培训,指员工参加其供职单位举办的各类培训活动。依其性质的不同,在职培训又可分为三种:学识技能训练、人际关系训练和理念整合技能训练。第一种在职训练是指机构管理者针对所属员工执行现有工作时应具备的技能中所欠缺的部分,经过一定的基本技能训练加以改善,使其能胜任工作,并增进工作效率。第二种在职训练是为那些工作成绩优异及具有发展潜能的员工而设的,目的是增进员工对人际关系的认识,促进员工间的相互合作,以便对这类员工将来有可能担当更重要的管理工作做学识及技能的先行储备。第三种在职训练是指机构为解决现存问题,组织部分员工运用高度的智慧,提出处理问题的富有建设性的建议,以协助主管解决问题。三是脱产培训,指机构派遣员工参加其他相关机构及大学所举办的会议、研究学会、培训课程或其他训练活动等,目的是提供机会使员工能和其他机构的同仁进行交流,以开阔员工的眼界。

2009年9月,民政部出台《社会工作者继续教育办法》,全面启动社会工作专业教育培训。该办法要求:助理社会工作师在每一登记有效期(3年)内接受社会工作专业继续教育的时间累计不得少于72小时。社会工作师、高级社会工作师在每一登记有效期(3年)内接受社会工作专业继续教育的时间累计不得少于90小时。同时,该办法就培训机构资质、主办部门、培训内容、培训形式等都作了十分明确的规定。这将有利于我国社会工作专业人才队伍素质的不断提高。

第三节 员工的激励

一、员工的激励模式

(一)关于激励因素的理论探讨

激励就是激发行政人员的主观能动性,使行政人员产生内在的动力,使他们朝向机构所期望的目标前进。许多管理学家提出了种种激励理论。

古典理论认为金钱和增加收入是最主要的激励因素。人际关系理论着重强调人的重要性和与他人的关系,鼓励管理者运用多种激励因素,这些因素包括满足经济、安全与自我的需要以及满足好奇心和创造的愿望。行为修正理论认为行为可以通过持续的奖励或持续的惩罚来改造。积极的强化能带来人的行为的改变,而消极的强化有助于瓦解一些不被接受的行为的反复出现。环境理论则强调机构的物理环境、心理环境和情感氛围。X理论和Y理论基于对人性的不同假设,提出了管制和减少控制这两个完全相反取向的激励因素。期望理论认识到了个体的差异性,认为工作者的个人偏好差异与他们的期望将影响他们在工作中的行为。

社会服务机构因其机构的服务性质大多提供对人的服务,工作者只有对人类的生理、心理、社会等各方面的相互关系有相当精深的了解和把握,才能提供真正高质量的服务。然而社会服务机构大多属于非营利组织,与营利组织相比,薪资水平相对较低。如何能够吸引具备较高技术能力的专业服务人员,是社会服务机构在员工管理方面特别需要关注的问题。

综合不同激励理论中共同提到的激励因素,与社会服务机构有关的激励因素大致包括以下几点:

1. 个人兴趣

如果员工能做他们喜欢做的事,他们很可能在增加产量的同时还能提高工作质量。兴趣可在机构管理者的有效激励中得以发展和提高。

2. 行政支持

对员工进行支持意味着管理者在员工因决定或行动而陷入麻烦时能站在员工身后支持他们,即对员工采取理解和接受的态度。

3. 明确职责和权威

当员工理解他们的具体职责,并感到他们有执行这些职责的权威时,他们会有积极的情感并被激励去做力所能及的事来增加机构的利益。

4. 批准和赞赏

工作者需要从他们的领导那里获得回馈。在私下的会面和员工大会上,称职的管理者会向员工表达赞赏,尤其当他们取得了不寻常的成就时。

5. 成功的机会

做一些有价值的事情的机会对激励员工和鼓舞士气很重要,这样员工就可以从完成一些有价值的事情中获得真正的满足和积极的情感。

(二) 耗尽与激励

社会工作服务领域常常出现耗尽现象,这表现为:(1)薪水不具吸引力。(2)员工的工作环境也不够理想,工作性质单调。(3)工作成果常常是非实质性的,不能立即显现,得不到赏识和正面的反馈。(4)服务对象问题复杂,难以解决。(5)社会工作价值观常常与商业化社会价值观相冲突。(6)社会工作者常常面对各类社会问题,久而久之,造成很重的心理负担。(7)社会需求大于社会供给,社会工作者有较大的工作负荷。(8)机构管理水平不高,同事之间缺乏支持;员工的个人期望和现实有很大距离,导致情绪低落、没有成就感。

机构主管应对社会服务中出现的耗尽现象引起高度重视,防止因员工产生对工作的倦怠感而影响机构的服务质量。

社会服务机构并不是一个资源充裕的组织,它所提供的服务大都是非营利性质的。因此,社会服务机构应更多采用为组织成员提供参与机构决策的机会、提高他们的工作自由度和职责、增加挑战性的工作、扩大员工的工作范围等方式给予激励。除了一般行政管理学所介绍的激励方法外,社会服务机构还可为员工创造理想的"工作生活质量"[1]。这可从以下两个方面入手:

一是将工作范围扩大。所谓工作范围,是指员工所承担的工作数量。通过增加员工的工作任务,可以给员工带来富有变化的、多样性的工作机会,避免因工作性质单一造成对工作的厌倦感。

---

[1] 梁伟康:《社会服务机构行政管理与实践》,(香港)集贤社1990年版,第272页。

二是增加工作的深度。所谓工作的深度,是指员工在机构内获得授权的程度。增加工作深度的方法,就是提高员工的工作自主性,促使员工承担更高层次的工作责任。具体做法是:(1)在机构里实施职位轮调。(2)工作扩大化。即增加那些既有能力又愿意承担更多工作职责的成熟员工的工作数量,提高员工的成就感、责任感,减低员工对工作的厌恶感。(3)工作丰富化。即重新设计工作职位,扩大员工的自主权。同时还要对员工的工作成绩给予及时的肯定,以满足员工高层次需求,提高其工作的积极性。(4)为员工提供参与机构决策的机会,即提供机会给员工,鼓励他们积极参与机构决策,允许员工对机构的发展取向、服务推行方式、对员工的管理方式提出建设性建议。(5)建立完善的考绩制度和良好的奖励、晋升制度。(6)帮助员工挖掘其工作潜能,实现更高层次的自我价值。机构主管除了要求员工恪尽职守地完成现有的任务外,还应协助员工制定其个人的长期发展计划,经常为员工提供培训机会,使其在知识、技能等方面具备长期发展所应具备的能力。

二、员工的绩效考核

(一) 绩效的含义

绩效是指员工在一定时间、空间等条件下完成某一任务所表现出的工作行为和所取得的工作结果,表现形式有:(1)工作效率;(2)工作数量与质量;(3)工作效益。工作绩效是员工素质、服务对象、工作条件等相关因素相互作用的结果。因此,绩效随时间、空间、工作任务及工作环境等相关因素的变化而不同,呈现出多因性、多维性与动态性的特点。所谓绩效评估(performance appraisal),是指组织定期对个人或团体小组的工作行为及业绩进行考察、评估的正式活动。

社会福利服务机构的服务对象是人,服务从业人员根据服务对象的不同特性及需要,灵活地运用他们的工作技巧去提供服务,并无一个固定的方式。机构的服务效能,往往取决于员工的表现,还需要一种机制来确保机构所提供的服务能达到一定的质量。对员工进行绩效考核,应是一种有效的机制。绩效管理的主要作用是:(1)薪酬管理的依据;(2)人事调整决策的依据;(3)员工培训的依据;(4)激励措施的依据;(5)员工进步的动力;(6)正常工作关系的基础。

(二) 考核方法

1. 比较方法

比较方法主要有排列法和强迫分配法。(1)排列法。此方法是按员工整体工作表现,包括工作态度、工作技术、工作成效、人格特质等,区分优劣,依次排列。(2)强迫分配法。此方法较适用于人数较多的单位及机构。由于人数较多,他们的工作表现大多呈现一个常态式的分布,行政人员可按一定的百分比分成几个等级。

2. 绝对方法

绝对方法包括短报告、检查列表、比重检查列表、特殊事件法、图表尺度法和行为排列等级法。此类方法的特点是，不以员工作为比较对象，而是针对每个员工的实际表现与标准或期望的距离进行评估，故称之为绝对方法。由于岗位的差异，其评估内容也会有所不同。这种评估方法符合个别化原则。

3. 成效量度

这种方法有别于比较方法和绝对方法，只注重测量员工实际完成工作目标的程度，也就是说只注重对结果的测量，而不太在意工作过程中的表现。社会服务机构常用目标管理法、结果管理法去进行考核。

（1）目标管理法。这种方法是指机构主管与员工共同商讨其工作职责、范围，确定具体工作目标及工作计划，然后不断检查员工的工作绩效与目标之间的差距，并随情况的改变而作适当的修改。这个方法的优点是可增进机构主管与下属之间的沟通。同时，因为目标明确，员工工作有方向、有动力，有利于机构目标的实现。

（2）结果管理法。结果管理法和目标管理法大致相似，稍有区别的是，结果管理法更强调员工的职责范围、所要完成的工作指标以及工作绩效标准的量化测量。

总之，社会服务机构的管理者为了实现机构的服务目标，必须对员工的工作绩效给予经常、全面、客观的评估和考核，以保证员工完成工作任务、改善工作绩效、增进工作的积极性及增强发展的潜力。

三、员工的薪酬管理

（一）薪酬的含义与形式

薪酬是对员工在不同的职位或岗位上的工作绩效给予的各种形式的支付和回报。薪酬形式主要是指在员工和机构总体的薪酬中，不同类型的薪酬的组合方式。

依据薪酬的功能，可以将薪酬分为基本薪酬和辅助薪酬。基本薪酬是薪酬的主要内容，辅助薪酬是对基本薪酬的补充和调节。依据薪酬的发生机制，可以将薪酬分为外在薪酬和内在薪酬。外在薪酬是指组织针对员工所付出的劳动和所做的贡献而支付给员工的各种形式的收入，包括薪金、奖金、津贴和各种直接、间接支付的福利。内在薪酬是指员工努力工作而受到晋升、表扬或受到重视等所产生的工作的荣誉感、成就感和责任感，包括引人注目的头衔、受人羡慕的工作氛围、自由支配的工作时间、多元化的活动、能够发挥潜力的工作机会、个人发展的机遇①。

薪酬形式的确定要和社会服务机构的工作性质和任务相适应。应探索建立能充分反映社会服务工作特点的薪酬形式,将不同类型的薪酬有机组合起来使用。

(二) 薪酬管理原则

薪酬管理是指机构在战略目标和发展计划的指导下,综合考虑内外部各种因素的影响,确定自身的薪酬水平、薪酬结构和薪酬形式,并进行薪酬调整和薪酬控制的过程。社会服务机构的薪酬管理是极为困难、复杂、充满矛盾的管理。因为,第一,社会服务机构大都是非营利组织,资源有限,机构员工的薪酬水平不可能很高;第二,社会服务工作的绩效考核比较困难,薪酬形式的计算方法不容易做到精确、客观;第三,管理者在对员工采取何种激励措施以及这种激励所产生的效果如何等问题上,意见常常不统一;第四,政府、机构、员工、服务对象有各自不同的利益和期望,因而,会给薪酬管理方面造成一定的困难。

社会服务机构薪酬管理的基本原则是:(1)体现员工价值原则。人力资源是机构可持续发展的最重要的资源,机构在设计薪酬时,必须充分体现员工的价值。(2)内部公平性原则。机构薪酬管理体系对内应具公平性,支付不公平往往是人才流失最重要的因素。(3)外部竞争性原则。机构在设计薪酬时要考虑同行业薪酬市场及竞争对手的薪酬水平。(4)经济性原则。机构在设计薪酬时要考虑机构自身的发展特点和支付能力。(5)合法性原则。机构的薪酬制度必须符合当前国家政策与法律的规定。(6)激励原则。机构在设计薪酬时必须充分考虑各种因素,使薪酬支付获得最大的激励效果。

(三) 薪酬管理的方式

一般而言,社会服务机构中员工实质性报酬可有多种方式,布罗迪(Brody)将常见的员工报酬方式归纳为:

工作分类给付法:即依照某些标准对机构的各种职能部门的重要性加以等级分类,再决定给付的等级。

以技术为基础的给付法:即鼓励员工通过在职训练或内部、外部的训练来获得工作所需的知识技能。但这种模式有可能因员工受训后资历提升或服务技术水平提升而流失人才。

依绩效给付法:即依照员工的绩效调薪或奖励。这种模式可以避免以职位定薪酬的弊端,具有较强的公平性、灵活性。但由于业绩的产生原因是复杂多面的,所以这种薪酬模式同样会产生不公平现象。

特别奖励:特别奖励的形式可以是物质的,也可以是非物质的。这种奖励的特点是不会自动成为隔年薪资的基础①。

在制定薪酬实施体系过程中，及时的沟通、必要的宣传或培训是保证薪酬管理成功的重要因素。

总之，社会服务机构的绩效将会直接影响机构获取资源的能力。在当前政府购买社会工作服务的模式下，社会服务机构需要展现自己的高绩效，这样才能赢得社会大众的认同。然而组织绩效的高低，关键在于组织应具备吸引、留住具有奉献精神的成员并使其保持高绩效水平的能力②。《规划》针对社会工作人才职业地位不高、职业待遇较低、发展空间有限的问题，指出除了将社会工作人才纳入专业技术人员管理范围、建立职业晋升机制外，还将建立薪酬保障机制，逐步提高社会工作人才的整体薪酬。

第四节 员工的督导

督导制是指在社会服务机构内设立的由资深的高层次要员对较低级员工在工作知识、技能、工作态度、工作关系等方面进行指导的一种制度，这是一种比较特别的人事管理方式。

一、督导的含义及功能

（一）督导的含义

从正式的社会工作教育一开始，督导就被视为在理论上或实务中的一个关键过程。督导是指一个人受比较有经验、有资格的督导者和同事监督指导的过程，它也是保证服务水准和增强专业发展的过程。在督导过程中，督导者不仅注重对受督导者工作的管制与绩效评估，更重要的是，要能以接纳、支持的态度，适时教导受督导者的工作态度和技能，使受督导者有学习和工作意愿，并做好独立提供服务的准备。故督导工作的最终目标是协助受督导者独立发挥专业服务功能。督导的性质在于：(1)在专业目标上：属于一种继续教育或持续性的在职训练，以提高专业服务素质，实现有效的服务。(2)在专业体制上：属于一种职务和地位。(3)在行政上：具有一种从属和指挥的领导和权威关系。(4)在组织上：是一种分工合作的制度，以有效率地发挥功能。(5)在教育上：属于一种辅导性教育功能，以促进受督导者的学习成效。

督导与领导同属于管理活动的范畴。督导与领导的区别在于，在社会工作

---

① 黄源协：《社会工作管理》，(台北)扬智文化事业股份有限公司2001年版，第245页。
② 陈炫然：《德鲁克论非营利组的人力资源管理》，《梧州学院学报》2009年第3期。

服务机构,督导具有一定的行政领导的功能,但督导还注重员工专业技能的培训和辅导,具有技术教育和心理、情感支持的功能。领导从根本上来说是一种影响力,是一种追随关系。督导者应以真诚、温暖和接纳的支持性和教育性的态度对待被督导者,故两者之间的关系内涵应比领导与被领导的关系更丰富。有效的督导者应具备的素质是丰富的专业知识与实务技巧、为人坦诚、赏识被督导者并能提供建议。

督导的基本原则是:(1)督导者传授知识、原则、技术,信任员工能进行自我管理。(2)员工通过选择那些与机构相协调的目的与目标,从而实现自我管理。(3)需要时,员工可获得督导者的帮助。(4)必要时,员工能与督导者取得联系。(5)员工们周期性地评估他们的督导者。

(二)督导的功能

督导的功能有三个:(1)行政功能,指督导者执行有关工作计划、工作安排、工作指导和工作绩效评估等管理工作,以协调上下属之间的工作,确保员工完成机构所制订的服务目标。(2)教育功能,指督导者协助员工增进工作知识、技能,提高理论与实践结合的能力,增加解决问题的办法以及对社区资源的发展与运用能力等,从而促进员工个人的成长并有效完成工作。(3)支持功能,指督导者对员工在工作中产生的心理压力、情绪波动及思想困惑给予高度关心,通过自己丰富的经验与理论对员工进行心理疏导,提供精神上的支持。

三种社会工作督导功能的比较可参见表7-2。

表7-2 社会工作督导功能

	行政功能	教育功能	支持功能
关注点	组织管理上的障碍	员工知识及技能	情感上的障碍
提供	资源以协助下属完成工作	工作上所需的知识和技能	心理上及个别关系的支持
权力来源	地位、奖励及惩罚能力	专业知识及技巧	友情即关怀的、正面的工作关系
强调	效率	称职及胜任力	员工对组织的了解及正确的工作态度

一般而言,支持性督导与行政性督导和教育性督导是分不开的。在实施教育性督导和行政性督导时,若持支持性态度和随时运用支持性技巧,则能和被督导者建立良好的关系,让被督导者觉得督导者是可亲近的,可以随时坦诚地和他讨论问题,并且是可以得到帮助的。总之,支持性督导是否有效果,与督导关系的好坏有很大关系。但是支持性督导仅是达成教育性和行政性督导目标的手段而已。如果将支持性督导视为目标之一,则将过分注重被督导者的情绪;而教育性和行政性督导无支持性督导的配合,则将影响督导工作的进行和效果。所以,

教育性、行政性和支持性督导三者不可偏废。

二、督导的形式与方法

（一）督导的形式

1. 个别督导

个别督导是指一个督导者与一位受督导者以面对面的方式定期举行讨论。这种形式是社会服务机构一直使用的督导方式，其优点在于不受干扰地解决某一议题，并且有充分的时间讨论个案，了解被督导者的工作进展，提供有效的工作方法，对会谈内容有较高的保密性。缺点在于：没有机会和其他督导交流，有可能与督导建立对工作无益的同盟关系。

2. 一对二督导

一对二督导包括：（1）一个督导者同时指导两位经验及背景相似的员工。这种形式适用于没经验的新员工。（2）两位有相同经验的员工互相观摩学习，督导者在旁观察。（3）由一位有经验的员工指导没经验的员工，督导者则对有经验的员工进行监督。一对二督导的优点在于具有同伴教育的督导效果。

3. 小组督导

小组督导包括：（1）督导者直接督导一组有相似背景的员工；（2）一组较为成熟、有经验的员工互相督导，督导者则在一旁观察；（3）督导者带领一组有不同背景的员工。这种模式的优点在于：省时，省人力，省经费，具有同伴支持气氛，能够提供更加开阔的专业知识和工作视野。缺点在于：无法视需要对被督导者开展治疗，团体中的动力有时会对人造成伤害，对每位被督导者的关注效果较差，无法讨论细节。

4. 志愿者督导

大部分志愿者充满爱心并想提供有意义的服务，对志愿者的督导是至关重要的，这可以减少或防止他们在助人过程中由于缺乏充分的知识或技能而可能引发的问题。对志愿者督导的两种方式是指在机构内和机构外与他们一起工作。在机构内，可指定专门成员与志愿者们建立督导者—被督导者关系，传授知识，开发技巧，协助培养专业态度。在机构之外，各种各样的研讨会和工作坊对志愿者来说意义重大。

总之，随着社会工作专业知识和服务水平的提高，督导形式也在不断推陈出新，走动式督导、任务督导、现场督导、督导教育、咨询等新的督导模式不断被发展出来，督导成为社会工作教育、社会工作实务及机构管理的一个独特过程。

（二）督导的方法

进行督导可以采用如下方法：（1）讨论，最常用的讨论方式有自由发表意见和个案讨论。(2)计划,经过员工的思考、讨论,制定一个包括在特定时间内需达到的目标以及所需采用的方法及程度等内容的工作计划,作为执行和评估的依据和标准。(3)问题解决法,通过员工集思广益,有效地解决问题或提出解决问题的方案。(4)模拟方法,即用模拟的方法探讨问题所在,其主要方式为模拟练习和角色扮演。(5)直接督导,主要用于增进员工的实际技能和帮助其实现专业的发展,主要方式有示范和模仿。

三、督导的实施与评估

(一)有效督导的实施

有效能的督导者应以人群关系为基础,了解受督导者的能力与动机,并且通过适当的方式提供各种资源与支持。包括澄清工作性质与目标,协助去除工作上的障碍,培养工作技能与才干,发掘他们的潜力,安排适合的工作,甚至帮助他们有信心地完成工作,使工作成果能令人满意。当发现工作绩效与目标有差距存在时,督导者可以针对原因,采取许多步骤,诸如提供额外训练以增强工作能力或机构认同,修正工作描述,使角色职责更加明确,改变人员选训方式与内容,调整适合个人专长的工作,改变或增加工作资源或条件,改善督导关系,鼓舞工作情绪,提供更多参与机会,甚至增加或减少计划中的人力等。由此看来,督导者就像球队的教练,从球队的组成、训练到带领球队作战,临场指导打球,均属于他的职责①。

为了确保有效的督导工作,机构的高层管理者应采取以下做法:(1)招聘有经验的督导者;(2)设计督导者应有的绩效标准并给以适当的培训;(3)设计工作程序步骤和评估指标体系,以便对员工的绩效加以评估,对员工的行为随时加以调控;(4)建立和维持上下级之间的沟通和反馈;(5)加强员工与机构外专家的联系;(6)提供更多的发展机会。

(二)有效督导的评估

督导的效果可从四个方面体现出来:(1)生产力增加,指督导者指导员工顺利完成机构所期待的工作目标;(2)素质控制,指督导者指导员工最大限度地满足了受助者的需求,实施了与服务方案、服务政策相符合的服务;(3)士气建立,指督导者提高员工的士气和工作的满足感、对机构的归属感;(4)教育,指督导者改善自己和员工有关工作知识、工作技巧水平以及个人适应性的工作。

评估督导者绩效的准则有:(1)制订员工行为守则、员工工作程序手册,使

---

① 曾华源:《对志愿工作者督导管理工作之探讨》,载曾华源、曾腾光:《志愿服务概论》,(台北)扬智文化事业股份有限公司2003年版。

员工知道他该如何去做。(2)制定合理的工作绩效标准。这些绩效指标一方面能反映完成某些工作任务所应达到的成果和所需要的时间,另一方面能使员工进一步了解机构的服务宗旨和要求,明确自己应努力的方向以及自己的实际工作能力。(3)为员工创造一个有利的工作环境。督导者应与员工建立积极的督导关系,提供适当的薪酬,增加员工对工作的兴趣,提高员工的士气,扫除上下级之间的沟通障碍,改善督导与员工之间的人际关系,以利于员工为机构做出更大贡献。(4)能对员工进行有效激励。督导者对员工的优良表现应及时、公正地给予各种形式的鼓励,对表现欠佳的员工也能采取适当的方式加以纠正。

(三)督导工作的伦理课题

督导工作在实务过程中常会涉及伦理问题。曾华源认为,较为重要的是督导者的能力、督导关系与权力以及督导者的连带责任等问题。

第一,督导者的资格与能力是做好督导工作的先决条件。督导者并非只是精通与任务有关的知识与能力即可胜任督导工作。督导者还应有行政管理知识与能力,专业服务知识与能力等。因此,在聘用督导者时,应同时考虑督导者的专业知识与能力以及督导工作方面的知识与技术。

第二,督导关系与权力是督导过程中的重要课题。有的督导者滥用权力,如要求被督导者做督导者本人感兴趣的工作,不能客观正确评估被督导者的工作表现,甚至谋取督导者个人私利,发生私人关系等。

第三,督导者对被督导者服务或工作表现负有行政责任,因此,关于服务权责的划分,督导者应与被督导者讨论清楚。此外,督导者负有对于不当服务预警的责任,关注被督导者是否遵守专业伦理提供服务,安排适合被督导者的工作,以及积极掌握服务过程等责任。

第四,督导是否会侵害专业自主性。这一问题涉及行政程序中控制性与责任归属的问题,也牵涉被督导者专业能力成熟度的问题。在志愿工作者提供专业服务时,督导责任就相当重要。

第五,职业倦怠之处理。督导工作也容易带来员工压力,因此,督导者要做好工作规划和随时反思自己的工作表现,以避免督导压力给被督导者带来工作懈怠①。

总之,在社会服务机构建立督导制度是机构人力资源管理的一项重要措施。在实务过程中,督导具有将专业教育与实务经验有效转换以及连接的功能,督导者的专业能力对社会工作服务品质的提升至关重要。当前,督导工作存在的问题大致可从督导数量、形式和水平几个方面来看。具体包括:第一,本土资深督

---

① 曾华源:《社会工作实习教学:理论、实务与研究》,(台北)五南图书出版公司1987年版。

导人才严重缺乏,大多数地区几乎没有专业督导者。第二,深度督导力量稍嫌不足。当前我国一线社会工作者大多刚从学校毕业,自身服务经验与资历尚浅,他们在服务中遇到的问题得不到即时、有深度的督导,服务成效受到一定程度的影响。第三,督导的教育功能有待提升。社会工作督导包括行政性、教育性、支持性功能。由于受督导方式、督导专业能力和经验的限制,督导的三种功能的发挥各有差异。督导的教育功能的发挥在项目实施的任何一个阶段都是十分重要的,教育功能的发挥直接影响社会服务专业性的呈现。

根据深圳、广东、上海等地社会工作服务的经验,应制定明确的社会工作督导制度。第一,规范社会工作督导者的资格,包括要具备社会工作实务经验,了解社会工作领域各项资源、制度和相关法规、政策及实施程序。第二,督导者要有不断充实专业知识、能力的动力,具备一定的管理能力,在平时的工作中有良好的绩效,拥有专业权威,成为下属的典范。第三,发展督导者的领导风格。在一个压力极高的工作情境下,督导者如能获得一线人员的尊重并愿意服从,将可提升社会工作者的工作动力和意愿。在管理型态上宜采取民主式,以员工为导向的带领方式,并依据社会工作者的经验、工作状况、对专业问题的需求程度,发展一套参与式督导讨论方式,建立伙伴互助、团队合作督导关系。第四,建立涵盖个别督导、团体督导、临时督导以及个案咨询的多元化的督导模式,充分发挥督导的有效功能。为此,督导应具备一定的工作弹性,充分授权、凝聚共识,发挥协调功能;采取团队工作方式、提供即时性服务,通过教导式方式,使新进人员边做边学,提升专业能力。第五,就督导者的专业训练与发展而言,针对不同专业层级的督导者特别设计一套训练课程,并设置专业督导及建立同辈督导团体,这些措施将有助于督导能力与技术的再提升。第六,撰写本土化的社会工作督导教材,提供符合中国社会实际的、有效的社会工作督导经验。

推荐阅读文献

董克用,叶向峰. 人力资源管理概论. 北京:中国人民大学出版社,2003

黄源协. 社会工作管理. 台北:扬智文化事业股份有限公司,2001

梁伟康. 社会服务机构行政管理与实践. 香港:集贤社,1990

曾华源. 社会工作实习教学:理论、实务与研究. 台北:五南图书出版公司,1987

曾华源. 对志愿工作者督导管理工作之探讨. 见:曾华源,曾腾光. 志愿服务概论. 台北:扬智文化事业股份有限公司,2003

赵曼. 公共部门人力资源管理. 北京:清华大学出版社,2005

陈炫然. 德鲁克论非营利组织的人力资源管理. 梧州学院学报,2009(3)

第八章 社会服务机构的财务管理

社会服务机构为了实现机构的使命和具体的服务目标,需要有足够的资金支持,资金的获得和有效使用需要有科学的财务管理。与社会服务机构的使命相对应,社会服务机构的财务管理目标可以描述为:获取并有效使用资金以最大限度地实现机构的目标。社会服务机构财务管理的主要内容涉及财务规划、资源开发、资金募集、预算编制、成本控制、会计和审核、实施及监督等。

第一节 社会服务机构的经费来源与资金募集

一、社会服务机构的经费来源

(一)服务机构的经费与财务管理的意义

资金是社会服务机构的生命线。像任何组织一样,社会服务机构的生存与发展也有赖于充足的资金支持,以用于提供服务活动,以及维系机构日常活动。资源可理解为机构运作经费的获取来源和能力。社会服务机构经费的获取与机构所拥有的各种组织资源、人力资源以及机构的资金筹集、运作能力密切相关。机构的运作能力则是机构动员内部和外部资源实现其组织目标的能力,具体指机构的组织要素、协调能力、获致能力、影响能力。经费是机构资源开拓的必要保证,资源丰富则会为机构筹得更多的经费。

社会服务机构财务管理的意义在于对有关社会服务所需的财务资源加以确认和获取,确保这些资源能被有效使用和恰当保管。社会服务机构财务管理的内涵是:发展资源,为机构创造更多的社会资本;安排资源,妥善使用已拥有的资源和经费;管理资金,有效使用和控制机构的运作成本;记录财务和方案执行情况,报告和解释财务运用情况;规划和预测财务需求与财务来源,确保机构在经费运作中的可持续发展。

社会服务机构财务管理的作用是:通过财务预算管理,使机构对未来的发展使命和目标有较恰当的定位;通过财务控制管理,可以使机构有效率并有效益地使用经费;通过实施募款计划,可以使机构筹集到更多的经费;通过经营机构行销策略,促使机构的服务项目的推广和良好的机构公众形象的建立;通过机构的财务危机管理,规避机构在资金方面的风险,确保社会服务机构的使命的实现。

斯基德莫尔认为,就社会服务机构的财务管理而言,有三个因素尤其重要:第一,管理者与职员对钱的态度,关系到一个机构发展的成败;第二,收入的金额和机构可用的经费的多少,关系到机构的生存和服务的质量;第三,经费是否能被有效使用,关系到机构的管理和建设的能力。

通常,社会服务机构是非营利组织。在财务管理方面,营利组织和非营利组织在管理目标上有很大的差异,如表 8-1 所示[①]:

表 8-1　两种组织目标的比较

营利机构的目标	非营利机构的目标
持有最多的股份	稳定
利益极大化	使命和责任
最大的边际效益	行为目标
行为目标	社会责任
社会责任	

民间社会服务机构不是仅靠民间捐款便可以生存的。因为正像市场和政府会失灵一样,志愿也会失灵。而志愿失灵最突出的表现是非营利活动所需的开支与社会服务机构能募集到的资源之间存在着一个巨大的缺口。因此,资金的募集与机构所拥有的资源对机构的生存和发展至关重要。

造成我国非营利组织资金短缺的原因是多方面的,主要有民间捐赠不多、政府的财政投入很少、自创收入不足、缺乏投资理财的专业人才和有效的管理、资金难以增值等。

(二) 经费的来源

无论在世界上哪一个国家,志愿捐款都只占其民间社会服务机构收入的极小一部分。就资金来源的结构而言,世界各国的社会服务机构经费构成可以分为三类:(1)以政府资助为主,(2)以会费收入和营业收入为主,(3)以外国捐款为主。

1. 向政府有关部门申请资源

各国的经验表明,政府对社会服务机构的资助是不可缺少的,政府凭借其合法的组织地位,在动员资源方面占据极大的优势。捐款只能靠自愿,纳税却是强制性的义务。政府资助社会服务机构可以采取两种方式:一是直接的方式,即政府拨出部分税收收入用于资助社会服务机构。二是间接的方式,即向社会服务机构捐款的个人和公司提供减免税的待遇,并给社会服务机构的收入免税待遇。这实质上是将本应由政府收取的税款用来资助社会服务机构。两种方式各有所

---

① Jae K. Shim & Joel G. Siegel. Financial Management for Nonprofits. New York:Mcgraw–Hill,1997

长短。直接方式的长处是可以避免有人假借支持或从事社会服务事业的名义偷逃税款。其短处是给予政府机构过多权力，由它们决定支持哪些组织和项目，可能造成效率低下。间接方式的长处是资助决定权掌握在个人和机构手里，资金的使用可能效率高一些。但它的短处是为偷逃税创造了机会。各国政府都是双管齐下，不过英、美等国更侧重间接方式，而欧洲多数国家更侧重直接方式。在我国，政府资助的主要方式有：财政拨款、提供办公场所、员工福利、购买服务、官办民营。

2. 向服务消费者收取费用

随着社会服务机构开支的迅速增长，越来越多的社会服务机构意识到依靠他人的捐赠、政府资助等传统的资金来源不仅不稳定，而且难以满足资金需求。因此，一些社会服务机构不断寻求新的收入来源——向服务消费者收取费用。这种方式对社会服务机构获得稳定的收入来源、减少机构的资金压力是有利的。但如果开展经营性服务，则又有可能与机构的服务宗旨相违背。根据联合国经济核算体系的定义，非营利机构的大部分收入不应当来自以市场价格出售的商品和服务，而是来自其成员缴纳的会费和支持者的捐赠。如果一个机构的一半以上收入来自以市场价格销售的收入，就是营利部门。根据联合国的标准，非营利组织经营收入的比例最多不得超过总收入的 50%[1]。

3. 向慈善基金申请

在许多国家，慈善基金会是社会服务机构重要的资金来源之一。例如，在美国，1996 年全美基金会捐赠的数额大约为 118.3 亿美元，占慈善捐赠的 7.8%。美国的基金会包括家族式基金会、企业基金会、社区基金会和一般基金会四种类型。美国的基金会主要是捐赠机构，而不是筹款机构。美国和其他国家还有一种类型的组织，即联合劝募组织，是社会服务机构的资金来源之一。这种组织在市场上统一筹款，根据一定规则将资金合理分配给社会服务组织。联合劝募的优势在于节约资源，提高效率，而且可以减轻一些社区小型服务机构的筹款负担和压力。中国的基金会与美国的基金会不同，中国的基金会大多是筹款机构，而不是捐赠机构。2004 年，中国政府颁布了《基金会管理条例》，首次区分了公募基金会与非公募基金会，鼓励自然人以及法人成立基金会，这为打破传统上单一的公募基金会格局提供了重要的法规基础。2005 年，"香江社会救助基金会"被批准，成为中国第一家全国性非公募基金会。[2] 中国非公募基金会自获得制度

---

[1] 王思斌：《社团的管理与能力建设》，中国社会出版社 2003 年版。

[2] "香江社会救助基金会"由香江集团出资 5 000 万人民币于 2005 年 6 月 14 日设立，创办人为香江集团总裁翟美卿，民政部批号为"1001"号，参见该基金会网址：http://www.Hkf.org.cn/。

合法性以后,发展异常迅速,但也面临着突出的困境①。

4. 恳请公众做出捐献

在西方国家,公众捐赠是社会服务机构筹款的主要来源之一。例如,在美国,公众个人的捐赠占到所有私人慈善捐款的80%左右。几乎全国每个人每年都要为一个或几个组织捐款,金额大小则依个人的年龄、收入、教育、性别特征而不同。根据美国独立部门的统计,1998年美国70%的家庭有过捐赠行为,平均捐款数额为1 075美元,占家庭收入的2.1%。公众捐赠者的类型和特征是:工薪阶层和富人阶层,早年、中年与晚年捐赠者。公众捐赠者的捐赠方式有:一次性捐赠、连续性捐赠、实物、购买"礼品"、参加慈善晚会、彩票、遗产捐赠。公众捐赠的动机主要包括内在动机和外在影响两个方面。内在动机包括三个方面:个人的或"自我"的因素,社会的或"我们"的因素、负面的或"他们"的因素。外在影响中包括三个方面:回报、刺激、特定情境。如表8-2所示①。

表8-2 捐款人的动机

内在动机	外在影响
个人的或"自我"的因素 ·自我承认或自我尊重 ·成就感 ·认知上的兴趣 ·成长 ·减少内疚 ·生活意义及目标 ·个人利益 ·神圣使命	回 报 ·认知上的回报 ·个人的实质回报 ·社会的期待
社会的或"我们"的因素 ·地位的需求 ·联盟力量的驱使 ·团体力量的驱使 ·相互依赖关系 ·利他主义 ·家庭及子孙的影响 ·权力(政治、社会等)	刺 激 ·人类基本需求的刺激 ·个人需求的刺激 ·理想 ·野心(政治或社会面) ·避税或税制优惠刺激

① 高功敬:《中国非公募基金会发展现状、困境及政策思路》,《济南大学学报》2012年第3期。

续表

内在动机	外在影响
负面的或"他们"的因素 ·安抚挫折的期待 ·减低不安全或危险 ·减低害怕及焦虑的心理	特定情境 ·个人本身参与组织 ·参与计划及决策 ·同行压力 ·家庭参与压力 ·传统文化 ·传统习惯

在我国,公众捐赠占社会服务机构资金总额的比例较低。根据清华大学NGO研究所的一项调查,个人捐赠占社团资金总额的比例仅在2%左右,远远落后于西方发达国家。我国尚没有建立慈善捐赠的信息统计制度,所以如何全面评估我国目前的社会慈善捐赠水平是一个迫切需要解决的问题。公众慈善捐赠按照流向可分成三个部分,即向慈善筹款机构的捐款、向慈善执行机构的捐赠、向受助人的直接捐赠。我国公众捐赠比例不高的主要原因在于公众对机构的诚信度缺乏信心,或是对民间社会服务机构的宗旨和职责缺乏认识,认为社会服务理应由政府承担,因而不能理解机构筹集资金的作用和意义。

5. 企业捐赠

无论在发达国家还是在发展中国家,企业捐赠的数额比例都有限。企业捐赠行为因企业所有制、不同行业、不同规模的企业的差异而有所不同。企业捐赠的方式有:现金捐赠、实物资助、提供办公场所或设施、借调人员、担任理事等。企业捐赠的动机包括:改进企业形象,作为竞争的手段,为了减免税收及特殊的兴趣。我国企业捐赠意愿不强的原因主要有:企业经济能力有限,公益捐赠意识缺乏,对服务机构的诚信持怀疑态度,政府对企业捐赠的减免税政策不够明确,法律法规不健全。

6. 国际资助

国际资助是我国社会服务机构资金的重要来源,国际资助的类型有:

(1)联合国体系。联合国体系大致包括联合国开发署(UNDP)、联合国儿童基金会(UNICEF)、国际劳工组织(ILO)、粮农组织(FAO)、联合国人口基金会(UNFPA)、联合国教科文组织(UNESCO)、联合国难民署(UNHCR)、世界卫生组织(WHO)等。20世纪80年代以来,联合国体系通过各国政府为一些NGO提供资金方面的援助。

(2)国际金融组织。世界银行、亚洲开发银行等国际金融组织也是NGO的资金来源之一。这些银行早在 20 世纪 70 年代就纷纷制订了与 NGO 合作的政策,从而为国际金融组织与 NGO 的交流与合作提供了制度化的渠道。

(3) 海外政府开发援助(ODA)。海外政府开发援助通常也是政府之间援助。希望接受基金的 NGO 都必须经过所在国的政府批准。20 世纪 90 年代以来,发达国家的海外政府开发援助受到了许多批评,人们要求援助能够真正面向发展中国家的穷人。在这一背景下,发达国家的海外政府开发援助开始越来越多地通过本国 NGO 进行,将资金用于资助发展中国家的 NGO。

(4) 国际非政府组织(INGO)。国际非政府组织是当今世界上最为活跃的新生力量。20 世纪 90 年代以来,发达国家有 3 000 余个国际非政府组织从事对发展中国家的援助工作,它们每年直接掌握的资金大约在 100 亿美元。改革开放以来,国际非政府组织在中国开展活动的机构至少在 200 家以上,每年无偿援助的金额大约在 6 000 万美元。国际非政府组织分为不同的类型:国际性的基金会不直接开展项目,而是资助中国的社团开展服务;执行性的国际非政府组织与中国的机构合作,直接开展项目;混合型的国际非政府组织介于基金会和执行性国际非政府组织之间,不仅资助中国的社团开展项目,而且在中国直接开展项目。国际资助的方式通常有:项目支持、资金援助、低息或无息贷款、技术援助、能力建设服务、志愿者援助、国际交流等。

二、社会服务的资金募集

随着社会服务机构日益多元化与专业化,争取资金支持的途径也在多元化。

(一) 争取政府拨款

各国政府都会在社会福利和服务方面提供相关的资源,对社会服务机构来说,重要的是必须了解政府的资源投入与分配的路径和信息。政府拥有的资源大致有:行政资源、经费资源、公众调动资源、责信资源。政府有资源、有经费、想做事,但无力做所有的事。社会服务机构有理念、有能力做事,但缺少资源和经费。因此,各国政府通过资源与计划的发展,以外包契约、公设民营或奖励补助等方式分配社会服务机构所需获得的资金。社会服务机构应认真研究政府各相关部门的服务目标和计划,主动向政府寻求经费或捐助,争取共同主办、协办或委办活动及参与投标等。

社会服务机构取得政府资源与经费支持的策略有:(1)配合政府的福利服务发展目标;(2)掌握时机,把握时效;(3)通过正当与合法程序;(4)主动游说政府;(5)设计精湛的服务计划。社会服务机构与政府社会服务资源结合的方式有:(1)经费补助;(2)注重特定的活动;(3)分工合作;(4)伙伴关系;(5)策略联盟。

资源是落实互助责任、提供多元化社会服务的基础。国家设立的公共财政往往是社会服务机构发展的关键资源。近几年,我国社会服务机构的发展与管理受到党和国家的高度重视和期待,中央及地方政府通过公共财政支持积极推动社会服务机构在创新社会管理和构建社会主义和谐社会中发挥作用。2012年,中央财政安排专项资金2亿人民币,支持社会组织参与社会服务。资助内容涉及社会福利领域的四类主题:发展示范项目、承接社会服务试点项目、社会工作服务示范项目、人员培训示范项目,资助对象为在民政部登记的社会团体、基金会和民办非企业单位等社会组织,目的是引导社会组织围绕党和国家工作中心工作参与社会服务,发挥积极作用。全国共有377家社会组织申请立项并实施服务。此外,我国各级地方政府也逐渐加大对本省、市、区的社会服务机构的财政支持力度。中央和地方政府设立公共财政有利于提高我国社会管理和社会服务的水平与质量,增进人民群众的社会福祉,进一步推动社会公平与进步。就目前项目运行和评估的情况,这项活动仍有需反思之处。其一,社会组织在获得公共财政支持后,仍因缺乏其他资源和能力而存在发展风险。如何更好地在服务中体现专业技术、如何积极开拓资源、如何依托国家和地区已有条例完善机构运作都是影响服务成效和公共财政投入效果的附加因素。其二,社会服务机构水平参差不齐,存在行政痕迹和不良组织。由于种种原因,部分组织和机构仍具有很强的行政痕迹,甚至脱胎于政府部门,使得其他民间机构生存空间狭小。也有部分不良组织出于"权与钱"的考虑申请开展服务。这都对社会服务机构的管理体制提出了新要求。其三,对相关教育和学科发展投入不足,毕竟专业人才队伍建设和培养是提高社会服务机构质量和水平的关键因素。

(二) 劝募

科特勒(Kotler)将募款管道分为沟通管道(communication channel)和集款管道(collection channel),并将募款组织、沟通管道、潜在捐款者及集款管道四方面视为一个循环。在劝募管道的部分,过去的做法不外乎在平面和电子媒体(如报纸、电视)传递募款的讯息,然后透过捐款者亲自现场付款、邮政划拨、薪资定期扣款等方式来完成捐款(图8-1)。而今社会服务机构也开始与网络结合,利用网络的资源以实现使命目标,所以网络募款也开始成为社会服务机构募款管道之一。

根据社会大众对社会服务机构的金钱捐助与时间捐助的多寡,可以将其分为四类:(1)自利者:对本机构涉入程度低,必须通过营销使其成为捐助者或劳力者或贡献者。(2)捐助者:对本机构经常以金钱捐钱,但很少参与志愿服务者,必须使其转向贡献者,而使其涉入程度增加。(3)劳力者:对本机构具有高的时间奉献度,但不愿捐助金钱者。筹资策略是使其转化成为贡献者,从而为本

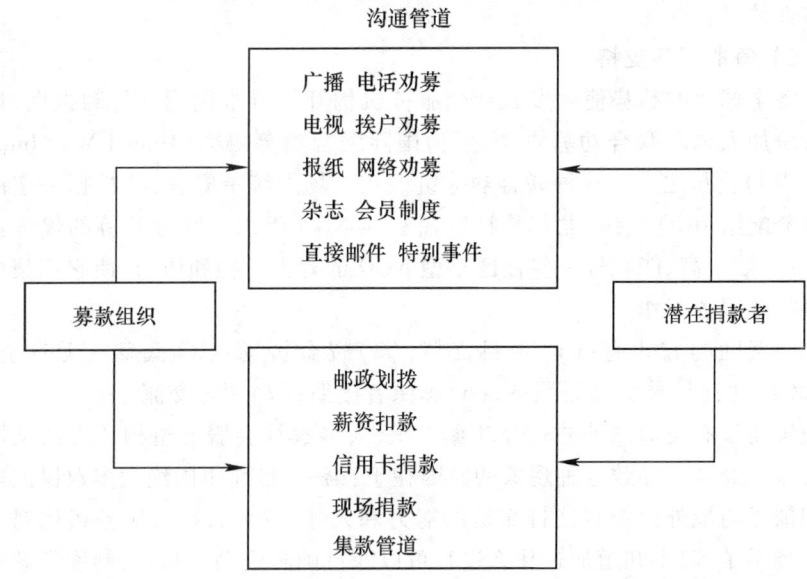

图 8-1 募款管道分析图

机构注入更多的资源。(4)贡献者:对本机构愿意付出时间与金钱,而对本机构的使命有高度认同者,一般对此类人士必须予以高度关注与管理。

社会服务机构面对企业募款时,需要考虑捐赠资金使用的范围和赞助模式。一般美国企业赞助公益活动可分为五大类型,即健康与人群服务类、教育类、艺术文化类、公共与小区活动类、其他。赞助的模式有以下几种类型:金钱赞助、实物提供、服务技术的提供、企业员工提供志愿服务、训练经费赞助等。

常用的募款方法包括以下数种:(1)直接招募:包括电话、信函、面对面、媒体、网络等方式。(2)间接招募:包括特殊事件活动,如义卖会、演唱会、运动会等。

在募款的过程中,通常有三个阶段:(1)接触捐款人:包括提供认识组织的信息以接触捐款人;(2)捐款人成长:增强潜在捐款人的捐款意识;(3)捐款人承诺:包括财产及遗产捐赠等。

根据研究,在非营利机构的募款障碍中,最重要的是缺乏规划募款活动的专业能力与经验,其次才是因经济不景气,导致企业无心、无力捐赠。然而,尽管募款成败关系到非营利组织的生存与发展,但是很少有非营利组织将募款活动与组织策略规划相结合。即使有策略规划,也大多以企业自身的需求为出发点,而忽略了非营利机构的使命、捐助人的承诺与认同,或以情感为诉求,忽略了社会功利的真实面。只有将募款规划与组织的策略规划有机联结起来才能提升募款的策略性效果。

(三) 争取国际支持

经济全球化的趋势使大多数社会服务机构开始寻求国际支持和援助,许多机构纷纷加入国际联合劝募协会,成为国际联合劝募协会(United Way International, UWI)会员之一。这种联合劝募组织在市场上统一筹款,并根据一定的规则合理分配给NGO组织,尤其是社区福利性NGO组织。联合劝募的优势在于节约资源、效率高、能减轻一些社区小型NGO的筹款负担和压力,使它们集中精力从事社会服务工作。

国际资助的方式有:(1)项目支持;(2)资金援助;(3)低息或无息贷款;(4)技术援助;(5)能力建设服务;(6)志愿者援助;(7)国际交流。

我国还没有类似国外的联合劝募组织,大多数社会服务机构还无法从国际上筹集服务经费。导致这种现象的原因在于:第一,目前中国绝大多数民间非营利组织缺乏与境外组织直接打交道的能力和人才。第二,社会服务机构对国际筹款市场不了解,不知道通过什么途径可以获得国际资助。第三,制度和政策障碍。目前还存在一些不利于境内组织与境外组织沟通的思想和政策障碍。防止境外敌对势力威胁我国家安全是绝对必要的,但不能因噎废食。过分依赖境外资金的潜在危险并不意味着否认现阶段应尽量争取外援的必要性。

目前,项目化已经成为政府投入、社会劝募、国际支援资金的主要依托模式。项目化运作便于安排管理,不仅有利于社会服务机构自身的发展,更可以通过竞标的方式激发高质量的社会服务,普惠百姓。政府、社会公众、国际协会通过项目监督、管理、评估,确保募集资金投入的安全性和有效性,对建立和培育透明、公正的社会服务运行环境也有积极意义。

第二节 社会服务机构的资金管理

一、资金运用的原则

(一) 合法

机构越是从各种管道获得更多的服务资金,社会大众则越是需要对社会服务机构的工作和服务品质加以监督,并对其运作是否与其使命相符合、机构的资金使用是否合理和最有效率、提供的服务和项目是否有效等问题加以关心或提出质疑,这就是机构的合法性问题。机构一旦赢得了社会的认可,就具备了合法存在的社会基础。而机构公信力建设的很重要的一方面是靠机构自身的自律管理。在社会服务机构的资金运作方面,合法意味着机构自觉遵守国家相关的法律规定,对所使用资源的效益和效率、社会期待或需求满足程度进行真实的交代和承诺,让公众了解社会服务机构的运作、服务和项目、资金使用及行政管理状况。另一方面,机构合法运作资金的前提是有法可依,政府应考虑制定相关的法律法规,规范社会服务机构的问责交代,这既是中国社会服务机构发展的条件,也是适应社会发展要求的必然选择。

(二) 有效

效率与效益是组织生存与发展的生命。资金的有效运作是社会服务机构管理的重要环节。一个好的财务管理系统,不仅能够保障项目所需的资金的收支,使机构处于安全运作状态,而且通过成本分析、预算监督等控制成本的环节,能够优化资源、提高效率。

(三) 以服务为本

社会服务机构不是政治性组织,也不是经济组织,它是社会性服务组织。机构自身的服务性特征,使得机构在资金运用方面必须和机构的使命与目标保持一致。随着社会服务机构的管理从以往的控制性取向转向服务性取向,资金的运用已不纯粹是财务管理问题,也涉及资金运用的行为背后所持有的价值理念。坚持以服务为本的原则,对于化解机构所面临的服务对象的需求和资金运作的矛盾等伦理价值的冲突有一定的指导意义。

二、财务预算及报账制度

(一) 财务预算

财务预算在本质上是一个计划,任何计划都涉及预算。财务预算是以货币形式表现的机构计划,它决定资源的分配,并由此反映出与预算相关的需求者对预算项目的偏好。具体地说,预算有四个功能:(1)为机构将有限的资源合理分配打下基础,便于内部沟通;(2)指明未来的筹资需求规模和时间;(3)为管理者的决策提供依据;(4)预算是评估项目绩效的基础。

预算应具备的基本条件是:(1)机构的组织状况要稳定,即机构内部的运作管理、外部的环境变数、领导层的人事格局要相对稳定,否则所做的预算难以执行。(2)要有好的会计系统。好的会计系统要求:一要账目清楚,二要专人负责,三要有成本分析概念,熟悉每个方案包含的经费来源、服务量、服务计量单位等。(3)预算要纳入计划和决策之中。预算要有权威性、可行性和可操作性,并能反映机构未来的战略规划[1]。

预算的内容有:(1)收入预算。收入预算是机构经营计划的基础,预算制定

---

[1] 王思斌:《社团的管理与能力建设》,中国社会出版社2003年版,第197页。

前,应对目标市场的客户需求、存在的机会和风险进行认真分析、调研,充分考虑各种可能的情况及其发生的概率,依据市场的需求量而不是往年的销售量,做出一份尽量准确的销售收入预测。(2)成本费用预算。成本费用预算要对成本结构(如物力、人力、管理等费用)进行分解、剖析。(3)资本预算。应从投资方向和投资规模两方面来控制资本预算。(4)现金流量预算。现金是机构正常运转的血液,衡量一个机构的财务状况是否健康,现金流量是一个重要指标[①]。

预算的基本方法是:(1)弹性预算。将未来的收支预算值视为一个概率比分布,准备若干种方案。如果机构在组织状况不稳定的环境下运作,弹性预算则比较适用。(2)项目预算。项目预算是财务预算的子预算。一个项目对应一个子预算,这样,整个预算就可以借助于子预算向每一个项目预算分配适当规模的财物和人力资源。项目预算主要根据符合宗旨程度、项目可行性、费用开支三个指标来决定排列服务方案的优先顺序。(3)零基预算。每期的预算必须先归零,从零开始考虑预算的增减。(4)递增预算。在上一年度实际支出的基础上,考虑员工薪金、通货膨胀等因素,结合新计划所需的资金,计算出下一年度的预算计划。这是一个粗略的方法,只是用来预测开支。但因此方法操作简单,故在实际工作中被大量使用。一种改进的方法是,不仅以上年度的实际支出为基础,而且综合考虑上年度的预算、往年的预算和实际支出,进行相应的修正。

(二) 报账制度

任何社会服务机构都需要保持精确的账簿和记录。会计活动是财务管理活动的一部分,是用于计量和报告一个机构财务记录的方法,是一套用来组织、保持一个机构财务记录的系统。

1. 机构会计系统的要求

(1)决定会计格式。即选择现金收付制记账或权责发生制记账。所谓现金收付制是依现金的事实记账,而权责发生制是依据实际发生的事实而记账,因此会有应收或应付账款等科目。我国公认的会计准则是权责发生制。会计原则一般在初期确认后不做轻易的改动。

(2)明确定义科目。即分成总账和分类账,并具体确定科目的复杂程度和记账频率等,有条件的可使用合适的财务管理软件,以提高管理效能。

(3)设立会计程序。会计系统的流程:原始凭证→日记账→科目→总账及分类账→财务报表。设立会计流程的目的是为了保护资产,避免滥用等不法行为。会计程序包含三个基本原则:责任分散、层层负责、责任分明,管理书面化或格式化。机构必须明文规定授权的范围及各个层级的权力与责任。在强调监控

---

① 苗丽静:《非营利组织管理学》,东北财经大学出版社2006年版,第89页。

之余,也必须同时顾及效率,这虽是两难,却是管理者必须思考的。会计程序也非常讲究单据化,每笔账都必须有单据佐证,可是有些捐款人可能以邮寄现金捐款,这时候就必须有二个人以上共同拆开现金信封,防止捐款流失。

2. 机构的财务报告制度

(1) 财务会计。财务会计是机构的对外报告制度,其主要目的是为组织的外部捐赠人及相关利益团体提供信息。社会通过财务会计提供的信息,对所捐赠的资金使用情况有所了解,并对是否进一步予以捐赠做出决策。财务会计要求机构按照一定的标准,定期公布财务报告。大多数国家都会制定在本国通用的会计准则,称为公认会计准则(GAAP, General Accepted Accounting Principles),我国于2004年8月18日,财政部发布了《民间非营利组织会计制度》,要求适用的民间非营利组织自2005年1月1日起执行该制度。

(2) 管理会计。管理会计又称对内报告会计,其主要目的是为机构内部管理部门的管理决策提供信息支持,包括预算编制、资金安排、存货管理、成本控制等等。管理会计包括成本会计的内容。管理会计提供的信息属于机构内部机密,一般不对外公开。

3. 财务报告的操作方法

(1) 财务记录。主要包括原始凭证日记账、过账、对账和结账。

(2) 财务报告。财务报表主要包括资产负债表和损益表。资产负债表揭示了机构在某个时点的资产负债状况,通常包括三个部分:资产、负债和净资产。资产指机构现在所拥有的经济资源,包括货币和非货币性的、有形和无形的。负债包括应付账款以及该机构所负有的其他债务。净资产部分指总资产和总负债之间的差额。损益表记录了所发生的收入和费用,并显示出从某一年度到下一年度之间净资产的变化情况。

三、财务管理

(一) 成本分析

成本分析是社会服务机构的全部活动的基础。在明确的成本分析的前提下,组织才能设计筹款计划、营销策略、项目受益面等重要管理内容,成本分析使组织运作的各项成本一目了然,使成本控制有章可循,有助于降低成本、提高效率。

社会服务机构所提供的服务经常难以量化,使得成本分析很困难。选择成本的计量单位是一个先决条件。下面是四种常用的服务计量单位:(1)受益者数量。计算所提供服务的受益者人数。(2)服务种类。计算工作人员所提供的服务种类。(3)服务数量。计算工作人员所完成的服务数量。(4)服务时间。

计算受益者所获得的服务总时间。

此外,行政和管理费用一般按成本计算,其中包括房屋租赁费、邮资、清洁费、电话费、人事费、公关费等。

(二) 投资管理

所谓投资活动是指运用营运资金、固定资产及年度结余去投资并使资产增值的活动。社会服务机构投资管理有三个基本原则:一是安全、低风险;二是有一定的投资回报率;三是保证基金的增值。根据这三个基本原则拟定投资策略时,需要考虑下列参数:投资目标、投资期、风险极限、要求的回报率、要求的流动性、支出的原则、须签订的契约、法规的限制等。

世界上许多国家大多通过立法给予特别的规定。例如美国允许基金会投资于股票和债券,但必须遵循《一般谨慎投资者法》(Uniform Prudent Investor Act)。按照这项法令,基金会的投资不是为了营利目的的"投机",而是在确保操作稳健、风险合理基础上的"投资"。为此,要求基金会的理事承担投资的责任。为了减少风险,美国许多大的基金会通常将其资金的60%投资于股市,30%投资于债券,10%作为存款。此外,美国《税法》规定,禁止基金会的"内部交易"(self-dealing)。内部交易指基金会与其"圈内人"发生的各种交易行为,包括买卖、租赁、资产及收益的使用或转移等,"圈内人"包括主要捐助人或企业、基金会理事以及他们的家庭人员等。因为内部交易违反社会交易公益事业的责信(accountability)原则,因而会带来各种利益冲突(inter conflict)。[①]

(三) 财务分析

与企业相比,社会服务机构更容易受到经济不景气、捐赠骤降、突然得到大笔捐赠等情况的影响,因此,机构需要根据形势的变化快速做出反应。经常进行财务分析,运用财务分析方法解读财务报表,是社会服务机构的理事、秘书长、高层管理人员的必修课,唯有如此才能随时掌握机构的财务状况,进行科学的管理和决策。纵向分析和横向分析是财务分析的两种基本方法。纵向分析又称动态分析或趋势分析,它根据连续几期的财务报告,比较前后期各项目的增减方向和幅度,来揭示财务和经营上的变化和趋势。横向分析又称静态分析,是将同一期财务报表上的相关数据进行比较,以说明财务报表上所列项目之间的相互关系。

财务分析有四种常用的指标:(1)比率指标,即两组数据之间的比较,表现为一定的百分比或数值比。(2)动态趋势,表现为以时间为根轴的波形图。(3)百分比,即部分占全部的百分比,表现为圆形饼图等形式。(4)差异指标,比较实际费用与预期费用之间的差异等。

---

① 苗丽静:《非营利组织管理学》,东北财经大学出版社2006年版,第102页。

（四）我国社会组织的财务管理

权责明确、严格规范的财务管理是社会组织运行的保障。2004年,我国财政部发布了《民间非营利组织会计制度》。民间非营利组织被确定为三大类机构:一是依法登记的社会团体,二是民办非企业单位,三是基金会。我国民间组织管理局曾就社会组织如何做好财务管理给予以下指引:(1)确立财务审批人及财务经办人。明确财务审批人对资金支出的授权方式、权限、程序、责任和相关控制措施;规定经办人的职责范围和工作要求。(2)财务费用支出必须取得或者填制原始凭证,取得合法票据,无票据或不符合规定的票据不得作为财务报销凭证。(3)按照国家统一会计制度的要求,设置明细科目,进行项目资金的明细核算。(4)保留受益对象和社会服务活动的相关资料,如受益对象清单、付款及签收记录、受益对象确认书等因发生服务的财务支出记录档案。

随着社会组织的迅速发展,公益性社会组织的诚信问题、公益性问题、财务管理问题日益受到全社会的关注。当前社会组织的财务管理存在的主要问题有:(1)会计基础工作不完善。会计制度执行不到位,会计科目设置及会计处理有很大的随意性;部分会计人员素质不高;票据开具不规范;相关会计管理制度不健全。(2)财务管理不健全。具体表现为:财务管理目标不明确,缺乏公益性目标;财务管理缺乏内容;财务信息不对称,大部分民间非营利机构不提供资金使用效率、效益等信息。(3)内部会计控制缺失。具体表现为:未实现不相容岗位的分离;授权批准制度不科学;不重视财产和资料保管。

造成民间非营利机构财务管理问题的原因是:法律法规不健全,宣传培训不到位,思想认识不到位,外部监管不到位。

加强财务管理是实现社会组织快速、健康发展的必然要求。首先,要加快社会组织法规体系建设;其次,加强对社会组织的分类指导;第三,加强会计培训,提高从业人员素质;第四,建立健全内部会计制度,保证运行有效;第五,完善外部监管机制,保证健康发展。

四、资金的运营

（一）服务机构资金的运营问题

从国际的视角看,公众、企业、政府、国际资助机构、基金会是社会服务机构的传统资金来源。随着社会福利需求的日益增长,越来越多的机构意识到依靠他人的善行和传统的资金来源不仅不稳定,而且难以满足资金需求。因此,一些机构不断寻求新的收入来源——经营活动来增加收入。然而,社会服务机构开展经营活动,尤其是商业性的活动,虽然给机构带来收益,但也存在着违背社会服务的宗旨和目标的危险。根据联合国国民经济核算体系的定义,非营利的社会服务机构的大部分收入不应当来自于以市场价格出售的商品和服务,而是来自其成员缴纳的会费和支持者的捐赠。

我国社会服务机构资金运营面临的问题主要有:

第一,如何区分有偿服务与经营性服务?有偿服务是指社会服务机构按照成本核算开展有偿服务收费活动,可以获得免税待遇,机构无需到工商部门登记。经营性活动是指社会服务机构开展的商业性活动,机构必须根据有关规定缴纳税收。然而,在现实情况中,有偿服务与经营性服务的界限并不是很容易区分的。

第二,社会服务机构开展有偿服务与经营性服务是否符合机构的宗旨?根据现有法规,机构的收入不得用来分红。收费标准不得牟取暴利。然而,我国有些机构存在的问题是收费标准太高,没有按照成本核算。

第三,如何建立符合国际惯例的非营利社会服务机构的会计体系?由于机构开展经营性活动,使得我国关于非营利社会服务机构的会计归属体系问题一直存有争论。具体包括以下一些争议:(1)非营利性质的社会服务机构是否应当独立成为一个会计体系?(2)如何建立非营利组织会计准则体系?(3)如何加强民间非营利服务机构的相关法律法规制度建设?

(二)运营的原则及方式

20 世纪 90 年代以来,随着全球经济的不景气,银行的存款利息也越来越低。一些依靠利息收入的基金会组织受银行降息的影响很大,机构资金的运营问题日益受到重视。

社会服务机构资金的运作包括两大块:一是机构用于经营活动的资金运营,二是机构在经营活动之外的资金运营。机构用于经营活动的资金,虽然其运营的目的与原则和企业不同,但运营方式、方法与企业的资本运作基本相近。机构在经营活动之外的资金,主要是指一些基金会的资金和机构的专项基金。社会服务机构的一项重要任务就是合理运营资金,并实现资金的保值增值。为了实现这一目标,社会服务机构在资金运营的过程中,应当把握合法性、安全性、有效性的原则。其中安全性是指将资金运营的风险控制在最低水平是第一位的。

根据一些社会服务机构的资金运营的成功经验,机构资金可以通过以下方式运营:(1)兴建慈善项目设施(如老人公寓、儿童福利院、慈善医院、福利工作等)作为固定资产形式的保值增值。固定资产投资是一种相对比较安全的资金运营方式,当未来机构出现资金困难时,可以通过这些固定资产广开资金来源,例如出租房屋获得收入。(2)进入资本市场。基金投资管理的大致过程是:确定投资目标、制定投资战略、选择投资组合策略、选择具体的资产品种、分析和评估基金的投资业绩。(3)将资金存入银行收取利息。这是风险最低、安全性最高的资金运营方式,但回报率很低。当然,非营利组织资金运营至关重要的是要根据效益最大化的原则建立合理的资金运营结构。

第三节　社会服务机构的财务审计

一、审计的概念及作用

(一) 审计的概念

审计通俗的说就是查账,就是对财政、财务收支的真实性、合法性、效益性进行审查和监督。审计是独立于被审计单位的机构和人员,对被审计单位的财政、财务收支及其有关的经济活动的真实性、合法性和效益性进行检查、评价、公证的一种监督活动。我国的审计包括三种类型,即国家审计、内部审计和社会审计。国家审计是指国家审计机关和审计人员通过审查会计凭证、会计账簿、会计报表,查阅有关文件、资料,检查现金、实物、有价证券,依法对社会服务机构的财政收支、财务收支的真实性、合法性和效益性进行审查和评价的监督活动。内部审计是指机构内部的审计部门和审计人员对本机构的财务收支及有关的经营活动进行内部审查和评价的活动。社会审计是指依法成立的社会审计机构和审计人员接受机构的委托,对被审计机构的财务收支及有关经营活动进行公证、评价的服务活动。审计具有独立性、权威性、公正性的特征。

社会服务机构的经费来源大多来自政府、公众和企业,其财务状况理应让政府和社会了解,同时,其财务状况也应当随时让所有的管理者了解,以便确保机构的稳定和可持续性发展,而审计就是实现这一目标的重要手段。

(二) 审计是一种监督

审计本质上是一项具有独立性的经济监督活动。社会服务机构的审计和问题交代制度必须由三种相互关联制约的机制系统构成:(1)资助者;(2)由第三方独立进行的鉴定;(3)组织自律(self-regulating)。此外,所有的问题交代制度都可以从四个方面来进行:资助者、由授权的第三方进行的鉴定、政府以及社会服务组织自己所作的交待[①]。

选择第三方(包括具有较高社会信誉的会计所)——通常是具有法定权威的中间机构或组织,由它们制定标准,对行业内的成员机构之工作和项目进行评审,并在此基础上确认或否定成员机构自己所作的评审结果。这是社会服务机

---

① 崔玉、马凤芝:《中国非营利组织社会公信力建设的制度化途径:自律与社会交待》,《NPO 信息咨询中心研究报告专刊》2001 年第 13 期,第 4~12 页。

构常用的审计方法。由注册会计师给出的审计意见,能有力地向外界展示社会服务机构的财务状况,对于提高社会服务机构的公信度十分重要,也有助于机构内部的财务制度的完善,使机构的财务更值得信赖,向捐赠者显示捐赠款得到良好管理的证据。

二、审计的一般原则与方法

(一) 一般原则

社会服务机构要坚持如下原则:

(1) 政策法规性原则,即以国家的财政政策及有关法令法规作为判断和评估审计对象的标准,以促进机构的服务与管理水平。

(2) 客观公正性原则,即从实际情况出发,以审计证据为依据,客观公正地对审计对象进行审查、分析、判断、评价和提出审计报告,维护审计的严肃性和权威性。

(3) 独立性原则,即依照法律规定独立行使审计监督权,不受其他行政机关、社会团体和个人的干涉,这是审计部门公正处理问题的组织保证。

(4) 效益性原则,即以提高财政收支效益为根本出发点,通过审计监督来促进社会服务机构的财务管理的效益和效用。

(二) 方法

社会服务机构执行外部审计的第一步是挑选合适的注册会计师事务所,以及了解审计人员。所选择的事务所除了要有良好的专业水平和社会声誉外,最好有审计社会服务机构的经验。在审计过程中,机构财务成员应配合审计师的工作,把机构财务记录保持完整并依次整理好以备审查,并派相关的熟悉情况的人员协助。审计时,审计师一般会完成下列事项:(1)审查财务报告;(2)对财务报告的缺陷提出建议;(3)按会计原则,提供对机构财务人员的技术型支持;(4)查阅工时表等原始记录;(5)分析各个设置的账户;(6)分析机构的投资;(7)查阅捐赠记录;(8)提交审计报告和建议。

(三) 内容

我国民间组织管理局对于社会组织项目审计工作给予以下指导内容:项目管理制度建立及执行情况;项目资金会计核算情况;项目预算执行情况;项目配套资金是否到位;项目资金支出是否符合规定用途;项目资金中是否列支人员费用;项目资金中是否列支规定资产购置费用;列支的费用标准是否符合规定;项目实施情况;其他需要检查的事项,如是否存在转包、分包、挤占、截留、挪用、侵吞资金的现象等。

推荐阅读文献

陈振远. 资源竞争环境之下非营利组织募款策略. 南华大学非营利事业管理研究所规划研讨会,1988

崔玉,马凤芝. 中国非营利组织社会公信力建设的制度化途径:自律与社会交代. NPO信息咨询中心研究报告专刊,2001(13)

江明修. 第三部门经营策略和社会参与. 台北:智胜文化事业有限公司,2000

苗丽静. 非营利组织管理学. 大连:东北财经大学出版社,2006

王士峰. 非营利组织管理模式之研究——慈济功德会实证. 见:第二届当代宗教学术研讨会论文集,1999

王思斌. 社团的管理与能力建设. 北京:中国社会出版社,2003

高功敬. 中国非公募基金会发展现状、困境及政策思路. 济南大学学报,2012(3)

第九章 社会服务项目的管理

现代的社会服务大多数是以项目的形式进行的。项目设计、运行与管理是社会工作行政人员的一项重要职责。本章从一般的意义上对社会服务项目的内容做一些说明。

第一节 项目管理概述

一、项目及项目管理的含义

（一）项目的含义与特征

1. 什么是项目

人类从事的经济和社会活动不但有性质上的区别，而且有时也有形态上的区别。所谓性质上的区别是人类活动的领域不同、目的不同、活动的内部逻辑也不同，比如经济活动、政治活动、社会服务在性质上是有差异的。至于形态上的区别则是指人类的这些活动在表现形式、活动方式上的不同，比如某些活动是个人单独进行的，有的是集体进行的；有的活动边界并不太清晰，从而具有较强的延展性，而一些活动则比较具体和集中，这表现在人力投入、资源运用和时间安排等方面。很明显，现代社会的许多经济活动、政治活动和社会服务活动的组织性、目标的明确性和活动边界的清晰性都比较明显。在一定程度上，它们可以相对独立地存在、被辨认和运行，在实践活动中人们常常称之为项目。项目（program）是指在一定时间内为了达到特定目标而调集到一起的资源组合，是为了取得特定成果而开展的一系列相关活动①。

2. 项目的基本特征

项目具有如下特征：第一，明确而具体的目标。项目是为了达到特定目标的资源组合及活动，这里的特定目标是指比较具体的、期望达到的目标。第二，较明显的时间特征。项目是在相对明确的时间内达到目标的行动安排，即常常表现为时间上的要求或约束。一般地讲，小型项目的实施时间较短，大型项目的时限较长。第三，社会性的集体活动。项目是任务承担团队、相关部门和社会群体

---

① 王思斌：《社团的管理与能力建设》，中国社会出版社2003年版，第183页。

的共同努力达到目标的活动,它是多个行为主体共同的、协调的活动。第四,各种资源的动员和组合。项目的实施和目标的实现需要动用多种资源。人力、物力、经费、时间等是不同的资源,项目就是将不同的资源聚集起来并进行合理配置去实现既定目标的活动。第五,非重复性。项目一般不具有经常重复的特点,各个项目要达到的目标都是独特的,因此实现目标的活动也具有特殊性。第六,项目需要具体实施。任何项目都不可能自我实现,它需要进行专门的组织和实施。

3. 社会项目

项目依其性质可以分为不同的类型,主要可以分为经济项目和社会项目。经济项目是以获取经济利益为目标的项目,社会项目则是以促进社会发展为目标的项目。彼得·罗西指出,社会项目是有计划、有组织的、持续的、以改善社会环境条件为目标的活动,它主要通过服务来改善社会问题或满足人类的需要。或者说,社会项目是通过"做好"来产生社会效益,进而改善社会环境条件的实体[1]。社会项目的目的是生产社会效益,它也可以有更细致的划分,如促进公共利益的公共项目,以帮助困难群体、弱势人士为目标的社会福利项目,以及促进贫困地区经济—社会发展的发展项目等。当然,在有些情况下,某些项目会兼有营利和促进社会发展的双重性质,这种项目可以称为社会—经济项目。

(二)项目管理的含义

既然项目是集体性的、动用多种资源去达到特定目标的活动,就必然要求对它进行计划、组织、协调和管理。狭义地看,项目管理是行政管理人员依据项目方案而从事的协调和控制活动。广义地说,项目管理是指行政管理人员和项目参与者有效地配置和利用各种资源去实现目标的活动。狭义的项目管理指的只是项目实施框架中行政管理者的职能与活动,广义的项目管理涉及的是与项目有关的所有活动。狭义的管理观着重组织中的科层分工,广义的管理观着眼于整个行动系统,注重项目成员的合作。实际上,项目管理是以狭义管理为基础,吸收了某些广义管理的要素特别是参与要素而进行的活动。有学者指出,项目管理是根据调查分析,按项目计划中详细规定的目标和实施方案严格监督执行,并严格控制执行中的时间进度、投入水平、服务质量等以保证项目任务完成的过程。这是对项目管理的比较操作化的解释。

(三)项目管理制度的发展

项目管理最早产生于军事部门和政府部门建设和监控项目的需要,并在企

---

[1] 彼得·罗西、霍华德·弗里曼、马克·李普希:《项目评估:方法与技术》,华夏出版社2002年版,第16~17页。

业部门广泛运用。后来项目管理在社会服务领域得到发展,并成为提高效率、改善服务、实现目标的重要措施。20世纪60年代之后,项目管理在公共领域中的运用获得了更大发展,其背景是美国等西方国家推行社会核算制度。社会核算也称社会—经济核算,它是指对政府和企业行为所造成的社会后果和经济后果的整理、测量和分析。按照丹尼尔·贝尔的说法,社会核算是将成本和效益的概念及经济核算置于比较广泛的结构之中,最终目的是制定一个有利于说明政策选择的"资产负债表"。这样,社会核算就是从更为全面、更为综合的角度进行成本—收益分析[1]。与此同时,对公共事业项目和社会服务项目加强管理也更加被认可。后来新管理主义的兴起和发展,更为项目管理的发展提供了有利环境。在学术和技术方面,项目管理与项目评估直接相联,甚至二者相互交叉。

二、项目管理的基本内容

(一) 项目管理的过程

项目管理是一种复杂的以项目实施为中心的管理活动。从广义上看,项目管理贯穿于项目成立到项目结束的全过程,一个项目一旦立项,其管理活动也就随之开始了。这样,从管理过程的角度来看,项目管理就会涉及立项,项目实施计划设计,项目实施体系的组织,项目的推动,项目进行过程中的资源配置,项目进度的控制,项目进程的监测与协调,以及项目实施效率的提高,等等。

项目的立项是项目管理的开端,只有成功地立项才能谈及项目管理。项目立项是某一项目获得权力部门、资源控制部门或组织认可进而得到支持的过程,项目立项涉及项目的目标,对实现目标的设想等方面的问题,涉及项目实施的可行性分析,这些都与项目的管理有关。项目的实施计划直接与项目管理相关,充分考虑了各种影响因素的项目实施计划在某种程度上是项目实际施行的预演,通过设计行动计划来进行管理是项目管理的重要内容。任何项目都无法自动实现,它需要多方面的合作。建立有效的组织体系是项目得以成功的保障。项目的实施是各种资源的投入、集结和共同发挥作用的过程,项目管理的中心任务之一就是提供资源支持并进行合理配置。由于项目具有复杂结构,所以需要各方面的共同努力,但是,这些努力应该是协调的,应该形成合力共同贡献于项目的总目标,因此,在项目实施过程中需要对各部分的努力和工作进度进行协调,这里既包括时间上的协调,也包括各方面工作方向的协调。为了更加有效地朝向项目目标,对项目的实施过程进行监督是必要的,它可以纠正偏离行为,使项目更有效地走向项目的预定目标。

---

[1] 袁方:《社会指标与社会发展评价》,中国劳动出版社1995年版,第158~159页。

(二) 项目管理的参与者

项目管理的参与者是对项目的管理负有责任和有贡献的人员。传统的项目管理者是在组织分工体系中对整个项目或其组成部分负有职位责任的组织成员,他们既可能是组织中的行政负责人,也可能是某些具体部门的管理者。这样,项目管理者就是在项目实施的组织体系中处于较高层级的成员。实际上,项目管理者的范围可能更宽一些。由于许多项目会涉及某些专业领域,因此,在项目的实施过程中有必要吸收专业人员参与管理。在有些情况下他们会被正式纳入管理结构之中,有时则属于非正式的管理结构的组成部分。例如,与项目直接相关的技术人员、财务人员常常是被优先考虑进入管理结构的人员。如果从更广泛的角度来看问题,则项目实施的所有参与者都可能成为项目管理者,这种观点是与现代管理理论及参与理论相联系的,例如全面质量管理就是如此。

三、项目管理在社会服务中的地位

(一) 社会服务中的项目

传统上,项目一般是针对较具规模的军事、经济及其他建设活动而言的,在经济和科学研究领域,项目是一个核心概念。社会工作和社会服务领域引入项目的概念较晚,但社会工作发展史上却不乏项目管理的或者成功、或者被质疑的案例。比如,20世纪30年代美国的田纳西河谷社区发展项目,美国政府通过组织包括社会工作者在内的专家和技术人员进入该地区,与当地居民一起解决社区发展问题。60年代美国大张旗鼓实施的"伟大社会"改革行动也是影响巨大的社会项目。

在社会服务领域运用项目的方法开展工作与服务的内容有关。当社会工作要解决的是涉及面较大的问题时,就要动用较多人力、物力,这些活动就需要统筹安排,就会形成项目。所以,在个案工作、小组工作领域较少运用项目的理念和方法;在社区工作和社会政策领域,运用项目和项目方法就是比较常见的。当某些社会服务有明确的目标、资源配置和时间要求时,它就成为一个项目。在政府购买社会服务的背景下,项目制成为社会服务有效开展的方式,运用项目方法开展服务变得越来越普遍。与此相联系,项目管理也成为社会服务中的一个重要问题。

(二) 项目管理对于社会服务的意义

项目管理在社会服务中日益普遍化和制度化,与政府和社会对社会服务机构要承担社会交待的责任有关。社会服务机构要向政府和基金会等组织申请服务和活动经费,要向资助者报告社会服务的效果。要使这种服务活动效果明晰和可控制,以项目的形式开展服务效果最佳。在社会服务领域,项目管理对于提高服务质量具有重要作用,这表现在如下一些方面:可以使服务团队更清楚自己的服务目标;可以使服务活动更加科学化和指向既定目标;有助于服务机构合理地利用福利资源,实现更大的社会福利效果;有利于激发服务机构及其成员的能力,促进机构及其成员的发展。总之,良好的项目管理可以有力地促进社会服务的发展,也可以提高政府和社会对社会服务机构的接受程度。

第二节 项目管理的方法

一、项目的立项与设计

(一)服务项目的立项

立项是项目申请者提供的、以得到经费支持为直接目的的申请报告被有经费支配权者(或资助人)认可、接受,并决定给予申请人支持和向其拨付经费的过程。申请立项的关键环节是编写项目申请书和资助方的讨论批准,前者是申请人为了向资助人提出资助申请而进行的正规的准备工作,后者则是资助人对该申请的评价和态度。项目申请书是申请人向资助方提交的、说明自己所从事的服务活动的必要性、正当性、科学性和可实现性的文件,是申请人向资助方表明自己的价值观和实施社会服务承诺的文件。

项目申请人要想获得立项必须了解资助者的资助意愿和方向,政府的不同资金、不同的基金会所支持的服务或研究项目是不同的。比如,我国财政部2012年设立的第一笔社会服务支持资金限定支持直接的社会服务。一些基金会愿意支持有关妇女权益保护、儿童发展、农民工维权等方面的项目。只有符合资助人意愿和要求的申请才可能获得批准。

为了提高申请获得批准的机会,在可能和必要的情况下,申请人可以与资助人接触,向他们咨询。一般地讲,民间组织(基金会)支持社会服务及研究项目会有以下基本要求:第一,社会公平。它们支持的项目应是追求社会公平,具体地说就是通过实施项目能够改善困难群体、弱势群体的不利状况。第二,参与。项目的实施应吸收服务对象的参与,平等地对待他们,以服务对象为本。第三,助人自助和发展。项目的实施要通过提供帮助来提高服务对象的能力,使他们得到发展。第四,示范。政府和民间组织对服务项目的支持希望它不但能服务于某些有需要的人群,而且希望该项目的成功实施能够产生示范效应,这有利于扩大该项目的实际影响[1]。

---

[1] 黄浩明:《国际民间组织合作实务与管理》,对外经济贸易大学出版社2000年版,第79页。

社会服务项目的申请要从申请者的宗旨、机构的性质出发,申请者以往所致力的服务领域、服务经验和成绩都是资助人非常关注的内容。

(二) 项目设计的内容

项目设计是项目申请人对希望进行的服务或研究活动的设想和计划,优秀的设计是项目被资助人接受的基础。项目设计要对项目的意义和目标、项目的范围、项目的具体内容,实施项目的基础与方法、项目组的人员构成、项目实施的预期成果、项目实施的时间安排与资金预算等问题进行细致的研究和分析。以下是项目设计所要考虑的重要方面:

项目设计要说明实施该项目的意义和目标。服务型项目要指出拟服务群体目前的不令人满意的生存状况,说明实施该项目对改善这种状况的贡献。项目的目标是具体的,在技术上要考虑项目的清晰性,指出不同子目标之间的联系即实现它们之间的整合。

项目的具体内容是要指出该项目要完成哪些具体工作。服务型项目要说明的是在何种范围、向哪些对象、提供什么样的服务。一般而言,项目的具体内容要反映出实施该项目的必要性和可行性,因此要比较实际、具体。

项目设计要考虑实施项目的基础并阐明实施项目的方法。实施基础是指申请人所拥有的、与该项目相关的经验和各种支持条件,申请人在承担该项目方面的优势。方法是指申请人如何具体地去执行项目。对于服务型项目来说,它指的是如何组织和实施服务以达到设计目标。

项目设计要对预期成果给出尽可能清楚的说明。资助人不但注重申请人的理念,更注重项目的产出。所谓产出,对服务型项目来说主要是指服务对象得到的帮助及其发生的积极改变,有时也会包括附加的积极影响。提出突出的、较高水平的预期成果有助于获得资助者的肯定,但是不切实际的预期成果也可能成为资助人对该项目予以否定的理由。

项目经费预算是向资助方提出的项目经费申请数额及其构成,它以项目的内容为基础。经费预算应该是实事求是的、科学的和比较详细的,而不应该是不切实际的"漫天要价"。

(三) 项目文本

项目文本是以文本的形式表述的项目方案。项目文本有申请文本和合同文本之分:申请本文是申请人向资助方提交的、表达自己的项目设计的文本,也叫项目申请书。合同文本是由资助方批准的、应该实施的项目计划文本。

项目设计应该以文本的形式提交给资助方,这种文本(申请书)应该清晰地表达申请人关于该项目的设想,文字准确,条理分明。资助者不同,项目不同,项目申请书的要求也可能不同。一般而言,资助者会向申请人提供申请表格,申请人需按照要求填写。有的情况下，申请书需要对项目申请的各个方面进行详细说明和深入论证，这种申请书也称项目论证报告。项目申请人应该花精力认真写好项目申请书，以提高获得资助的可能性。

二、社会服务项目的启动与控制

（一）项目的启动与组织实施

1. 项目的启动

项目得以立项以后就要启动和实施。项目启动时主持人要进行动员。所谓项目动员就是项目主持人向项目实施人员介绍项目的背景、目的、要求、项目期限及成果，提高他们对项目的认识，并通过动员逐渐建立起一个有效的项目实施队伍。在启动项目时，主持人要向参与者介绍并同他们一起搞清楚项目的具体目标、项目实施的内外部条件，达成共识。

项目启动时，项目主持人应该根据资助人认可的项目申请计划（或经资助人同意的项目修订计划）制定一个项目实施方案，以使项目参与人员明确目标、责任、任务要求，并使他们的努力相互协调。大型项目会有一个总计划，然后是各部分的计划，一般说来，项目实施计划是首先制定总计划，然后制定各部分的实施计划，这样可以使整个实施计划对准项目的预定目标，又能保持各部分之间的协调。制定实施计划应该动员所有项目成员参加，因为参与过程也是项目组成员了解项目要求和成员间互相了解的组织过程。不论是项目实施的总计划还是分计划，都要明确以下问题：项目的目标是什么，为了实现目标需要开展哪些活动，实施这些活动的条件是什么，不同活动之间的相互关系是怎样的，它们在时间上应该怎样安排，等等。

一个完备的项目实施计划包括：任务、责任人、完成任务的时限、成果（或效果），也包括项目主持人对完成任务的支持条件的明确承诺。应该估计到项目实施环境可能发生变化，所以实施计划也可能进行某些局部调整。但是，总体而言，项目实施计划应该是稳定的，它应该变为文本，以对项目人员的活动发挥指导作用。

一般来说，项目实施从较简单、困难较小、见效较快的工作开始，这样可以鼓舞项目参与者的士气。对于社会服务项目来说，项目实施的入手点首先要考虑服务对象的迫切需要。

项目启动对项目的顺利展开十分重要。它要使项目参与者了解开展该项目的意义，明确工作任务，明确目标，确立信心。为此，项目启动需要对项目作清楚的说明，要有权威人士出面支持。例如，中国社会工作教育协会在四川地震灾区广元市开展的学校社会工作，在启动时就有中国社会工作教育协会和中国青少年发展基金会负责人、广元市当地领导、教育部门和各校领导出席,讲明意义,形成共识。

2. 项目的组织实施

要有效推动项目的开展就需要进行组织。项目组织实施的背后假设是:项目成员并不一定能自动按计划完成自己的任务,他们之间的努力并不总是协调的。项目的组织实施就是要围绕项目目标的达成而形成某种分工合作体系及权力责任体系,并以此推动项目的发展。

在社会服务机构中,这种组织体系可能是同原组织结构相一致的,也可能会因为实施全新项目而建立新的结构。不管如何,项目的有效实施都要有项目总负责人和子项目负责人,他们负责督促、检查项目进度,处理项目实施中遇到的问题。在项目规模较大、分工比较复杂的情况下,可以建立一个专门的项目管理机构,以协调、整合项目的实施活动。在实行项目管理制的机构中,可以设立项目经理,负责项目的管理工作。项目经理在项目总负责人的授权下开展工作,具体地对项目进行管理和促进项目的正常运行。一般而言,项目经理由具有丰富的项目管理、推展的人员担任,项目经理常常在资深的员工中选任。

(二) 项目的控制

项目控制是项目管理人员在了解项目运行状况的基础上,对项目进度、项目投入、费用和产出进行干预,以使其按既定方案运行的活动。项目控制包括进度控制、财务管理、产出控制、风险管理等内容。

1. 进度控制

项目实施是不同的项目成员分工合作,共同实现项目目标的动态过程。由于主客观等方面的原因,不同实施活动之间并不是完全协调的,这种不协调可能会造成资源浪费、内部冲突,进而会影响项目总体目标的实现。因此,从总体的角度对各子项目的工作进行协调是必要的。进度控制的方法包括:及时地收集各部分的进度报告并进行反馈,对项目进度进行实地检查和指导,召开各子项目负责人联席会等。进度控制一般是要求各部分按计划完成任务,其中包括项目管理者对有问题的子项目给予支持以改进工作。另外,当内外部情况发生重大变化并影响到项目的运行时,也需要进行项目进程的控制和调整。

2. 财务管理

财务管理是项目管理的重要组成部分,其核心内容是执行项目预算,严格控制支出,并保障各项目活动的顺利执行。一些项目的财务管理实行内部承包制,有的则采用报账制。项目管理人员应该明了项目经费使用情况,及时发现问题,保证项目经费的安全。在财务管理中,经费收支要严格按照上级财政部门的规则进行。

3. 产出控制

项目实施的最终目的是符合设计要求的产出,产出是衡量项目成效的最重要的指标。对于社会服务机构来说,项目的产出可能是向服务对象传输福利产品,也可能是向他们提供服务。社会服务项目的产出应该尽量具体化并可以测度。项目管理者应该特别注意社会服务在不同阶段的成效,注意它们的数量和质量。

4. 风险管理

风险是由于不确定、不可控因素的影响对机构和项目的正常运行带来的威胁。由于机构和项目总是在变动着的环境之中运行的,它会受到多种因素包括不确定因素的影响,因此,机构和项目总会面对这样那样的风险。机构应该尽量避免严重损害项目目标实现的风险。项目实施中可能遇到的、在某种程度上可以调控的主要是进度风险和财务风险。进度风险是由于项目进度缓慢或各部分进度不协调而对实施项目造成的重要不利影响,财务风险则是项目经费在收支、使用方面存在的潜在问题。为了避免严重风险,项目管理者应该注意项目在实施进度、经费收支方面出现的偏差,并尽量进行校正,以降低风险。另一方面,建立某种应急计划也可能是必要的[①]。

第三节 项目监测

一、项目监测的意义与类型

(一) 项目监测的意义

项目监测是项目管理人员收集与项目实施相关的信息和数据,了解项目进展状况,并将之与项目实施计划相比较,以发现项目实施是否存在问题的活动和过程。彼得·罗西指出,项目监测就是系统地记录项目绩效的主要方面,包括项目是否按预期的或恰当的标准运行。项目监测通常包括服务利用领域内的项目绩效、项目组织和项目结果的监测[②]。

项目监测对于有效地实施项目具有重要意义。第一,通过项目监测可以了解项目运行的一般情况。项目实施是一个动态的系统工程,它的各个部分运行得怎样,其总体状况如何,都应是项目负责人需要了解的。

[①] 王思斌:《社团的管理与能力建设》,中国社会出版社 2003 年版,第 194 页。
[②] 彼得·罗西、霍华德·弗里曼·马克·李普希:《项目评估:方法与技术》,华夏出版社 2002 年版,第 143 页。

第二,项目监测过程有利于促进项目的持续进行。项目监测是随着项目的发展而进行的,监测过程作为一种记录和检查活动,会促进项目的持续进行。

第三,通过项目监测可以清楚地描述项目的成绩,并鼓舞项目成员的项目活动。项目监测对项目进展状况的记录,也是对项目成员通过努力所获成果的记录,对此,项目成员可以产生成就感,并将对他们产生激励作用。

第四,项目监督可以发现项目执行中的问题,通过纠偏可以改进项目的工作。实际上,项目监测的主要功能是对项目的比较评价,即通过监测来保障项目按计划执行。

罗西指出项目监测可以回答一系列问题,包括:谁在接受项目服务,他们是否项目的目标人群,项目服务是否覆盖了目标人群,他们接受项目服务的数量和质量如何,项目成员执行项目的能力如何,其合作状况如何,项目资源和资金是否足以维持重要的项目功能,资源是否被有效和充分利用,项目管理机构的设置及运行怎样,作为参与者的服务对象对服务的满意状况如何,项目是否有助于他们的发展,等等。由此可以发现,项目监测对于改善项目管理和机构管理具有重要意义。

项目监测与项目评估有机地联系在一起,但是二者还是有差别的,差别主要表现在如下几个方面:监测一般是连续的,而评估则是在一定时限内的;项目监测的对象是全面的,评估则可能关注某一个方面;监测用关于项目运行状况的记录与既定计划相比较,评估则可能采用多种数据和标准对项目进行评价①。

(二) 项目监测的类型

从总体上来看,对项目的监测一般分为两大类型,即过程监测和绩效监测。

1. 过程监测

以项目的实施过程为对象的监测称为过程监测。项目的实施过程是与项目的实施相关的一系列连续的行动,它包括从立项之后的项目启动到项目结束的全部活动。狭义的项目实施过程是指项目立项后的执行过程。从项目实施是项目组成员向项目对象提供服务的角度来看,项目的实施就不只是项目组成员单方的事,项目对象也是项目实施中的行动者。这样,对项目实施过程的考察就会把项目对象的某些行动包括在内,即把项目组成员同项目对象的互动作为考察目标。在这种理解下,项目实施过程就是项目过程,对项目实施过程的监测就变为对项目过程的监测。

项目实施过程监测对社会服务项目的管理和改进具有重要意义。社会服务不但看重服务效果,也看重服务过程,因为从社会工作角度看,服务对象的改变

---

① 王思斌:《社团的管理与能力建设》,中国社会出版社 2003 年版,第 196 页。

和环境的改善都是通过一系列活动实现的,社会服务人员与服务对象的互动是促进其改变的基本机制。这样,在对服务项目的考察中注重过程就是理所当然的。项目的过程监测既可能是对项目实施过程的全程监测,也可能是重点监测。全程监测是跟踪式监测,重点监测是选择项目实施过程的关键环节进行的监测。

2. 绩效监测

绩效监测是对项目实施效果的监测,即考察项目的执行行动是否有效,是否朝向和有利于项目预期目标的达成。对于一项受资助的服务项目来说,资助人和项目管理者所关心的是项目投入(包括经费、物资、人力、时间)是否有效,即是否取得预期效果。绩效是对投入和产出的考量。绩效监测既要考察项目的投入,也考察项目的产出,并将二者进行比较,以明确项目实施活动的绩效。对于一个项目来说,没有绩效或低绩效的执行活动常常预示着项目的失败。

对项目执行活动的绩效监测既包括对项目产品的监测,也包括对项目结果的监测,在社会服务领域,项目产品是指项目组成员向服务对象提供的物品或服务,以及其他被视为对服务对象有贡献的活动,它指的主要是服务的送达。项目结果则指这些活动的结果或效果,即上述服务活动是否导致了服务对象生存状态的改善,这些服务对服务对象产生了什么作用。可以认为,对服务产品的考察基本是分析项目的活动效率,而监测服务结果则侧重于项目的效果。项目产品和项目结果都是项目活动的产出,它们之间有着密切联系,并反映着项目绩效的不同方面。但是项目结果或项目实施效果的测量要比项目产品的测量复杂得多。

二、服务项目监测的实施

(一) 项目监测的组织

服务项目的监测分为内部监测和外部监测,内部监测是项目组自己对项目实施过程、效果的监测,外部监测是外部人员对项目的监测。在监测组织的人员构成上,内部监测一般包括项目管理者及直接掌握项目支出、项目结果信息的人员,外部监测则主要包括项目资助人或其代理人。不管是内部监测还是外部监测,都需要项目管理人员与项目信息占有者之间的良好合作。

项目监测作为一种管理活动,其基本过程是:成立监测组织并授权,使其具有合法性和权威性;建立监测人员与项目执行人员之间的信任关系;获取项目执行计划及相关文件;获取项目实施的实际信息,获取方式也是多样化的;分析项目信息,并将之同项目计划相比较;对项目实施状况进行评价,包括提出改进建议等。

(二) 项目信息的获取

对项目信息的获取是对项目进行监测的中心任务,如果得不到关于项目执行的投入及产出方面的客观、有效而充分的信息,项目监测就难以奏效。监测者项目信息的主要来源有:项目主持人关于项目进展情况的报告,项目主管部门关于项目执行情况的有关记录(如财务收支),以及监测人员实施的专门调查。

外部监测要获得关于项目的真实、全面、有用的信息,需要得到项目主持人的良好配合。这一方面依赖于项目资助方与项目承担者早期形成的合同关系,另一方面也有赖于监测者与项目实施者之间建立良好合作关系。在获取信息的过程中要注意:使信息占有者充分了解项目监测的意义,并建立起工作关系;根据监测目的提出监测内容,即反映项目过程的某些方面,监测内容要适当,要系统化并力求简练;明确监测重点,并围绕重点尽量收集信息;不只是听项目负责人汇报,要尽量深入项目实施过程去了解情况,以获得更深入、细致的信息;对所获主要信息要同项目负责人交流,以确认这些信息的可靠性。

一般而言,社会项目的监测要关注如下一些方面:服务的提供状况,它的对象、时间和数量特征;服务的过程,服务是如何进行的;服务的经费支出及使用的合理性;服务对象在项目服务中的所得及其满意状况等。

获得真实、系统、有效的信息之后,可以进行比较分析,进而可以对项目的实施情况做出较为客观的评价。这种评价以一定的方式传达给项目资助方和执行者,将有利于优化项目管理,有助于项目良好而持续地运行。

三、社会项目的监督

(一)社会项目监督的含义

社会项目不但要接受项目管理部门的督查,而且要接受来自社会的监督,因为许多社会项目的资助来自于政府的公共财政和民间捐助,而且这些项目以帮助困难群体、解决社会问题、促进社会进步为目标。

项目监督与项目监测在英文中是同一个概念,但在中文语境中,监测更多地具有技术的含义,而监督的含义更加宽泛,它包括要求责任人报告、质询、评价。监测比较强调科学和技术,监督则比较强调权力关系和价值目标。项目监督可以看作政府、社会组织和社会成员对承担公共项目者实施情况的问责、质询和评价。项目监督不但包括对项目实施具体情况的细致监测,而且包括对项目进展情况的评价;它既反映为一套监测的方法和技术,也是一种制度和机制。由此可以说,监测可以成为项目监督的组成部分,或者项目监督可以以项目监测为手段。

(二)项目监督中的关系与机制

社会项目是以解决社会问题,特别是困难群体的基本生存问题为目标的项目,这些项目包括救助贫困、扶助弱老、支持就业等,也包括公益项目。社会项目的资源绝大多数来自于政府的公共财政、被公共化了的私人捐款(如基金会支持),也有的直接来自于私人捐赠。资金的上述来源决定了项目监督的复杂性,因为这里有复杂的监督关系和监督机制。

监督关系是围绕着项目监督活动和责任关系而形成的关系。它包括项目资助者与项目承担者之间的关系,政府与纳税人(公众)的关系、民间组织与捐赠人的关系、项目资助者与项目服务对象的关系、项目承担者与服务对象的关系、项目资助者与委托监督者的关系、项目监测者与项目执行者之间的关系,等等。上述的每一对监督关系并不是单独存在的,各种监督关系相互联系、共同支持或制约着监督活动,从而导致项目监督的复杂性。在项目监督中,监督者与监督对象是最基本的监督关系,以此为基础形成了不同角色之间的权利—义务关系。一般而言,监督关系是由明确规范支持的关系。但是,由于多种监督关系互相缠绕,实际的监督关系可能要复杂得多。

在项目监督评估研究中存在着社会生态学问题,即认为监督评估能否顺利进行,取决于监督评估者是否认识到决定评估效用的关键因素是评估进行的社会和政治环境。这样,要顺利地进行监督评估活动,监督评估者就要不断地对他们的工作环境进行社会生态学评估。比如,我国政府的扶贫项目其资金来自于政府拨款或贷款,项目的执行人是地方政府负责人,扶贫项目由乡村干部和农民具体实施,由扶贫办系统进行监督,这样就围绕扶贫项目形成多种关系,并对项目监督和评估发生着影响。

监督机制也对项目监督活动产生着直接影响,甚至决定着监督的成败。监督机制是指项目监督活动及过程的内在机理,即监督者如何实现对项目实施行为的监督。在现实中,监督机制是复杂的,它与监督关系及相关人员的角色认知、监督能力、实施监督的客观条件、进入监督关系体系各方的利益关系密切相关。

在社会项目的监督方面,项目资助者(政府和社会组织)对监督活动的重视程度,监督代理人对委托者的忠诚及能力,监督者与项目执行人之间的正式关系和非正式关系,项目受益人对项目的了解和参与程度,以及资助人与项目受益人之间的空间距离和社会距离,政治因素与利益格局等都对项目监督发生着这样或那样的影响。因此有研究者认为,项目监督具有社会敏感性。

(三)我国的社会项目监督

根据项目资金的来源,我国的社会项目可分为政府拨款、政府与国(境)外组织共同支持、企业及社会捐赠等类型,它们有不同的运作机制和项目监督机制。

政府拨款的社会项目一般由某级政府单独拨款或由不同层级政府共同拨款，项目由地方政府负责人承担，并在农村的乡、村或城市的街道、居委会展开。项目执行系统与自上而下的行政组织体系相结合，经费支付、项目开展都带有很强的行政色彩。这种项目执行体制一般实行检查性监督，即监督者主要通过短时期的走访、听项目负责人汇报和有限的实地座谈了解项目执行情况。这种项目监督比较表面，对项目有效运用的促进作用也有限。

由政府与国（境）外组织共同支持的社会项目一般也由政府部门承担，并依靠行政等级形成自上而下的项目执行组织。在这种项目中，国际组织一般会派人参与指导和督促项目的执行，也会吸收政府外的专家参加监督和评估。由于国际民间组织坚持服务对象参与的理念，所以形式上也会吸收基层干部、项目对象参加监督。但是一般说来，民众参与监督还比较有限。另外，民间组织要同习惯于行政指挥和长官意志的地方政府官员进行良好的合作，才能对项目实施有效监督。由于中国政府比较尊重国际组织，国际组织又派人长期深入项目实施过程，他们执行项目的理念日益被政府人员接受，所以这类项目的监督机制也取得了一些新的有利于项目实施的经验。如扶贫项目、流浪儿童救助项目的参与式规划、管理及评估等。

主要由社会捐赠支持的社会项目集中在对困难群体的救助领域，如希望工程等。这类项目主要由人民团体、民间组织实施，并得到政府部门的支持。这类项目借助自上而下的组织体系，采用项目制的方式运行，实施系统也较多地吸收了国际社会实施社会项目的理念。在项目监督方面，这类项目逐渐接受了社会责任的理念，实行项目问责制，接受全社会特别是捐赠者监督。由于捐赠者能够比较方便地获得受助者方面的信息，所以项目监督比较有效，也有力地促进了项目的进一步拓展。

从上述三类社会项目可以看出，社会项目的监督及其作用与项目执行系统的性质、项目执行者的公共责任意识、监督者相对自主地接触项目及表达意见的程度、资助人获得项目对象相关信息的便利程度直接相关。

第四节　社会服务的个案管理

一、个案管理的含义及特征

（一）个案管理的含义

20世纪70年代，个案管理（case management）的概念在美国社会工作领域被提出来，并作为一种新的服务方式用于社会服务实践。90年代后，个案管理在其他国家和地区获得发展。莫克斯雷(Moxley)认为促使个案管理模式兴起的原因有:去机构化对人群服务的影响,去中心化的社区服务的影响,服务对象问题的复杂性,社会支持网络对个人的重要性,片段式服务的缺陷和对社会服务成本—效益的关注等①。总的说来,当个案工作的服务对象需要多种服务,而且这些服务需要多种机构在多种层面去协调努力时,个案管理就出现了。

对于个案管理有不同的界定。美国社会工作者协会(NASW)在1981年指出,个案管理是为了满足家庭的需要而发展、执行与监督社会服务项目的活动。史佛尔(Sheafor)认为个案管理是为了运用完善的方法来满足服务对象被照料的需求,而连结与协调各种不同服务活动体系的运作方式。美国社会工作者协会于1992年进一步指出,个案管理是一种提供服务的方法,它由专业社会工作者评估服务对象及其家庭(当情形适当时)的需求,并安排、协调、监督、评鉴及倡导一套包含多种项目的服务,以满足特定服务对象的复杂需求。由此可见,个案管理是个案工作的延伸,它是更好地满足个人和家庭的需要而进行的安排、协调、监督等服务活动。

个案管理在实践中形成了不同的取向,包括注重服务体系的系统取向和注重个人责任的受助者取向、服务效果取向与成本—效率取向、专业取向与综合取向等②。在社会工作领域,个案管理已经成为重要的实践活动和研究课题。

(二)个案管理的特性

第一,个案管理是个案工作的拓展。个案管理是以获得及使用资源有困难的个人和家庭为基本对象的工作方法,它的基本工作对象是个人或家庭的个案。传统的个案工作强调"一对一"的服务,而当问题比较复杂时,只是"一对一"的服务不能全面有效地解决问题,就要求对多种服务进行协调,即拓展原来的个案工作。

第二,服务对象同时遇到多重问题。在社会个案工作中,服务对象所遇到的问题有时是单一的,有时是多重的。在同时遇到多重问题时就需要由不同社会工作机构或相关部门去协同解决,要连接和配置各种资源。所以,个案管理是解决复杂的个案问题的工作方法。

第三,个案管理是强调"全貌"的工作方法。个案管理聚焦于服务对象,注重与之相关的多种服务资源之间的找寻、连接、协调和评估。它以最有利于服务对象问题的解决为目标,从整体即全貌的角度去安排和协调各种服务。

---

① 许临高:《社会个案工作:理论与实务》,(台北)五南图书出版公司2004年版,第579页。
② 邓锁:《个案管理:多元福利背景下的服务整合与发送》,载王思斌主编:《中国社会工作研究》(第七辑),社会科学文献出版社2010年版。

第四，个案管理具有服务和管理双重功能。个案管理是解决有需求个案的问题而存在的，它是一种间接的服务，服务是个案管理的根本性质。同时，个案管理又有管理的性质，它是针对提供的多种服务而言的。这种社会服务的管理注重各种服务的协调、效率和有效性。

二、个案管理的过程与模式

（一）个案管理的过程

个案管理是以服务对象所需要的、多方面的、由不同服务机构提供的服务为基础的。作为一种服务资源的找寻、连接、协调和评估的服务活动，个案管理形成了各种过程模式。不同研究者将个案管理分成不同的过程。

波瑟普（Boserup）认为个案管理由以下前后相接的环节组成，它们是：评估服务对象的需求或需要；审定服务对象的资格，看其是否与相关政策、本服务机构的宗旨及服务职能相符；对服务的供给和安排进行计划，即当服务需要多个机构提供时，由个案管理者进行统筹安排；安排服务的输送，即对服务如何达致服务对象进行具体安排；监督服务输送，即对服务机构向服务对象输送服务的过程进行直接监督；记录服务直到达成服务目标并结案，其中包括各项服务的评估。

沃尔基斯和格林（Vourlekis and Greene）将个案管理分为八个阶段：服务对象的认定和外展，个人与家庭的预估，服务计划和资源确认，将服务对象与服务的提供者连结起来，服务的执行与协调，监督服务的输送，获取倡导的服务，对各个服务及整体服务的再评估。

李宗派则认为个案管理基本上由以下前后相接的过程组成：延伸服务过程，转介过程，接案筛选过程，评估服务对象的过程，提供照顾计划，监测检查的过程，再次评估服务的过程，解除服务的过程。

上述模式大致上是相同的，即把个案管理作为一个完整的过程来看待。不同之处是在某些关注点上有所差异，比如有的更关注服务的安排，有的更强调输送服务的评估。

（二）个案管理的模式

根据不同的工作任务及服务范围，罗斯（Ross）将个案管理分为三种模式：极小模式、协调模式和完整模式。

极小模式（the minimal model）也即评估转介模式。在这种服务模式中，个案管理者只提供简单的个案组织、计划和转介服务，通过评估服务对象的需要及所需的资源，将二者进行配合，并将服务对象转介给其他适当的服务机构。

协调模式（the coordination model）是以服务对象为中心，除了向其提供极小模式中的服务外，当他所需要的服务无法获得时，需要为其发展一个服务系统，并协助其运用资源。要达到目标,个案管理者就需要与服务对象沟通、协商,向其提供咨询服务;同时要同其他服务机构进行协商、谈判,以使两方面相互协调,即为其发展现实的支持系统,满足其需要。

完整模式(the comprehensive model)是除了提供所有协调模式的服务之外,在社会层面,还需要能够做到社会倡导,将案主个人的问题转换为社会大众关心的议题,以创造服务资源与促进社区发展。在服务对象个人层面,则要能够示范和教育他如何发展与管理其资源与支持系统,增进其自我效能,以使其更有效地管理自己的生活。这个模式是要在社会系统层次上解决相关问题。

奥康纳(O'Connor)提出理想的个案管理的多层体系(multilevel system),认为个案管理是包括行政人员、督导人员、个案工作者、社会服务员、助理和义务工作者在不同层面的系统的工作,他们在系统化的服务活动中承担的角色不同,工作重点不同,所使用的方法和技术不同,发挥的功能也不同[1]。

三、个案管理与社会行政的关系

(一) 个案管理的行政管理特征

个案工作与社会行政原本是两种不同的工作方法,但是在个案管理中,即当需要对个案服务进行协调和管理时,行政管理的某些内容就被运用于个案服务之中。个案管理所具有的行政管理特征主要表现为它对服务对象需要与服务提供之间的协调,对多种服务提供活动之间的协调,以及对这些服务提供状况的监测与评估。

将服务对象的需要与服务提供之间进行协调是个案管理工作的核心任务。当个案管理者不能用自己的知识、技术和掌握的资源去直接服务于工作对象,而必须运用社会服务资源时,他实际上就是在最具体的层面上配置社会服务。从工作性质来说,这属于行政和管理工作。对多种服务提供活动之间的协调是较复杂的个案服务经常遇到的。当个人或家庭遭遇综合困境时,个案管理者就要对提供服务各方的服务工作进行总协调,以取得良好的总体效果。这也可以说是对项目的各种服务之间的行政协调工作。对上述服务提供状况的监测与评估是保证委托服务达到服务计划目标的重要环节。在个案管理者将服务对象与服务提供者进行连接后,服务不一定会按协议进行。个案管理者要对整个服务负责,就要对其他部门提供的服务实施外部监测与评估,这属于服务项目管理的范畴。

实际上,从社会行政的角度来看,个案管理基本上属于社会工作行政,它是

---

[1] 许临高:《社会个案工作:理论与实务》,(台北)五南图书出版公司2004年版,第590页。

对服务活动的协调与管理。与一般社会工作行政的不同之处是,个案管理是围绕个案服务而展开的,它更多的是进行个案服务的项目管理。

(二) 个案管理者的行政管理角色

1. 个案管理主管的行政管理角色

按照维尔和卡尔斯(Weil and Karls)的看法,个案管理主管应同时扮演以下角色:

行政者:即负责整个个案管理的运作、体系的设计、交涉契约合作关系以及制定和行使决策。当个案服务涉及比较复杂的服务项目、服务网络的建构时,个案管理主管就要负责对全部相关活动进行设计、计划,并与相关方面进行交涉以建立合作关系。

计划者:分析社会服务的资源网络,分析服务对象的服务需求,形成服务计划,并在此基础上配置资源、决定运作活动的方式。

管理者:即对实际的个案服务进行管理,要掌握服务提供状况,认定其运作是否存在问题。如果存在问题就要加以改进,以使工作与互动过程顺畅进行。

评估者:主要是对个案服务的效果以及个案管理的成果与效率进行分析和评估。

直接服务协调者:负责建立服务对象所需要的个案服务体系,对各种服务进行安排和协调,以提供连贯的服务。

2. 个案管理角色的承担者

个案管理模式不同,对个案管理者的要求也不同。一般说来,个案管理的极小模式不需要非常深度的专业技巧,个案管理者也可由经过训练的非专业人员担任。在协调模式中,个案管理者常常由专业人员来担任,因为它较多地涉及专业服务问题。在完整模式中,个案管理者一般需要高级专业人士来承担,因为它不但涉及专业服务,要联络多个方面开展服务,而且包括政策倡导。后者基本上属于社会行政管理工作,承担者要有较多的专业服务及行政管理经验。

推荐阅读文献

彼得·罗西,霍华德·弗里曼,马克·李普希. 项目评估:方法与技术. 北京:华夏出版社,2002

邓锁. 个案管理:多元福利背景下的服务整合与发送. 见王思斌主编:中国社会工作研究(第七辑). 北京:社会科学文献出版社,2010

黄浩明. 国际民间组织合作实务和管理. 北京:对外经济贸易大学出版社,2000

林武雄. 社会个案工作管理. 台北:扬智文化事业股份有限公司,2000

迈克尔·M.塞尼.把人放在首位——投资项目社会分析.北京:中国计划出版社,1998

王思斌.社团的管理与能力建设.北京:中国社会出版社,2003

许临高.社会个案工作——理论与实务.台北:五南图书出版公司,2004

徐震,林万亿.当代社会工作.台北:五南图书出版公司,1990

袁方.社会指标与社会发展评价.北京:中国劳动出版社,1995

周志忍,陈庆云.自律与他律.杭州:浙江人民出版社,1999

第十章　社会服务评估

随着政府和社会对社会服务要求的不断提高,社会工作发展出一套"绩效管理系统"(performance management system),即通过对组织绩效、方案绩效和员工绩效的评估来应对责信的挑战。本章重点关注的是对组织绩效和方案绩效的评估。

第一节　社会服务评估概述

一、社会服务评估的发展

（一）社会服务评估的发展历程

1. 社会服务评估的出现

现代社会服务评估在美国起步最早。在第一次世界大战以前,美国社会服务基本上是个人和志愿组织的义务和责任。从美国的情况看,当时政府在健康、教育和福利方面的项目很少,服务项目内容以维系"基本生存"为主,且较少进行评估。20世纪30年代,经历了经济大萧条后,尤其是在第二次世界大战期间,美国公共服务飞速发展,科学管理政府的项目和活动诉求越来越多,科学管理的理念逐渐从工商业渗透到政府组织和社会福利机构。20世纪60年代,美国政府提出"向贫穷作战",动用大量资源解决失业、犯罪、医疗供应不足、精神疾病求治困难等问题。由于政策方案项目仓促上马,出现了设计不周、实施草率、管理不善等一系列问题,导致项目运行效率低和投资回报率低的后果。这些直接促使政府开始立足项目的长远影响,逐步重视社会服务评估,包括服务项目实施前的计划、预算,实施中的责任归属、质量管理及其项目的可持续性,以及项目结束后的重新调整等。

2. 社会服务评估成为日常工作的实践

20世纪70年代,由于政府的许多项目运行低效,反对继续扩大政府项目的呼声日益增长,这推动美国逐步进入追求绩效成果的问责时代。评估工作的关注点逐步转向成本、财政能力和有效管理,并借用成本—效益分析原则,判断如何有效率地运用社会资源和提供服务,杜绝浪费。美国卫生教育与福利部(Department of Health, Education and Welfare)也从这时起,尝试采用量化的效益分析方法来分配社会福利资源。此时对评估重要性及其评估方法的掌握也成为政府官员和机构高级主管的必修课,有些政府机构甚至设立了专门的评估部门。更为普遍的做法是,各级政府机构将评估工作用合同的方式委托给大学、研究机构或咨询机构。总之,在政策制定、项目管理、服务对象权益维护等方面,评估已经成为一种日常工作的实践。

3. 社会服务评估的发展

20世纪80年代,美国社会福利服务面对的主要问题是项目的缩减。导致这一结果的原因有三个:一是政府要控制通货膨胀和降低财政赤字;二是部分社会民众对收入和财产税政策不满,出现了不信任、敌意的政治行动,迫使政府缩减经费;三是过去的几十年里政府官员、计划人员设立社会福利服务项目时过于随意,项目实施不力,效果低下,也直接造成了项目的递减。政府经费缩减不仅发生在美国,也出现在大多数西方国家,具有一定的时代性,并推动着社会福利领域日益关注成本—收益的平衡。

20世纪90年代,社会服务评估的重点一方面是在资源持续紧缩的情况下,更加认真地评估社会问题的优先次序,并以此为基础来规划新的社会服务项目;另一方面是对既有的社会服务项目重新评估。这期间对评估工作影响较大的是政策取向的改变、全球化趋势和社会成员价值观的改变。首先,政策取向的改变主要表现为福利政策改革方案(如美国1996年通过的《个体责任和工作机会调和法案》)的理念更关注福利对象个人和家庭的责任,对受助者接受福利的资格审查越来越严格,受益的重点人群转向就业人口(如工作中的穷人),为此社会福利项目也要根据这种改革要求而进行重新评估。其次,全球化趋势要求福利国家通过缩减开支来维持其在国际市场上的竞争力,这也推动了对社会服务进行效率、效益和品质的评估工作;发展中国家在启动新的社会服务项目解决社会问题时,必须进行社会需求的优先次序评估;全球性的社会问题(如环境保护、妇女社会地位)需要更多"跨国性"的干预行动方案。这样,评估本身也变得越来越国际化。最后,越来越多的社会成员关心自己纳税或捐赠的使用情况,希望社会服务机构把使用公共资源或捐款的情况交代清楚,这也促使社会服务机构积极开展评估工作。

(二)社会服务评估理论

20世纪90年代以来,人们逐步认识到通过评估等管理工具来提升社会服务组织自身能力和推动组织发展的重要性。社会服务评估的理论与方法主要来源于政府、企业的评估理论与实践,主要有三种取向[1]:

---

[1] 邓国胜:《非营利组织"APC"评估理论》,《中国行政管理》2004年第10期。

1. "3E"评估理论

该理论强调在评估中应遵循"3E"原则,重点考察经济(economy)、效率(efficiency)与效果(effectiveness)。经济是指以尽可能低的成本供应与采购公共服务,且这些服务能够维持既定的服务品质。它所关心的是投入的数量,不关注产出与服务品质。效率是指寻常服务水准的保持、活动的执行、每项服务的单位成本等。效果则是指公共服务实现目标的程度。它通常只关心目标或结果。"三E"评估理论对社会服务业产生了深刻的影响。

2. "3D"评估理论

所谓"3D"是指诊断(diagnosis)、设计(design)与发展(development)。诊断是指非营利组织或项目的管理者能够正确识别组织或项目所面临的全新管理问题,能够考虑到主要相关利益群体的需求与利益。设计是指组织或项目管理者能够通过适当的策略解决这些问题,能够设计解决这些问题所需要的、恰当的结构与策略。发展是指一种解决组织或项目实施过程中所遇到问题的能力,以及相应的作为学习过程的管理变革或创新。"3D"评估理论的优势在于它特别注重通过评估提升社会服务组织自身的能力建设,通过评估帮助组织不断学习与完善。由于社会工作所隐含的价值有利他主义和人道精神,其服务不同于一般产品,并不容易通过市场的供需关系来确定服务和劳务的价格,且不容易测量,所以通常在社会福利领域,讨论服务质量的问题多于服务产量的问题,较注重用定性的、综合的指标来进行考量,因此"3D"评估理论受到了社会服务界的欢迎。

3. 服务对象满意度评估理论

顾客(服务对象)的满意度,即服务对象感受到的服务质量达到其期望值的程度。它包括了解服务对象的需求,能迅速、准确地回应服务对象的需要;具备提供服务所需的知识与技能,热心接受服务对象的要求,服务态度谦虚、有礼,能够倾听服务对象的不同意见;社会服务组织及其工作人员(包括志愿者)值得信赖,能够尊重服务对象的隐私,服务对象有畅通的投诉渠道,等等。

综上所述,"3E评估"强调评估是一个监督检查的过程,它关注的是组织或项目产生的结果,"3D评估"强调评估是一个学习的过程,它关注的是实施政策、计划或项目的组织能力。这两种评估的共同点都是自上而下型的评估方式,且评估是以实施项目的组织为中心。"服务对象满意度"评估导向则是自下而上的,由被服务的对象做出评价。

二、社会服务评估的意义

(一)社会服务评估被重视的原因

社会工作者的基本社会责任是从专业价值和伦理出发,通过行动来帮助所有人拓宽选择与增加机会，尤其是社会弱势或受压迫的群体，因此将社会福利资源通过适当的机制（专业服务）进行适度的转移和重新分配，成为社会工作者正当执行社会正义角色的基本义务。在 20 世纪 60 年代的西方国家，尽管社会福利政策发展较快，但社会福利服务质量主要还是依赖实务工作者的个人判断，这就意味着在许多层面，实务的实施主要服从于一套相当宽松的"专业判断"。这种状态使得社会工作运作的合法性（legitimacy）受到不少质疑和批评，而社会工作的实施也因此必须重新评估和检验。一些学者从实证主义观点出发，抨击社会工作的实施效果，认为应该采取行为取向（behavioral approaches）的理论视角来取代无效用的技术。

香港学者梁伟康认为社会福利领域重视社会服务机构绩效和方案绩效主要是为了应对机构所面临的内在和外在压力①。内在压力（internal pressure）是指员工流失率高、士气低落、缺乏成就感以及对工作意义的怀疑。外在压力（external pressure）则来源于以下几方面：

一是问责时代的要求。社会工作已迈入所谓的"问责时代"（age of accountability），机构必须向社会大众及其资源赞助者展示其服务的效率和效益，充分证明所提供的服务是在尽可能均衡运用资源的情况下缓解了服务对象的问题或进一步满足了服务对象需求。

二是应对复杂技术的要求。随着社会的快速发展，社会问题的复杂性日益提高，因此机构必须借助高科技手段，有效地处理日益棘手的社会问题。

三是赞助单位的要求。大部分的社会福利机构都接受赞助，这些赞助来自政府、基金会、企业和个人捐款等。赞助并非无条件，这些条件控制和约束着社会工作服务的发展。不同的赞助单位（包括个人和团体）在不同的情况下，其价值取向、偏好、判断也有所不同，这导致对于社会工作机构的表现、能力要求也不尽相同。为了争取更多的资源，机构必须通过竞争来满足赞助单位的利益，平衡与赞助单位间的关系。

四是服务对象的要求。社会福利机构面对服务对象日益觉醒的要求，必须关注服务的品质，确保所提供的服务能满足服务对象的需求。

五是社会工作专业发展的要求。社会工作者本身的态度也是影响信任的主要因素。社会工作者通常凭借使命、信念去提供服务，他们更期望提供完整的服务给有需要的人。但是，社会工作者又普遍认为自身所提供的服务是否达到期望的目标（如服务对象的改善程度）难以量化，所以服务绩效难以测量、服务品质难以控制。既然如此，进行社会服务评估就是消除和缓解信任危机的一种方

---

① 梁伟康：《社会福利机构——行政管理与实践》，（香港）集贤社 1990 年版。

法,它对发展社会工作是有益的。

(二) 社会服务评估的作用

社会服务评估作为对社会服务的效益、效率、质量进行判断的一种行为,是社会服务运行过程的重要一环。事实上,社会服务评估对于改进政策制定系统,解决社会服务运行中的各种弊端并排除障碍,增强社会服务的活力和效益,提高社会服务水平具有重要作用。概括地讲,主要表现于以下几个方面:

1. 社会服务评估是检验服务的效率、效益和质量的基本途径

任何社会服务活动,如果投入运行后,没有从事相关的评估反馈工作,那它的效果如何我们就不得而知。尤其是一项构思精良,经多方论证认定的社会服务计划投入运行以后,究竟有没有达到预期目标,是否产生了预期效果,或产生了哪些非预期的连带效果,这需要进行科学的评估工作。

2. 社会服务评估是决定服务发展方向的重要依据

任何一项社会服务在执行过程中总会呈现出一定的发展趋势。随着社会服务目标实现程度的不断提高,该项社会服务是应该继续、调整、革新还是终止,都必须依据一定的客观资料。能够提供这种客观资料的有效活动就是社会服务评估。社会服务的发展方向一般分为三种情况:第一,社会服务的持续。第二,社会服务的调整和改革。第三,社会服务的终止。无论是社会服务的持续、调整,还是终止,都必须建立在科学、系统、全面的评估基础上。

3. 社会服务评估是合理配置资源的有效手段

在社会服务实践中,政府或民间支持社会福利的资源是有限的,也不可能同时支持多项服务。随着人们福利需求意识的提升,福利服务输送方式的转变,特别是政府与民间社会福利机构在福利市场领域扮演角色的重组,如何有效率地运用有限的福利资源,提供符合民众需求的高质量福利服务,就成为政府和社会关注的议题。究竟哪项服务该投入多少资源,有限的福利资源要怎样配置,就显示出评估意义和价值。只有通过社会服务评估,才能确认每项社会服务的价值,并决定投入各项服务的资源的优先顺序及其比例,以寻求最佳的整体效果,更有效地推动整体社会福利的发展。同时,通过社会服务评估,也可以对照以往的服务资源分配情况,看其是否合理,总结经验,吸取教训,使社会服务活动优质高效地进行。

三、社会服务评估的含义和类型

(一) 社会服务评估的含义

社会服务评估介于社会工作实务与研究之间,是一种聚焦于社会福利服务机构组织绩效和社会服务方案绩效的评估过程与工具。

马丁和凯特纳(Martin & Kettner)从系统的观点出发,认为社会服务评估可被界定为:规律性地收集并报告政府/机构方案的效率、质量和效益的讯息。他们认为绩效评估是将效率、质量和效益三大评估观点合而为一的过程,其中效率强调的是一个有责信的人群服务方案,会尽全力使输出和输入之间的比例达到最大值;质量是指方案能尽力提供质量输出与输入的比例;效益则是指方案应努力提供成果与输出的比例(图10-1)。

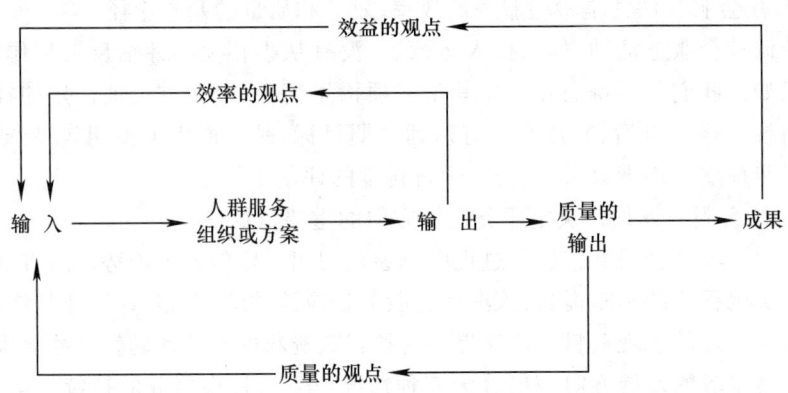

图10-1 社会服务绩效评估的系统模式

资料来源:L. L. Martin, & P. M. Kettner. Measuring the performance of human service programs. Sage Publication,1996

图10-1反映的是社会服务绩效评估的系统模式。即一个对服务对象负有责任的人群服务机构或方案,如果以绩效的观点来看,就是一种将成果输出比例提升到最大化的努力。

综上所述,可以对社会服务评估进行以下界定:它是用科学的思考、方法、测量和分析,评估社会服务组织绩效和服务方案绩效的过程和工具,其目的在于提升社会服务的效率、效益和质量。

(二) 社会服务评估的类型

1. 事前评估、过程评估和事后评估

从时间向度来看,社会服务评估的方式可分为事前评估、过程评估、事后评估。

事前评估是指在服务计划形成后进行的评估工作,目的是评估计划的合理性。经过评估,如果对已形成的计划完全不满意,则要重新开始资料收集等基础工作。如果是部分不满意,则要检讨目标选择的适当性。

过程评估是指在服务执行(输送)中进行的评估工作,目的检查执行环节是否能够顺利达成目标。如果对执行过程完全不满意,则要检查事前评估是否准确,如果只是部分不满意,则主要检讨计划的形成过程的适当性。

事后评估是指在服务提供完毕后进行的评估工作,目的是检查服务是否达到目标并为下一次服务提供经验和研究资料。由于经过事前评估和过程评估,所以事后评估一般只有部分不满意的情况出现,通常是需要重新检讨计划的形成过程的适当性(图10-2)。

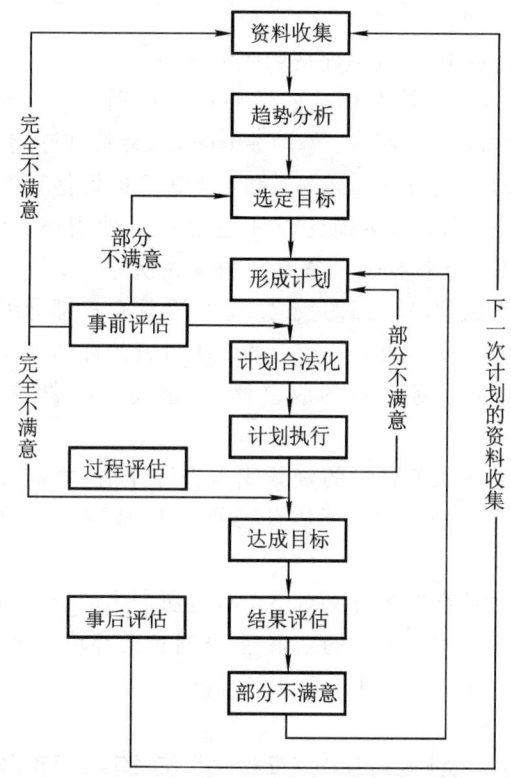

图 10-2　事前评估、过程评估、事后评估在社会服务运行中的位置

资料来源:改编自詹火生:《社会福利工作方案评估方法概论》,台湾社区发展研究训练中心,1991年。

2. 内部评估与外部评估

如果从评估者的身份来区别,评估可以分为内部评估(inside evaluation)和外部评估(outside evaluation)。

所谓内部评估,是指由方案执行单位的成员所进行的评估。根据宾姆(Stuffl Beam)的看法,每一项社会福利计划或方案执行之前,都应该先由执行方案的单位内部的人员来作评估工作。这种评估的优点是对于执行方案的组织结构以及所要评估的计划方案有更详细、更准确的了解,同时也有助于以后继续进行研究和评估工作。

所谓外部评估,是指由机构以外的专家对社会福利计划或方案进行的评估工作。这种评估的优点是比较容易维护评估工作的客观性;可以有一套评估的标准,这些标准可以对机构行政组织的基本结构进行监督;尤其是当社会福利机构组织内存在广泛而激烈的冲突时,"外来者"可以更客观地保持中立的地位,更有效地执行评估工作。

3. 努力评估、成果评估、效率评估和影响评估

苏曼(E. A. Suchman)按照评估的性质将评估划分为四种类型,就是努力(effort)评估、成果(outcome)评估、效率(efficiency)评估和影响(impact)评估。

努力评估是针对达成服务目标的质和量所进行的评估工作。它更关注正在运行的服务方案,通过提供基本描述资料,包括服务使用率、求助的人口统计特征和人员配备模式等,用来检讨服务方案的优先次序,制定预算并进行员工分配。努力评估由方案监察、特别研究、记录管理和保存三部分组成。

成果评估是着重对社会服务所产生的效果进行的评估工作。在社会工作服务中,成效评估主要从服务方案的成果评估、求助者改善的成果评估两方面进行。

效率评估是对达成服务目标的资源成本进行评估,尤其关注扩大产生的成果而必须投入资源的比例。效率评估有三种形式:成本会计、成本—效益分析、成本—成效分析。

影响评估是针对社会服务方案对整个社区所产生的影响所进行的评估。内容包括服务方案是否获得了预期的结果,服务对社会环境是否产生了干预作用,以及服务是否还产生了衍生效果等等。

第二节　社会服务评估的组织过程及模式

一、社会服务评估的组织过程

狄翠池(Mcinnis - Dittrich)提出了社会服务评估的六个环节,珀萨瓦等(Posavac 和 Carey)则将评估分为三个步骤。综合起来,可以将社会服务评估的步骤归纳为以下几个[1]。

步骤一:确认评估的目标。

这个步骤主要明确社会服务评估的目的是什么,为什么要进行评估。包括

---

[1] 黄源协:《社会工作管理》,(台北)扬智文化事业股份有限公司2000年版。

(1)通过评估可以帮助机构更好地规划未来,有利于机构进行服务方案的管理。(2)通过评估,可以更好地向捐款人交代,维持责信。(3)通过评估可以明确服务方案是否出现未曾预料的结果。(4)对服务绩效进行系统的评估,可以获得政策执行和成果量化的实证资料。

步骤二:完成评估前的准备工作。

(1)由谁来做服务绩效评估。评估者是影响评估结果的关键因素之一。梁伟康(1990)指出评估工作可以由社会工作者本身、机构以外的专业评估者,或社会工作者与外界的专业评估者组成的评估小组共同进行。选择机构内社会工作者成本低廉,但是缺乏客观性;选择机构外的专业评估者,则花费大;如果机构内社会工作者与外界专业评估者来共同来执行评估工作,则可能因为使用方法的不同而产生差异,因此机构在选择评估者的时候,就必须仔细斟酌这些优缺点。表10-1显示的是不同评估者的角色及其相应的优缺点。

表10-1 不同人士进行评估的利弊

方法	益处	弊端
社会工作者本身进行评估的工作	1. 社会工作者本身对被评估的方案有较清楚的了解 2. 费用低廉	1. 社会工作者缺乏评估所具有的专业知识 2. 不能客观地开展评估工作
外界的专业评估者	1. 具备专业的评估知识 2. 能客观地进行评估工作	1. 花费巨大 2. 未必能经常在场观察服务方案的进行
社会工作者与外界的专业评估者组成的评估小组	1. 评估的结果是可信赖的 2. 对服务改进具有更大的影响	社会工作者与专业评估者的评估方法可能有差异

资料来源:梁伟康:《社会福利机构:行政管理与实践》,(香港)集贤社1990年版。

社会工作者应依据既定的目标、可用的资源,以及自身的能力选择适当的评估模式,并设计和研究服务绩效评估方法,这样才能够更好地推动专业发展。

(2)评估检验的是输出还是影响。所谓输出评估,是指评估者重视服务的案主数量、服务的时间量、人次、所支出的经费,以及其他量化指标。输出评估主要是描述而不是分析,重点是报告服务的情况而不是评价服务的真正内涵。影响评估除描述外,还注重分析。

(3)正确使用评估资料。评估通常是根据决策者的要求而进行的,且评估也必然包含了与政治标的(political agenda)的相关性。评估方案时要特别找出服务方案的失误之处,防止为了特殊目的只强调方案的正面影响,而不提负面效果。

步骤三:确认社会服务的目标。

社会服务评估流程中的核心环节是确认社会服务的目标和变量,并据此来测量是否达到目标。把社会服务形成阶段的最初目标和后来的成果进行比较,是评价方案最简单和最直接的方法。

步骤四:确认评估的变量。

这里要做的是:(1)确定分析的对象:评估者在确认计划原来的目标或是重新建构的组织目标后,接着就必须确认分析的对象。(2)选择分析变量:就是确认真正要被研究的可量化的变量。此外,一个完整的绩效评估也应包括一些非量化因素的测量。(3)确认资料的来源:资料是评估方案所需要的资讯。资料可以从现有的资料中获取,也可经过调查、问卷或面谈的方式收集。

步骤五:收集与评估(或)分析资料。

(1)在确认资料来源后,接着就要从事收集与分析资料的工作。根据被评估社会服务的大小和重要性,来决定分析的复杂度与方式。(2)在这个评估阶段中,还需检验社会服务有没有实现预期的收益和结果,有时没有预期的效益也是正向的,这将有助于了解方案的意义与价值。如果发现非预期的结果有严重的危害性存在,就应停止这类社会服务。

步骤六:社会服务评估的结果。

(1)确认社会服务的优点与缺点:良好的评估应当同时关注和发现正向和负向的评估结果。优点可以作为服务方案改善与修正的基础,缺点则是需要被加强和删除的环节。(2)描述社会服务的效果:是否为预期中的效果?经费使用是否符合公平正义的原则?(3)如果需要的话,要提出修正的建议。

二、社会服务评估的模式

社会工作所提供的服务(直接服务、间接服务、方案设计与执行等)是否有效,必须通过评估才能得到结论,较常见的是将绩效的评估分为两大类:第一类为形成性评估;第二类则是总结性评估。

(一) 形成性评估(formative evaluation)

形成性评估关注的是正在进行中的社会福利服务或活动,以及这些服务或活动是如何影响输出结果的,评估的重点是提出改进服务计划或方案的意见,并以具体积极的建议协助社会工作方案的推行与改善。参与此类评估工作的人员,一般不是旁观者或局外者,而是机构或项目组的成员,或至少是对所要评估的机构或项目有认同感的人。福利服务提供人员与评估人员关系密切,是这种评估工作的一大特色。此外,形成性的评估还具有监督的功能。形成性评估包含成本—效率(cost-efficiency)评估与所投入努力(effort)的评估。

1. 成本—效率(cost-efficiency)评估

成本—效率注重的是提供每一个服务单位(unit)所需要的成本,评估成本—效率所用的成本内容包括时间、期间(episode)、资源(material)或输出单位(output units)。此外,成本—效率评估提供了关于投入的详尽细节,使我们能够把握提供服务时各个要素所耗费的成本。

2. 努力评估(effort evaluation)

努力评估也被视为是对服务提供的一种反省和对输出输入总和资讯的检查,以便加强或改进方案(或计划)的管理与控制。此外,努力评估也具有监督的功能,对于方案管理者而言是一种早期的预警系统,并能够为其他的方案评估模式提供资讯。梁伟康指出,要测量服务方案的投入,必须对工作人员投入的工作时间和精力作出详细记录,这时评估常被解释为监督工作。监督工作包括服务数量的记录(例如,以往机构拥有多少服务对象?)与服务质量方面的资料(例如,机构过去的服务所获得的成果如何?)。而测量服务人员投入的评估可包括以下内容:一是员工共提供多少项的服务?二是员工花费多少服务时间进行策划工作?实际执行又花费了多少时间?三是员工所服务的对象有多少人?四是员工推行服务时工作的对象或他们需要应对的团体或机构是什么?五是员工所推行的工作是否按照计划进行?

总之,形成性的评估主要分析的是服务提供过程中的各项资讯,包含服务提供的成本、提供服务的人员、接受服务的人员等等,它可以为修正服务提供参考。

(二) 总结性评估(summative evaluation)

总结性评估关注的是产出和效率,评估的对象是已完成的社会工作服务。总结性评估也是一种服务方案成功程度的评估。此种评估通常能指出方案的优点和缺点,并且提出改进的建议。如果能够谨慎地设计和实施总结性评估,有可能发现服务方案中"非期待"(unintended)结果。除了在方案结束时开展评估之外,总结性评估也可以在方案的周期(cycle)或单元(component)结束时进行。总结性评估包含成果评估、适当表现的评估与成本—成效评估。

1. 成果评估

成果评估将焦点集中于干预的结果上,特别是干预是否会产生预期的成效,即检验服务对象接受干预后所应实现的结果,并且确认方案的成果目标实现的程度。如果评估的是服务方案的话,则需要探讨方案实际结果与原预期结果间的差异。成果评估需要依赖清楚和明确的目标,但这些目标是基于"期望的效果"而非设计的活动。也就是说成果评估将焦点放在服务对象状态的改变上。

2. 适当表现的评估

适当表现的评估是在比较服务的需求后去测量实际输送的服务。这种评估聚焦于比较方案实际所满足的需求与在方案计划过程的评估阶段所确定的需求。如果社会服务机构想要为扩大目前所做的事情及为方案的扩展提出一个合理的时间表,就可以使用这种评估方法来估算为了适当地回应整体需求所需的资源总数。更进一步讲,如果机构发现目前提供服务的单位成本太高,以至于无法合理地扩大满足服务对象的整体需求,也可以以此评估方案的适当性,将它当成一种诱因,以发现更有效的方法来提供类似的并能普及的服务。

3. 成本—成效评估

成本—成效的评估注重的是获得成果的成本。该评估可用来定义每一个成功的成果所需要的运作成本。需要注意的是并不是所有接受方案服务的个案所需的成本都需要去计算。只有在服务对个案产生正向影响的时候,才去计算与成效相关的成本。

（三）结构与过程的评估

对于绩效而言,除了上述的评估模式以外,还有一些评估模式将焦点集中于"结构"和"过程"上。

1. 结构评估(evaluation of structure)

结构评估主要尝试描述服务的一些方面(dimensions)。它通常以理想的干预结构为基本假设,进而测量相关的服务。结构评估将焦点放在所提供服务的特质上,例如员工与服务对象的比例、机构用人的型态以及物理环境的规模和品质等。但是,在评估真正的服务品质或估计绩效时,这类的评估是有限制的。它的主要目的在于确定最低程度的服务品质,使机构符合法律和政策的规定。

2. 过程评估(evaluation of process)

过程评估是将焦点放在机构的运作和干预的方法上。梁伟康认为过程评估关注评估机构之"服务方案",以决定该方案能否按照原先计划和期望进行。这类评估用于描述服务对象的特质、服务活动本身,以及机构运作与服务对象动机间的交互作用。这类评估也用于检验所付出努力的程度以及这些努力被执行的过程。

（四）目标达成模式与因果评估模式

由于社会服务评估的目的不同,在运用上也有不同的评估模式。若以社会服务评估的性质来区分,则以莱文森(Levinson)所提出的两种评估模式,即目标达成模式(the goal attainment)与因果模式(影响模式)(impact model)为代表[①]。

---

① 万育维:《社会福利绩效评估模型的运用:困境与展望》,《研考双月刊》,1995,19(1)。

1. 目标达成模式

这种评估模式聚焦于福利方案或计划目标的评估。一项福利方案,从开始执行到最后获得成果,其执行成效明显地受到许多因素或变量的影响。这些影响因素包括:接受福利服务方案的人员(人口变量)、方案的内容(方案变量)、态度及认知的变量(中间变量)以及最后的效果(依赖变量)等。也就是说,目标达成模式的评估工作是针对不同的变量进行评估。"目标模式"评估过程有四个步骤:一是制定服务方案所实现的目标,二是完成方案实现目标,三是就有关目标实现的程度来评估完成的服务方案,四是利用资讯来检查以前所要实现的目标和在服务方案推行过程中进行适当修正。

2. 因果评估模式

因果评估模式是"一套理论上的观念或理念,用以探讨各福利服务方案如何产生所期望的效果"。这种评估模式分析的是假设的因果关系,它建立在三个基本假设之上,即因果假设、干预假设与行动假设。因果模式就是运用因果关系的理论,来评估某项问题的处置是否已经"对症下药"。

综上所述,绩效评估模式及其意义可以表述如下(表10-2)。

表10-2 绩效评估模式及其意义

评估模式	项目	内容	意义与用途
形成性评估	成本—效率	考虑单位成本	检视提供服务的各项成本(如时间、期限、资源等)
	努力	总结输出和输入的总和	监督方案或计划的运作,以便修正所提供的服务
总结性评估	成果	检验服务的成果(如案主的改善)	探讨实际结果与预期结果间的差异
	适当表现	比较实际需求与方案所能满足的需求	检讨方案的适当性,以便提供更普及的方案
	成本—成效	定义每个成功方案所需的成本	检视投入与成果的比例
结构与过程	结构	检视服务所需的每个特质(如员工比例、用人形态等)	确定以最低程度的服务品质,使机构符合法令的规范
	过程	注重机构运作和干预的方法	检验引起案主改变所付出的努力与执行的过程

续表

评估模式	项目	内容	意义与用途
目标达成与因果模式	目标达成	检视达成目标的各种变量	聚焦于福利方案或计划目标的评估
	因果模式	检验达成目标的原因	聚焦于因果假设的前提,探讨因与果之间的关系

资料来源:江一圣:《社会工作服务成效评鉴议题之初探》,《社区发展季刊》1999。

从表10-2中可以看出,如果要评估社会工作的服务绩效,就必须做认真而现实的考虑,包括可行性、相关的资讯,以及所能运用的资源,了解每一项评估模式的内涵及用途,进而选择最适当的评估模式。同时社会工作者本身也必须具备一定的评估能力,只有这样,才能真实地评估出社会工作的服务成效。

第三节 社会服务组织的评估

根据管理学的观点,任何一个组织无论其规模大小,都需要通过正式或非正式的渠道,实施监督和控制。这关系着组织的生存和发展,更直接影响着组织决策的方向、服务成效、信誉和潜能的发展。鉴于此,组织效能评估就成为机构发展的重要议题。依据社会服务组织的基本特征,结合其所处政策制度环境和社会环境的变迁,一般认为社会服务组织的评估主要包括责信评估、使命和战略评估、服务方案评估和组织能力评估。其中服务方案评估我们会在本章第四节专门介绍。

一、社会服务机构的责信评估

责信就是机构对社会要负的责任和社会对它的信任。具体是指社会服务机构对其使用的公共资源的去向及其使用效果所进行的社会交代。社会服务机构已进入"责信"时代,机构必须通过评估向社会大众和资源赞助人交代服务情况和成果,来证明服务是在尽可能均衡运用资源的情况下,满足了服务对象的最大需求。评估是建立组织公共信任度的重要途径,而对机构的信任也是影响捐助人(包括政府和基金会)行为的最为重要的因素。

(一)社会服务的多元交代特质

香港学者徐明心和张超群提出社会福利服务的特质表现为多元化的交代(multiple accountability),参见图10-3。

具体而言,多元化交代包括:一是财政交代,主要是向提供或赞助机构服务

第三节 社会服务组织的评估

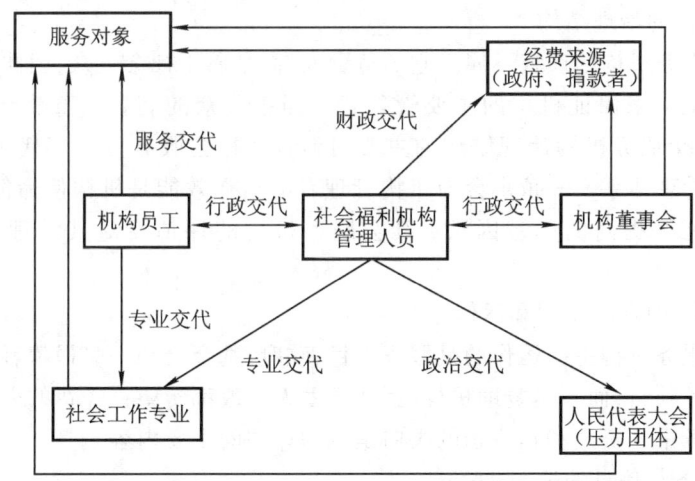

图 10-3 社会福利机构的多元化交代

资料来源:徐明心、张超雄:《社会工作行政的本质:探索、反思与启示》,见:何国良、王思斌主编:《华人社会社会工作本质的初探》,八方文化企业公司 2000 年版。

经费的政府、基金会、捐款人提供财政报告,证明资金使用的适当性和效益;二是政治交代,主要是向立法机构、压力团体以及社会媒介交代机构履行社会责任和义务的情况;三是专业交代,由于社会服务机构的主要人力资源是社会工作者,因此机构要证明其聘用的社会工作者在服务中遵守社会工作守则、坚守专业操守并提供了具有良好专业水平的服务;四是服务交代,社会福利机构不仅要向服务对象提供服务,而且要提供令其满意的服务,而服务对象满意度的评估不但要反映问题的解决程度,也要证明服务是在机构内部严谨的行政监督、专业督导下提供的;五是行政交代,主要是指机构内部管理制度和程序的正常运作,包括管理人员和一线工作人员之间、与董事会之间的行政交代。

(二)社会服务组织问责信评估的内容

问责性评估是确保社会服务机构诚信的一种制度安排,它的功能在于帮助社会服务机构树立社会公信力。问责性评估主要是外部评估,是在政府或外界力量的强制要求下推行的,它的具体内容如下:

1. 服务和活动与组织使命和宗旨保持一致

社会服务机构的使命和宗旨是其对解决社会问题的公开承诺,具有强烈的价值取向,反映的是期望实现的意图、努力从事的事业和志愿投入的精神。社会服务机构的使命和宗旨的实现程度对其公信力有直接影响,要评估机构,首先要评估它的服务是否符合其宗旨和目标。

2. 规范的治理结构

社会服务机构的产权不属于它的负责人,而是属于社会大众,因此要通过适当的治理机构来保证机构的主要管理者不损害公众的利益。董事会(或理事会)就是社会服务机构治理结构的主要内容。在社会服务责信年代里,社会福利机构的管理体系——董事会与机构管理者的运作效能是机构使命能否实现、服务质量能否提高的关键因素。社会服务机构的评估要对其治理结构进行考量。

3. 资金的合理使用和运作

社会服务机构主要运作的是服务项目,政府、基金会和一些捐款者赞助的也主要是服务项目,而不是赞助机构,因此赞助人一般都希望将经费的大部分用于实际的服务中。资金和捐赠物的去向是机构评估的主要内容。

4. 财务与信息的透明化

社会服务机构的资金主要来自政府、基金会、一般捐赠和服务收费。政府除了直接给予财政支持外,有时也通过社会政策给予某些服务减免税的待遇,因此社会服务机构要定期公开财务报告和服务评估报告,让主要赞助人、服务使用者和社会大众了解机构整体运行情况,为他们开展监督提供方便。

二、社会服务机构的使命和战略规划的评估

社会服务机构使命和战略规划评估的主要目的是明确组织的发展方向和发展战略,以此来证明机构存在的价值,增强其凝聚力,吸引更多人才;使命和战略规划评估属于机构的自我评估,一般由机构内部管理者和员工参与实施,有时也会聘请外部专家参与。这种自我评估的动力来源于机构领导者的卓越意识,对机构进行变革的决心和外部激烈竞争的压力。

(一)社会服务机构的使命评估

德鲁克根据其六十多年为重要组织进行顾问咨询的经验,提出非营利组织实现使命和战略规划的自我评估工具,即通过回答五个重要问题来评估社会服务机构的未来走向:

第一,我们的使命是什么?亚力舒策略管理中心(Ashridge Strategic Management Centre)曾综合不同观点发展出了一套亚力舒使命模式(Ashridge Mission Model),强调使命是通过价值、目的、策略、行为四个要素的互动、联系及强化过程而形成的[①]。其中,价值反映了机构的信念,目的反映了机构生存的理由,策略反映了机构达成目标的规划,行为反映了机构运作的政策和行动模式。对这

---

① A. Campbell & S. Yeung. Do You Need a Mission Statement?. London:Economist Publication,1990.

四个要素的反复评估对机构十分重要。

第二,我们的服务对象是谁?在社会服务机构中,我们的服务对象群主要有三类:一是机构的服务使用者;二是其他专业共同提供服务的同事;三是重要关系人,包括主要赞助人、所属社区、支持团体等。在确认服务对象时,通常应思考下列问题:谁会来寻求我们的帮助?他们从我们的工作中会获得什么直接或间接的利益?还有哪些人对我们所做的工作感兴趣?如果我们停止服务,谁会蒙受损失?

第三,服务对象的认知价值是什么?服务对象的认知价值包括其需求、愿望以及追求。过去社会服务机构的组织绩效一直比较倚重外在技术层面的评价,包括外在规则和标准、专业判断、最佳的实务经验等。近些年来社会服务机构开始强调尽可能从服务对象的观点(认知)出发来评价机构绩效。例如强调倾听服务对象的陈述,包括其状况、渴望和需要,然后才是做出专业判断,提供适合他们的服务。

第四,我们追求的结果是什么?社会服务机构致力于改善服务对象的环境、行为、健康、希望和能力,因此在确认服务对象及其认知价值的基础上,机构还必须了解机构的主要服务是什么,服务能够达到的最佳程度是什么,什么样的服务结果对服务对象是最重要的,如何测量服务的有效传递,等等。

第五,我们的计划是什么?社会服务机构自我评估的过程中会产生一个计划,它是机构目标和未来方向的总和。计划包括使命、愿景、长远目标、短期目标、活动步骤、预算和评价。在形成计划的过程中,应重点思考使命是否需要改变以及具体目标是什么。

(二)社会服务机构的战略规划评估

战略规划是社会服务机构通过对外部环境、内部环境、威胁与挑战、优势和机会的综合分析而制定出的长期性规划。这种评估方法主要由三部分组成,前提控制(premise control)、执行战略(implementation strategy)和战略监督(strategic surveillance)[①]。

前提控制。在战略规划制定时,重要的步骤是对机构内部和外部环境的一系列相关因素提出假设,作为制订战略的前提和基础。这些环境因素既包括行业环境(竞争环境)、同类服务的机构、服务对象、赞助者等,也包括宏观环境,如经济、政治与法律、社会、科技与文化、教育、人口结构等。由于战略规划是长期规划,而环境是不断变化的,因此需要对这些战略前提持续地进行评估来确保其仍然有效。当环境因素发生重大变化时,以此为前提制定的战略也必须作出相

---

① 丁志强:《策略控制》,载饶美蛟、刘忠明主编:《管理学新论》,商务印书馆1996年版。

应的调整。

执行战略。执行战略评估主要是对机构实际服务目标和预期达到目标之间产生的实际差异的原因进行分析,充分考虑环境因素变化的影响,并提出相应的对策。

战略监督。战略监督的目的是通过对机构内部和外部环境的密切监视,找出可能出现的对机构战略进程产生影响的重要事件和发展趋势。这些事件和趋势可能对机构战略构成威胁,也可能成为机构未来发展的机遇。

三、社会服务机构的能力评估

关于社会服务机构能力评估的内容,有的学者提出主要包括机构的基本资源评估、机构的管理能力评估、机构的资源网络评估、筹款与评估能力的评估四个方面。也有学者认为评估内容主要包括组织质量、组织行为、组织的产出和组织的效益。结合社会服务机构的特征,这里认为社会服务机构的能力评估主要包括以下内容。

(一)组织质量评估

组织质量指的是组织具有的设施、人才、组织结构及相应的制度建设,它是组织开展行动的基础。

组织质量的评估内容包括:一是组织的权力结构。它影响目标群体对资源的使用,决策的民主性以及权力参与的广泛性。权力结构配置合理,有助于保证正常的服务活动运作。二是组织制度建设。它考察的是组织的规范建设,也就是强调组织的制度有能力支持和保护变化进程中的目标群体。由于规章为组织的运作提供了依据,其完善程度是反映组织质量的重要指标。三是人员素质。如组织是否拥有足够数量、报酬适当、能力强的工作人员,是否为工作人员提供了必要的培训等。在社会服务机构中,社会工作者是主要的专业人员,组织中社会工作者的比例、专业能力以及投入精神,是必须考察的内容。此外,社会服务机构经常使用志愿者协助服务,对志愿者的有效管理及拥有一批长期志愿者也有助于提高组织的质量。四是设施及管理系统。一定的设施水平往往是一定的社会服务质量所必需的。管理系统则包括健全的财务管理系统,良好的供应、后勤系统,准确、及时、有效的组织纵向与横向的沟通交流,为有效决策提供依据的管理信息系统,一个负责任的研究和评估工作团队;应急方案、应付意外需求程序的管理系统,等等。

(二)组织行为评估

组织行为指的是组织为实现目标而采取的一系列活动,它是社会服务机构评估的核心。具体而言,组织行为评估包括以下几方面:一是是否有共同的价值观。它考察的是机构中所有工作人员与志愿者对本机构宗旨与价值观的了解及其认同程度。二是管理技能如何。管理技能包括制定计划方案、预算方案和报告文本的技能,制定具有创新性、示范性的项目或活动计划的技能,实施和督促所规划的战略和项目的技能以及自我评估的能力。三是领导的能力。包括完备而强有力的执行领导、部门主管,强调民主参与的机构管理者和董事会,能够运用现代管理方法创造凝聚力、加强交流,志愿者与工作人员的关系融洽,服务对象有机会参与机构决策与管理。四是动员资源能力。包括有长期、可靠的开发资源政策、计划和有效的活动,有与其宗旨一致的创收系统,有充足的人力资源和资金。五是公共关系。包括社会服务组织与政府部门维持良好的合作伙伴关系,与企业维持良好的合作伙伴关系,与媒体的关系以及媒体对组织的关注程度,组织与所在社区的关系、与资助者的关系、与其他NGO的关系,机构与目标群体(服务对象群体)的关系,等等。

第四节　社会服务方案实施的评估

所谓方案,是一套预先安排,有明确目标指向的活动。马丁和凯特纳(Matin & Kettner)认为,社会服务方案的评估工作应由四部分组成,即方案分析、方案输出评估、方案质量评估和方案成果评估。本书的第五章已就方案分析作了描述,这里主要对社会服务方案的实施及其效果评估进行介绍。

一、社会服务方案的输出评估

社会服务方案的输出评估主要是指对系统所生产服务的种类与数量资料的掌握。方案输出评估主要聚焦于期中输出和最终输出,期中输出是指最终输出产生过程中所消耗的产品和服务,其评估的重点是服务。最终输出则是指社会服务方案的最终结果,其评估的重点是服务对象。

(一) 期中输出评估

期中输出评估关注的是"服务量"的测量,因此需要发展出不同种类的标准化服务单位来测量期中输出。服务单位一般有三类:一是阶段或接触的单位,例如咨询和转介服务的服务单位是"次",使用这种服务单位时,工作人员与服务对象接触资料的记录非常重要。相比较而言,每次接触实际持续时间则不太重要;二是物质单位,是指提供给服务对象的有形资源,如餐食、衣服、现金等。三是时间单位,它根据社会服务方案的实际需要,用分钟、小时、日、周或月来计算,例如咨询辅导服务的服务单位是"小时"。

服务单位的选择要充分考虑实用性、精确性、可行性及单位成本核算的方便性。有些社会服务方案由多项服务构成。这些资料一方面可以用于向社会说明责信,另一方面也可以成为机构行政人员规划服务方案和编列预算的依据。

(二) 最终输出评估

最终输出评估重点是对"完成服务量"的测量,强调为服务对象提供了一个完整的服务。服务完成单位的确定,大致两种方法:一是标准化方法,二是个案计划方法。前者较适用于标准化的社会服务方案,后者较适用于弹性程度高的社会服务方案。

标准化方法是指服务对象需接受规定的服务量(阶段、物质或时间)的处置,才算完成服务,并能够作为服务完成量或最终输出被记录下来。而期中输出(或服务单位)的评估结论有助于决定"完成处置"或"接受完整服务"所需的标准服务量。

个案计划方法主要是针对一些社会服务方案缺乏服务对象完成处置所规定的标准化或最基本的服务量的评估方法。例如一些困难家庭的辅导方案,有的需要 20 次的辅导就完成了,而问题严重的家庭可能需要更多次数的服务。在这种情况下,将服务计划完成作为服务对象接受完整服务是比较适用的。也就是说,一个服务对象已接受完个案计划中的所有服务,这就意味着其接受了一个完整的服务,可记录为该服务对象的服务已经完成。

服务完成量对未来的成果评估有重要意义,因为成果评估只关注那些已经接受过完整服务的服务对象,服务对象没有完成处置或接受完整服务,就不能预计服务方案是有效的。也就是说,方案如果没有按照计划施行,就无法做出社会服务方案有效的结论。

二、社会服务方案的质量评估

社会服务方案质量评估的理念来自于企业管理,尤其是吸收了"以消费者为中心"提供产品或服务的思想。但社会服务方案除了要向服务对象负责外,还要接受捐款人、社会大众等利益相关人的监督。社会服务方案质量包括多个方面的内容,如表 10-3 所示:

表 10-3 社会服务方案质量的要素

要素	定义与说明
可近性	服务容易获得和提供服务的机构容易接近。
保证性	工作人员亲切、有礼貌、周到和具有专业素养。
沟通力	用简单易懂的方式告诉服务对象有关产品、服务资讯,包括可能改变的相关资讯。
胜任	工作人员具备提供相关服务所需要的知识与技能。

续表

要素	定义与说明
符合度	产品和服务达到规定标准。
礼貌	工作人员对服务对象有礼貌、尊重和体贴。
缺点	找出任何对服务对象满意度有不利影响的质量特征。
持续性	绩效、结果和成果不会很快就消失。
同理心	工作人员尝试了解服务对象的需要,并提供个别化的关注。
人性化	提供的产品或服务能保护服务对象的尊严和自我价值。
绩效	产品或服务达到所预期的目标。
可信度	以信赖可靠的方式提供产品与服务,即使面对不同的服务对象或是在不同时间,仍能以最少的变动提供。
及时性	工作人员适时地提供服务与产品。
安全性	在安全的环境下提供产品和服务。
设备	服务所需要的设施、设备、人员与出版物是适当的。

资料来源:修改自 L. L. Martin. Total Quality Management in Human Service Organizations. London:Sage,1993

从服务对象对服务评价角度看,社会服务质量的核心要素归纳起来主要有两个:一是可信度,是指能提供一致性服务来满足服务对象对质量的期望。其中可以涵盖保证性、同理性、沟通力等要素。二是及时性或适时性,是指在最短的时间内为服务对象提供服务,也就是从服务对象需要服务到实际接受服务间的等候时间要尽可能短。

社会服务方案质量评估测量方法主要有两个:一是服务品质的输出,即通过机构的资料记录,重点评价服务的可信度和及时性;二是服务对象的满意度,即通过对服务对象满意度的调查,让服务对象不仅评价服务的品质,还要评价服务的结果、效益、影响和收获。

服务品质的输出测量过程包括三个基本步骤:第一步是选择质量要素,一般而言至少要测量服务的可信度和及时性(适当性)这两个要素,至于其他要素选择如可靠度、同理心、胜任等,主要依据社会服务方案的属性、服务对象及其他利益相关者的偏好来决定。第二步是将服务质量要素具体化。以咨询和转介服务为例,可信度是指转介的适当性,即来电咨询者是否都转介到符合资格的机构;及时性是指电话打来后是否第一次接通。再比如送餐服务,可信度是指餐点送到时仍是热的(温度至少是在60度);及时性是指餐点准时送到(在预定送达时间前后 10 分钟内）。第三步将质量要素测量与社会服务方案的期中输出评估（阶段、物质或时间服务单位）连接起来（参见表 10-4）。

表 10-4 连接质量要素与期中输出评估

质量要素	期中输出
1. 咨询与转介	
可信度	一次适当的转介
及时性	一个第一次响铃就接通的来电者
2. 送餐服务	
可信度	一份送达时仍是温热的餐点
及时性	一份准时送到的餐点

资料来源：L. L. Matin, & P. M. Kettner. Measuring the Performance of Human Service Programs. London: Sage, 1996

服务对象满意度测量过程也包括选择质量要素、将质量要素具体化为两个步骤，内容与服务质量输出测量方法基本相同，但在第三个步骤则主要是设计调查问卷，用来收集服务对象对服务的满意度。

三、社会服务方案的成果评估

社会服务方案成果评估关注的是方案的结果或成就。社会服务领域一般都以服务对象为焦点，将成果与服务对象结合在一起，强调服务对服务对象的影响，以及促成服务对象生活质量的改变。可见它实际上强调的是面向服务对象的成果监控（client outcome monitoring）。因此成果评估也被定义为以服务对象生活质量的改变来评估社会服务方案的结果、影响和成就。

马丁和凯特纳（Matin & Kettner）认为评估社会服务方案成果是希望了解"服务对象的最终状态"（client end states），这个状态一方面能够反映社会服务方案的结果、影响和成就，另一方面也可以促使我们思考所要评估的内容。他们将服务对象的生活质量用条件、地位、行为、功能、态度、感受和想法七个指标来测量，认为成果评估就是掌握服务对象期望或希望达到的生活质量是什么，以及期望和希望改变或去掉的生活质量是什么。具体实例如表 10-5 所示。

社会服务方案成果评估收集的是服务完成量资料，包括完成处置或接受完整服务的人数。成果评估的方法主要有四类：一是数字计算，主要计算达成生活质量改善的服务对象的人数，一般用于评估服务对象的条件、地位与行为；二是标准化测量，主要根据标准进行服务前和服务后的测量，以此来评估服务对象生活质量的改善，一般用于评估服务对象的感受、态度和想法；三是功能层级量表，这类量表是机构或方案用来评估服务对象生活质量改变所制定的服务前与服务后的测量指标,它与标准化测量的差别在于是经常不标准化,一般用于测量服务对象的功能或服务对象家庭的功能;四是服务对象的满意度,是指服务对象对生活质量改善的自我报告,一般用来评估服务对象的想法。

表 10-5　服务对象生活质量改变的实例

A. 服务对象期望或希望达到的生活质量	
1. 条　件	无家可归的服务对象找到住所
2. 地　位	失业的服务对象找到工作
3. 行　为	逃学的青少年服务对象到学校上学且出勤率提高
4. 功　能	服务对象的应变技巧提高
5. 态　度	青少年服务对象对教育价值的接受度提高
6. 感　受	服务对象的归属感提高
7. 想　法	服务对象的自尊提高
B. 服务对象期望或希望改善或去掉的生活质量	
1. 条　件	无家可归的人在街上过夜的次数减少
2. 地　位	有工作且吸毒的服务对象矿工的日数减少
3. 行　为	青少年服务对象逃学的次数减少
4. 功　能	服务对象与配偶打架的次数减少
5. 态　度	青少年服务对象在外惹事的次数减少
6. 感　受	服务对象对其环境感到无奈的减少
7. 想　法	服务对象对其他族群的负面想法减少

资料来源:L. L. Matin, & P. M. Kettner. Measuring the Performance of Human Service Programs. London: Sage, 1996

成果评估也分为期中成果评估和最终成果评估。期中成果评估是在服务对象完成处置或接受完整服务后,立即评估服务对象生活质量的改变,也就是说,期中成果评估提供的是处置效果的评价(assessment of treatment effect)。以流浪儿童的服务为例,期中评估是在孩子接受完服务后,立即评价孩子的生活质量改变情况(条件和行为)。最终成果评估主要是采取分期追踪方式(如 3 个月、6 个月、1 年等),来掌握服务对象生活质量改变的资料。也就是说,最终成果评估提供的是处置后效果或长期效果的评价。这是因为社会服务活动中有相当一部分处置效果不是在完成处置或接受完整服务后立即能够显现成效的。对于流浪儿童而言,最终成果评估可能是孩子回归到原生家庭中,也可能是孩子被收养。

理论上讲,成果评估的四种方法都可以用来收集期中或最终成果的资料。但实际上,服务对象满意度很少被用作最终成果评估的对象,因为服务对象满意度比较适用于评估处置效果,但不太适用于评估处置后的长期效果。

推荐阅读文献

彼得.罗西,霍华德.弗里曼,马克.李普希. 项目评估:方法与技术. 北京:华夏出版社,2002

邓国胜. 非营利组织"APC"评估理论. 中国行政管理,2004(10)

丁志强. 策略控制. 见:饶美蛟、刘忠明. 管理学新论. 香港:商务印书馆,1996

梁伟康. 社会福利机构——行政管理与实践. 香港:集贤社,1990

黄源协. 社会工作管理. 台北:扬智文化事业股份有限公司出版,2000

A. Campbell, S. Yeung. Do You Need a Mission Statement?. London:Economist Publication, 1990

W. F. Anderson, B. J. Frieden, & M. J. Murphy. Managing Human Service. Washington, DC:International City Management Association, 1977

第十一章　社会服务机构的发展

社会服务机构是生存于社会系统之中的,社会福利政策的变化、服务对象需要的提高,都要求社会服务机构不断发展自己的服务能力。另外,机构工作人员的发展也向机构提出了新的要求,需要社会服务机构通过发展来回应。

第一节　社会服务机构的发展与能力建设

一、组织发展与社会服务机构发展

(一)组织发展理念的变化

在现代社会中社会服务机构是社会分工的结果,它是为满足社会服务的需要而形成的组织。它也应该随着社会需要的变化而调整自己的结构与运行机制,自我发展,以更有效地满足社会的需要,并实现自己服务社会的宗旨。促进机构发展是社会工作行政人员的重要职责。发展不同于增长或数量上的扩张,而是指能力的增强。在组织管理实践与研究领域,组织发展(organization development,简称 OD)已经成为一个专门的领域,并被广泛地应用于企业设计和非营利组织的发展之中。

作为一个范畴,组织发展是与组织管理理论与实践的发展相联系的。组织管理理论和实践主要有古典学派、人际关系学派和人力资源学派三大学派。古典学派是 19 世纪末到 20 世纪 30 年代在西方占统治地位的管理思想。以"经济人"假设为基础,泰罗制强调对员工的严厉管束,用对工作的科学设计和金钱奖励来刺激员工的积极性。人际关系学派起源于探索提高员工积极性的霍桑实验,后来发展成为一系列有关人的积极行为的理论解释。这种管理思想强调要根据员工的多种需要去设计管理方法,实行有人情味的管理并注意建立同事之间的融洽关系。20 世纪 50 年代以后的人力资源学派关注人的需要、追求和能力,认为人类能够通过学习而自我完善,每一个人都有待开发的资源。它认为每个人都愿意为有意义的目标做出贡献,而且大多数员工能够进行创造性的工作,并实行自我指导和自我管理。于是,行政管理者的主要任务不是研究和实施对下属的严格管理,而是要为他们创造更好地发挥作用的条件,并训练和使用他们未开发的资源①。在这种思路的影响下,组织管理领域出现了通过员工发展和员工参与促进组织更有效运行和达到目标的管理方式。这种管理思想更强调员工的主体性、主动性,更加适合于社会服务机构处理内部的行政管理问题。

(二) 组织发展的含义

组织发展既是组织所处的某种状态,也是一种实践活动。学者们对组织发展有不同的解释。贝克哈德认为组织发展是一种用行为科学的知识、旨在提高组织效率和组织健康的、从组织高级管理层开始实施的、有计划的努力。贝尼斯认为组织发展是对变革的回应,是一种旨在改变组织的信仰、态度、价值观和结构,以使它能更好地面对新的技术、市场、挑战和快速变化的培训策略。这种说法强调了组织(特别是企业组织)对外部压力的反应。也有学者指出,组织发展是专家们运用心理学、社会学、文化人类学和其他相关理论帮助客户(需要变革的组织)改善组织状况的活动。这个解释强调组织发展是组织问题专家(咨询顾问)在组织负责人的支持下通过组织设计改进组织的活动。迈克拉甘则指出,组织发展致力于确保部门之间和部门内部的关系健康发展,协助团队创新和控制变革,强调个人和团体之间的关系与联系。它的主要作用是影响个人和团体之间的关系,以及对作为一个系统的组织产生一定的冲击。另外,有的学者把组织发展同其能力发展联系起来,认为组织发展是有计划地通过提高解决问题的能力来增强组织的效力,同时人力资源也得到应用和进一步发展的过程②。上述对组织发展的解释有众多相同之处,也有角度上的差异,足以说明组织发展范畴的广阔性。

总的来看,组织发展有以下几个方面的内容:它是解决组织的较复杂问题的方法,具有长期性特点;它是组织的高层行政管理人员支持下的改进组织的活动;组织发展主要通过培训和员工发展来实现;强调员工的参与,增强员工的责任意识。可以说,组织发展是改善组织的努力,是组织的行政管理者通过改进组织设计和员工工作安排、发展员工能力等措施,调动员工积极性,提高组织的运行和产出效率,促进组织持续发展的过程。

组织发展是通过民主和共同成长的策略来促进组织的整体发展的。它的基本价值观念是:尊重人,认为个人是负责的、关心他人的,他们有自己的尊严;相互信任和支持,强调在组织中建立信任、真诚、开放和相互支持的气氛;强调平等,而不强调等级权威和控制;正视组织中存在的问题,而不是掩盖问题;强调参

---

① 威廉·J. 罗思韦尔等:《组织发展的实践》,南开大学出版社2001年版,第17页。
② 威廉·J. 罗思韦尔等:《组织发展的实践》,南开大学出版社2001年版,第5~6页。

与,鼓励员工参与组织中的重要问题包括决策。[1]

(三) 社会服务机构发展的意义

尽管组织发展的理念和实践主要在企业组织管理领域,是针对企业组织管理中存在的问题而出现的,但是,它对社会服务机构也具有重要意义。我们把将组织发展的理念和方法运用于社会服务机构的活动称为社会服务机构的发展(简称机构发展)。具体地说,社会服务机构发展就是要通过更符合实现机构目标、满足员工需要、更能发挥员工积极性的组织结构设计和运行机制的建设,发展服务机构以有效承担服务职能的努力。

社会服务机构发展之所以必要,是因为:第一,社会服务机构要克服过分科层化的管理弊端。社会服务机构作为一种组织也受各种管理思潮的影响,在其发展过程中可能会出现过分科层化的现象,这会影响以提供福利服务为主要职能的社会服务机构的运行。因此,有必要通过组织发展的方法去克服影响机构成员积极性发挥的问题。第二,社会服务机构职能性质的要求。社会服务机构主要是对困难群体、弱势群体的服务,在服务中特别强调社会工作价值观的指导。社会工作注重服务对象的多样性、问题的独特性,这也要求服务人员采取多样化的方法去处理问题,需要员工具备较强的独立处理问题和提供适当服务的能力。第三,社会服务机构的运行和服务的开展更需要团队和团队精神。由于社会服务要处理的问题是复杂的,有时是全新的,因此需要机构员工之间密切合作并以团队方式去应对问题。组织发展的理念和方法与这一要求相适应。第四,机构成员发展的需要。社会服务机构的成员虽然一般具有较强的服务精神,但是作为现实社会系统中的人,他们也有自我发展问题,这种自我发展一方面与实现机构的目标有关,另一方面也与对自身价值的理解有关。因此,组织发展对于提高员工素质,增强他们对社会服务机构的认同也是必要的。

二、社会服务机构发展的动力

(一) 社会需求变化对社会服务机构发展的要求

社会服务机构的任务既可能是一般地执行社会政策,也可能是进行创新性的服务。然而不论如何,社会需求的变化都要求社会服务机构做出相应的、适应性的调整来满足这些需求。按照社会系统理论,任何社会组织都是处于复杂的社会环境(社会系统)之中的,社会组织要满足社会的需要,就要与外部系统相协调、相适应,只有这样,社会组织才能合法地存在和发展。社会服务机构是为解决社会中的问题,满足困难群体、弱势群体的生存和发展的需要而存在的。这

---

[1] 斯蒂芬·P. 罗宾斯:《组织行为学》,中国人民大学出版社 2003 年版,第 567 页。

些问题的不断出现和多样化,政策要求和专业要求的提高,都要求服务机构不断增强自己的能力去应对问题,这就促使服务机构发展。比如在社会救助方面,随着社会救助的政府责任观的形成,政府逐渐把解决公民、特别是困难群体的生活困难作为自己应负的基本责任,向这些人提供服务成为实施政策的新理念,这也要求政策执行者和提供服务者用新的理念去指导自己的行动。这种行动理念和行为的转变就是机构发展的表现。作为一种现实的例证,我国原来针对流浪乞讨人员的《收容遣送法》被废止并代之以《社会救助法》,救助机构的行政管理者和工作人员必须明确新政策,转变思想,学习新的工作方法,这也是组织发展。随着我国以改善民生为重点的社会建设的推进,社会服务机构的工作需要做出某些改进,即实现机构发展。

(二) 提高服务机构效率和服务效果的要求

社会服务机构的发展不但来自外部的要求,而且也与自身发展和运行的要求有关。这种内在动力的首要来源是服务机构对运行效率和服务效果的追求。

如前所述,社会服务已成社会福利制度的重要组成部分,社会服务机构成为传输社会福利的组织或部门。社会服务机构要在社会福利资源再分配过程中承担有效传递的责任,就要处理效率和效果两个方面的问题。社会服务机构是利用社会福利资源进行服务的组织,在福利资源短缺的情况下,资源提供者及其代理人必然要求社会服务机构提供更有效的服务,这在社会工作、社会行政的发展史上是十分明显的。20世纪五六十年代美国政府曾经要求社会工作提供其服务的有效性说明,其中之一就是效率问题。20世纪80年代以来的新管理主义的盛行也是以追求效率为基础的。要从制度上提高服务效率就要提高机构及其成员的素质,寻求更有效的机构运行方式,这些都是机构发展的内容。

社会服务的效果就是服务提供对于改善服务对象的生存困境所做出的贡献。对于社会福利资源的提供者来说,他们希望看到的是服务发生了明显效果。就是对于社会服务机构本身来说,其基本宗旨和目标也是要使服务取得实质性成果。服务效果的增进不仅要求服务机构提高内部效率,而且要求服务机构改进服务方式、方法和技巧,使服务产生更佳效果,这就要推动机构发展。

(三) 机构成员发展的要求

社会服务机构不但要对福利资源提供者负责,而且也要对机构成员负责,而二者之间的一个重要结合点是成员发展。在这里,成员发展不是要脱离机构的任务和目标,而是把成员发展视为机构更好运行、更有效提供服务的条件。

人力资源开发被认为是充分发掘和利用组织成员的人力资源以促进组织整体工作的策略。它包括一系列有计划的活动,包括:成员的培训与资源开发——即通过计划和学习来识别、确保和帮助员工开发其主要技能,以便员工能够胜任当前和未来的工作;帮助成员建立良好的成员间关系——确保组织内部的健康关系,为员工的工作提供好的社会环境;成员工作的合理安排与职业发展设计——对员工的工作给予适当的安置,使其能力与职业需要相匹配,为每位员工设计职业发展计划,使个人的需要与组织需要相匹配;对成员的咨询和帮助——组织向每一位员工提供解决个人问题的咨询;以及鼓励员工的工作创新等。人力资源开发是以实现组织的目标和谋求组织的稳定和长期发展为取向的,其中包含了员工发展的内容。

社会服务机构也是如此。一般认为,由于社会服务机构的服务性质和成员有较强的为社会服务的价值观,所以机构的运行和发展会相对顺利一些。但是,应该看到社会服务机构的成员也希望有更好的发展机会,希望在为事业奋斗的过程中自己也得到发展。社会服务机构应该满足员工的正当要求,通过机构发展将成员发展与机构目标的实现及发展结合起来。

三、社会服务机构的能力建设

(一)能力建设的提出及含义

20世纪90年代中期以来,在非营利组织及相关领域兴起了一个颇有声势的能力建设运动,而且这一运动已经影响到政府部门。能力建设(capacity building)的概念是1995年首先由英国的致力于发展中国家和地区扶贫活动的乐施会(Oxfam)提出的。该国际民间组织在南半球扶贫的过程中,发现当地的非政府组织缺乏向政府争取支持的力量,缺乏合理地设计发展项目的能力,缺乏自我管理的能力和独立地、持续地推进发展项目的能力。这使得国际民间组织在这些国家和地区的扶贫发展活动难以收到持续的效果,于是他们针对南半球非政府组织提出能力建设的问题。

组织的能力是组织所拥有的实现自己目标的能力。它是组织所拥有的有利于实现其目标的各要素、要素之间的整合,以及可借助的外部力量的总和。它包括组织所拥有的人力、物力资源,制度和文化资源,社会影响力和社会资本等。总体说来,组织的能力可分为要素能力、协调能力、获致能力和影响能力。要素能力是指组织在其构成要素方面能力的大小,其中包括人员的数量和素质、资金的充裕程度、目标的号召力、内部管理规则和制度的合理性等。协调能力是组织动员和协调各种要素、各部门去实现组织目标的能力,这主要表现为组织的管理能力与整合能力。获致能力是组织争取外部资源和支持、回避风险的能力。任何组织都需要从外部获取资源,在外部竞争激烈且不确定性增加的情况下,组织的获致能力显得尤为重要。影响能力是组织良好的服务获得服务对象及公众的好评,由此反过来对组织的持续行动予以支持的能力。它与组织产品的质量、信誉和形象有关。上述几种能力对于组织的生存和发展都是十分重要的。

能力建设是针对组织能力不足而提出的,但至今并没有一个统一的定义。可以认为,能力建设是行为主体或社会组织为了更有效地达致目标而增强自己的相关能力的过程。这一概念有如下几个方面的含义:第一,能力建设是针对行为主体的能力不足而提出的。任何社会组织都有自己的目标,这一目标的实现既受其自身因素的影响,也受外部因素的影响。当站在主体的角度看问题时,组织达致目标不力是由于自身能力不足所造成的,因此需要进行能力建设。第二,能力建设是与实现组织目标相关的条件性的行动。能力建设不是实现目标的行动本身,而是为有效达致目标准备条件的活动,是基础性的增强自身能力的行为。第三,能力建设与组织持续达致目标的活动相关。组织的能力建设不是要寻求促进成功的偶然条件,而是要增强组织的制度化运行的能力,这是一种经常性的被制度化了的解决问题、达致目标的能力。第四,能力建设是多方面、多层次的。一个组织要有效地实现目标会受到多种因素的影响,因此组织的能力建设也是多方面的。不过,由于各种因素的重要程度不同,各种能力建设的重要性也不同,一个组织应该把关键能力的建设放在首位。第五,能力建设的成功在于主体的努力。一个组织的某种能力不足是由内外力量的对比所决定的,但是组织的某种能力的形成和保持却要靠组织自己的努力,尽管外部支持可以促进其能力的形成,但它的保持、持续和发挥作用则主要靠组织自己,这样能力建设就具有内在发展的意涵。

(二) 能力建设对社会服务机构发展的意义

在发展中国家和地区,能力建设对于非营利组织和社会服务机构的发展也有明显价值,因为这些国家和地区的社会服务机构常常具有能力不足的特点。这主要表现在如下几个方面:

第一,自主性不足。由于这些国家和地区的民主制度不发达,经济不发达,因此社会福利事业比较落后。社会服务机构比较依赖政府和外部支持,自主活动的能力不足。第二,获取资源的能力不足。这些机构无论对政府还是对社会,都缺乏筹集福利资源的能力。这既有制度方面的原因,也有服务机构自身的原因。第三,合理运用资源的能力不足。由于服务资源的来源不稳定,服务活动和服务项目的开展也缺乏制度化,机构内部的制度建设不健全,并导致资源的综合利用率不高。第四,社会交待不足。社会服务机构行业内部缺乏自律,向社会的交待也缺乏制度化,这也进一步影响了福利服务资源的筹集。

从以上特点可以看出,社会服务机构的能力不足既有经济、政治制度方面的原因,也有机构自身方面的原因。这些都直接影响着社会服务的提供和社会服务机构的发展。社会服务机构的发展有赖于国家的社会福利体制的改进,也与机构的自我努力直接相关。当然,即使在同一制度条件下,社会服务机构也有必要发展自己的能力,争取和创造条件以促进社会服务的发展。

第二节 社会服务机构发展的方法

从总体上来说,组织发展是组织问题专家在组织负责人支持配合下开展的活动,它包括组织诊断、变革方案设计、选择方案试验、反馈和修改方案,以及确定方案、巩固成果等阶段。在社会服务机构的发展方面,由外部专家进行科学的评估和设计发展活动是有益的。不过,社会服务机构也可以自己推进发展活动,动员机构成员广泛参与。机构发展以服务机构运行机制的改进和成员的发展为基础,以促进机构使命和任务的实现为目标。机构发展有一些基本方法。

一、以成员为中心的发展方法

社会服务机构是由成员组成的,它的职能的实现极大地受其成员素质和积极性的影响。以成员为中心的发展方法是通过提高成员的自我认知、增进成员间的相互了解、发展成员的能力来促进机构更好运行的方法。

敏感性训练、训练小组(team training)是常用的成员发展方法。在训练中成员处于一个自由开放的环境中,讨论他们自己以及他们的相互交往过程。通过小组活动使成员意识到自己的行为以及别人如何看待自己,提高自己对他人行为的敏感性,以更好地理解小组和组织的活动过程。这样可以增进成员之间的相互了解和理解,减少人际冲突,增进群体和组织的凝聚力,促进成员个人与机构的整合。

在机构发展中,实际地提高成员的能力也是必要的。通过培训、参加会议等方式使成员增加与工作相关的知识,既有利于直接提高工作效率,也有利于提高成员对机构的认同。这样,向员工提供学习和发展机会成为机构发展的重要方法。

二、以任务为中心的发展模式

工业企业组织管理的经验表明,工人认为工作单调、缺乏意义,无权感和工具角色是影响其工作积极性的重要原因。在此基础上,形成了以任务为中心的组织发展模式,其中包括扩大工作和丰富工作两种方法。

(一)扩大工作

扩大工作方法是通过减少成员对工作的单调感来刺激其积极性的做法。基于工作单调会降低成员积极性的假设,如果能提高成员所负责的工作的复杂性或多样性,就可能会激起他们的工作积极性。为此,组织采取工作轮换和工作扩大化方法减少成员的单调感。工作轮换可以让成员从事多样化的工作,增强成员的能力感。扩大工作是把一些相关的简单工作连接起来并由成员去承担的做法,这也可以减少成员的厌倦情绪而引发其工作积极性。很明显,扩大工作方法可以在一定时间内和一定程度上激起成员的积极性,但并不能从根本上解决问题。

(二)丰富工作

丰富工作方法的主要特点是在纵向上减少上级对下属的控制,在一定范围内让下属有自主选择工作方法和工作具体安排的权力,从而相对自主地完成工作。按照人们都有责任心和成就感的假设,组织成员在一定范围内自主设计工作和完成工作,有利于减低他们的工具感和无权感,而增强他们的责任感和主动性,这也会促进他们工作积极性的发挥。

丰富工作具有以下基本特点:第一,使成员负有更大责任,即自己要负责一项相对完整的工作,从设计到具体操作。第二,使成员具有一定决策权,在一定范围内他可以自主决定去怎样做。第三,有限的控制,即上级对下属的工作实施有限控制而不是严密控制。丰富工作是一定程度上的授权,但并不是放手不管,有限控制可以通过信息收集和反馈等方法实现。第四,增强成员的成就感,即将成员的自主性、责任心、成就感作为促进其积极性的基础,并力图借以实现成员的新的价值观。

实际上,丰富工作是一项复杂的组织发展方法,它涉及成员心理、组织中的权力分配及成员能力等多方面因素。丰富工作的核心看起来是授权,但是否授权和怎样授权又与上层对下属的责任心及能力的判断有关,也与组织的信息收集系统有关。关于组织中授权的研究指出,要实施自上而下的授权必须具备一些基本条件,包括:接受授权者应该有明确的责任意识,承诺对组织的贡献;他们应该有能力在授权范围内较为独立地完成自己承诺的工作;组织中的信息传递是通畅的,上层管理者(授权者)能够获得下属(被授权者)的工作信息,并有实际监督和控制权。因此,组织中的授权并不是权力的简单赋予,而是对接受授权者和上下层关系提出了更高的要求。组织发展中的授权与社会工作中的增权(empowerment)有相似之处[1],也有不同,在这里不作详细比较。可以发现,这种授权的实现即组织的发展。

在社会服务机构中,依赖自上而下的等级式管理去实现目标的做法常常是低效率的,这与社会服务过程的复杂性、服务对象情况的多样性有关,因此,在社

---

[1] 陈树强:《增权:社会工作理论与实践的新视角》,《社会学研究》2003年第5期。

会服务机构的服务过程中运用授权方法是更为必要的。

(三) 服务创新

在机构发展中实现成员发展与机构目标整合的另一种方法是创新。在社会服务领域，创新不但包括服务类型的创新，也包括服务方式和技巧的创新。创新是社会服务机构存在和发展的重要基础。在市场化的社会福利体制下，政府的社会政策通常处理的是普遍性的问题，而作为非营利组织的社会服务机构除了接受政府资助面对普遍性问题之外，还要去面对一些尚在形成中的、政府还没有用具体政策加以解决的新问题。比如当政府还没有出台并实施针对外来农民工子女教育的政策时，非营利组织会首先介入该领域，尝试帮助他们去解决某些问题。这时非营利组织所从事的就是创新性的工作。另外，社会服务机构可以谨慎而灵活地探索更有效的解决问题的方法，其中包括采用新的理念和方法去探索新的服务提供模式，采用新的技巧去提高服务效果等。社会服务机构要进行创新，就必须自觉地进行自我改进，这就是机构的发展。

由于新的问题不断出现，服务对象的需要多样化，也由于社会服务机构总在追求更好的服务，所以社会服务机构要不断创新。这种创新并不是机构上层行政管理者的少数人的行为，而是对整个机构提出的要求。机构在创新中不但回应着社会需要，而且也有力地促进了员工及整个机构的发展。

三、目标管理与成员参与

(一) 目标管理

目标管理方法既是一种管理方法的创新，也可以作为组织发展的一种方法。目标管理(management by objectives，简称 MBO)是由美国管理学家德鲁克(P. Drucker)提出的一种改善组织管理的方法。他认为，传统的管理模式使管理者只关心自己的领域和"专业"，而对组织的整体目标漠不关心，这不利于组织的整体发展。于是，他提出通过下属参与自己行动目标的制定，和通过上下协商确定目标的方法，将下属目标同上一层的目标连结起来，并且下属用自己参与制定的目标来自我指导、自我管理的办法去实现组织管理的创新，这就是目标管理。

目标管理有四个基本的组成部分。第一，目标具体。组织包括每个成员的目标都是具体的，它有具体的要求或详细而明确的描述。第二，参与决策。组织中任何一个成员的工作目标都不是由上层分配下来的，而是在他的参与下、通过与上级管理者协商确定下来的，这使得组织目标中包含了成员的承诺。第三，时间明确。对每一个目标达到的具体时间都有规定，即对每一个成员的任何一个行动目标的实现都有时间上的限制，从而使所有目标结成一个体系。第四，绩效反馈。目标管理要对每一个组织成员提供持续的反馈，以使他们在了解其他成员的工作和组织总体朝向目标进程的情况下控制和修正自己的行为。这样,组织的目标不论在结构上,还是在实现过程中都成为一个整体。德鲁克认为,目标管理的主要贡献是用自我控制的管理来代替由别人统治的管理。目标管理将组织的公共利益变为每一个管理人员的目标,它用更严格的要求,更高的、更有效的内部控制来代替外部控制。它能够充分发挥个人的长处和责任心,能统一各种见解和努力,能建立起集体协作,能协调个人目标和公共利益目标。他认为,目标管理把组织的客观需要转化成组织成员的个人目标,而在实现目标的过程中,成员是作为自由人而行动的①。

德鲁克的目标管理提供了一个理想化的管理模式。很明显,目标管理所包含的下层参与自己目标的制定,强调上下协调和下层的责任与承诺,在制定目标的过程中强化组织认同,这些都是有利于组织发展与成员发展的。社会服务领域不但强调要尊重服务对象,而且注重发挥服务机构全体成员的主动性和创造性,强化他们的负责意识和团队精神,在这方面,目标管理模式是有启发的。

(二) 成员参与

成员参与是组织发展的重要方法。参与(participation)可以视为行动者参加某一集体(或群体)活动的行为。一些学者从公共政治的角度来研究参与问题。按照学者的意见,参与是受不同的价值观念影响的,并表现出不同的行为。从价值观念的角度来看,指导参与的主要有精英主义和多元主义等观点。精英主义的参与观认为,精英分子有能力参与同组织决策、权力分配等相关的重要问题,而民众的参与则是一般性的,因为他们缺乏对复杂的政治问题进行合理判断的知识和能力。公民的参与常常表现为被告知、被动员,或者是一般地征求意见,而真正参与决策是很少的。多元主义的参与观认为,一般公民有参与政治活动的能力和权利,因此认为民众应广泛参与和深度参与。另外,参与既是手段,也是目的②。

以上关于参与的政治学理解对社会服务机构的管理也有启发意义。传统的行政管理模式强调等级性权力,否定下级在决策中的作用。在这种情况下,下层管理人员的参与行为往往是被动的和机械的。实际上,在社会服务机构中,基层管理者和一线工作人员的参与是十分重要的,因为真正的服务是通过他们来实现的。因此,社会服务机构普遍强调参与和团队精神,强调机构人员广泛而深入地参与到服务的计划和实施中来。实际上,成员广泛而深入地参与是社会服务机构活动的基础和条件,在参与中进行交流和互相学习,在参与中形成工作团

---

① 彼得·F. 德鲁克:《管理:任务、责任、实践》,中国社会科学出版社 1987 年版,第 546~551 页。
② 莫泰基:《公民参与:社会政策的基石》,(香港)中华书局 1995 年版。

队,通过参与来促进机构目标的达致和员工的发展。当然,社会服务机构中的参与也不是不计成本的,但是从本质上来说,社会服务机构的有效运行需要广泛的参与。

四、工作生活质量

(一) 什么是工作生活质量

工作生活质量(quality of work life,简称 QWL)是将组织成员的工作与其总体生活联系起来,通过改善整个工作环境来提高其工作积极性和创造性的组织发展的思路和方法。这里的工作生活质量是指组织成员与整个工作环境之间关系的质量。这种思路认为,组织的职能活动有人、经济和技术三个相互联系的重要影响因素,组织要为个人的学习与发展创造条件,向他们提供有吸引力的工作以满足其需要,促进其努力进取。如果组织能够为其成员提供高质量的工作生活,那么,它也就能够在竞争激烈的情况下获得成功。

高质量的工作生活具有如下特征:有安全感,有吸引力的、富有挑战性的工作,个人有一定的决策空间即有与责任相应的权力,承认贡献并且有平等的报酬和奖赏,在工作中获得支持与理解,有学习与成长的机会,工作有前途,等等。这就是说,高质量的工作生活是尊重人并承认人的工作,是能促进人的发展和满足其人生价值的工作,也是成员的个人发展与组织目标的实现统一起来的工作。

工作生活质量被赋予多种含义:它意味着工业民主或员工参与正式组织决策的法律化;对于行政管理者来说它是通过改进成员的社会心理系统来提高组织效率的努力;工会组织认为它意味着更有人性的工作条件和更平等地分享收入和利润等[①]。

(二) 工作生活质量设计在社会行政中的应用

工作生活质量设计的核心是使组织中的工作更加人性化,组织的工具性目标与成员的发展结合起来。这里必然要求:将组织中的技术性因素同完成任务的社会性因素协调起来,既有组织内的分工,又充分相信成员并给予其自主性,组织鼓励工作群体承担富有挑战性的任务并且给予支持,组织内部应该形成良好的信任关系。

毫无疑问,具有上述特点的工作也是社会行政系统和社会服务机构所希望的。特别是在执行社会政策的行政系统中,一般要求严格地执行政策,不使政策走样,以使政策能有效地惠及对象。但是,如何在这一过程中使工作人员不是机

---

① 弗里蒙特·E. 卡斯特、詹姆斯·E. 罗森茨韦克:《组织与管理》,中国社会科学出版社 1985 年版,第 709 页。

械地、而是创造性地工作则是必须注意的问题。建立工作团队,减少指挥并给工作人员以自主地决定完成任务方式的权力,鼓励创造性地工作并进行交流,提高工作人员的实现感,这些都是社会行政系统应该考虑的。

五、职业生涯设计

(一)职业生涯设计的含义

职业生涯是指一个人一生连续地担负工作职业和工作职务的发展道路,它是一个人的与工作有关的连续经历。在现实生活中,进入劳动年龄的人绝大多数都要从事一定的社会劳动,特别是有报酬的劳动。从事某种职业成为一个人获得社会财富和社会地位的重要途径,而职业发展则是人们有计划地将个人的能力与机会较好地结合起来,满足社会或组织需要及个人需要的过程。人们都具有自己的职业理想,这既包括人们对职业类型的选择,也包括对某一职业或组织内不同层级和岗位的期望。但是要有效地达到职业目标,就需要对它进行设计,并创造条件切实去努力实现。

在现代组织中,组织成员在职业类型和职业岗位上的发展既与个人的努力相关,也与组织为其提供的发展空间有关。由于组织的负责人对组织的未来发展、组织内部的人才资源及竞争有更全面的看法,所以,他们关于成员的职业发展的建议对其获得令人满意的职业岗位十分重要。组织负责人或有关部门(主要是人力资源管理部门)帮助组织成员谋划其未来职业发展的活动就是职业生涯设计。

(二)社会服务机构中的职业生涯设计

一个人在某一组织内部的职业生涯受个人条件和组织提供的机会的双重制约,而比较实际的职业发展同个人对自己职业发展的设计与组织对职业发展的设计与开发有关。如果组织的负责人或人力资源部门能负责任地、与人为善地为其成员的职业发展进行谋划,并且创造条件去努力实现成员职业发展的目标,就一定会增加成员对组织的认同感。同时,由于组织成员明确了自己的职业发展方向,也会更明确地去完成组织的任务并达致个人的职业目标。因为在组织对其成员的职业生涯设计中,组织目标与成员个人目标是有机地结合在一起的。这样,组织对其成员的职业生涯设计就能起到持续地激发员工工作积极性的作用。在职业生涯设计方面,最重要的是组织的职业资源的开发,即组织为其成员提供足够的职业发展空间。这种职业发展空间既有职业层级的含义,也有经济地位、工作内容的丰富性、对个人能力发展的要求等多种含义。

社会服务机构中成员的职业发展是必要的,成员需要通过自己的工作在工资报酬、社会地位、专业地位等方面得到发展。在这种情况下,服务机构与其成员一起进行职业发展设计对于激发成员的积极性、稳定队伍、有计划地促进机构发展具有重要作用。

第三节 管理主义与社会服务机构的发展

一、管理主义的兴起及其背景

(一) 管理主义的含义

20世纪80～90年代以来,先是在西方发达国家,后来几乎波及全世界,出现了公共组织特别是公共行政组织改革的浪潮,这一更加强调效率的改革思潮被称为新公共管理(new public management,简称 NPM),它的另一个概念是管理主义(managerialism)。

新公共管理首先在英国、澳大利亚等国家实行,这是政府为了削减庞大的公共行政开支、提高行政效率所做的努力。按照胡德(Hood)的看法,新公共管理包括如下一些内容:在公共政策领域进行专业化管理;制定绩效的明确标准和进行测量;重视产出控制;部门之间的分化——围绕产出组成合作单位;向更具竞争性的方向发展——包括招标;对私营部门管理方式的重视;对资源强化控制,压缩直接成本①。可以看出,所谓新公共管理就是要用更加注重用投入－产出的模式去对公共事业进行管理,包括用企业管理的办法来管理公共部门,特别是政府。这一过程更多地强调管理,有用管理代替行政之嫌。

管理主义则是新公共管理所反映的理念,即对公共部门实行更严格管理的指导思想和价值观念。它认为公共部门,包括社会福利部门需要进行更严格的投入－产出核算和监控,要力图通过对计划和过程的严格控制来保证在尽量节省公共资源的情况下达致公共目标。所以与以往公共行政强调公益精神和公益目标相比,管理主义强调更细致的管理。

(二) 管理主义的兴起及扩展

管理主义或新公共管理是英美等国家新自由主义思潮占主导地位的反映。正如前面已经指出过的,早在20世纪60年代美国政府就提出要对公共项目(如"伟大的社会")的实施效果进行反思。20世纪70年代末至80年代初,随着撒切尔夫人和里根的相继上台,新自由主义在英美政府中占据主导地位。面对福利国家严重的财政问题,新自由主义强调要缩减社会福利开支,并对社会福利和公共财政开支进行严格管理,包括要求对社会福利项目和公共项目进行严格的

---

① 欧文·E.休斯:《公共管理导论》,中国人民大学出版社2001年版,第72～73页。

成本-收益核算,要求项目承担者对项目的开支与效果做明确的报告,这就是社会福利和公益领域中的问责制度或社会交待制度。新自由主义宣称,这种做法可以更有效地利用公共资源,节约开支,进而减轻税负和促进经济发展。由此看来,管理主义是以一定的经济和政治背景为基础的。

新公共管理的严格开支、提高效率的做法是针对政府或公共部门而言的,其目的是通过公共资源投入上的严格控制,减轻公共财政对国民经济投资造成的日益沉重的压力。政府的这种在公共行政方面的改革不但会影响公共事业领域,而且会直接影响政府的社会政策,因为西方发达国家政府的公共开支有相当大部分被用于社会福利开支。这样,管理主义就自然会影响到社会福利事业,影响到社会政策和社会行政。另外,作为非营利组织的社会服务机构也受到这一思潮的影响,其指导思想是必须善用由政府支持的社会福利资源和民间的社会慈善捐款。

二、管理主义对社会服务的影响

(一) 社会服务中的专业主义与管理主义

在社会工作的现代发展中,加强管理和强调专业的作用是存在矛盾的。管理主义和专业主义是两种比较极端的思想。为了说明管理主义的影响,我们先介绍专业主义。

专业主义是关于专业至上的一种看法。随着社会分工的发展,某些职业逐渐走上专业化道路,并在社会生活中居于重要地位。在某些领域,专业就是权威,专业技术成为决定问题处理方式的权力。随着社会工作的专业化,专业社会工作者也同时具有了某种权力并影响着社会工作过程和结果。社会工作中的专业主义坚持如下立场:强调依靠专业人员的技术和专业知识进行服务;专业人员有提供有质量的服务的责任;社会工作者是专业服务人员,社会工作也是技术,这不是任何人都可以充当的;出于专业要求,社会工作比较关注个案,认为每个服务对象、每项服务都具有特殊性;强调建立专业关系,尊重服务对象的个人隐私,并有责任保障服务对象的权益;社会工作者受专业协会的监督;专业主义导向的福利政策强调要提供一定质量和数量的服务。在上述方面,可以看到专业在服务中的核心地位。

如果按照管理主义,社会服务可能会以另一种方式展开。管理主义崇尚科学,强调标准化,它认为对人的服务也是可测量的,也可以进行成本-效率计算,并力求优化成本-收益;它认为机构人员只具有工具价值,而无个人价值;在社会服务提供的过程中社会工作者是管理者,是技术的使用者和过程的控制者;服务对象是被动的;福利服务是一种产品;管理主义的福利政策强调管理质量①。

(二) 管理主义对社会工作(社会行政)的影响

管理主义作为一种国际性思潮对社会工作发生了复杂的影响,对社会行政也有直接影响。作为一种倡导严格而细致管理的理念和方法,管理主义确实在强化管理、改善资源利用、制约某些不负责任的服务提供行为方面发挥着积极的作用。但是,管理主义在社会工作领域的简单化运用又可能忽视对人服务的复杂性,从而伤害这种服务。

美国密歇根大学的托普曼(John E. Tropman)认为管理主义对于社会行政有积极影响,这可能表现在如下一些方面:可以弥补机构董事会缺少管理功能的缺陷,因为服务机构的董事会成员不都熟悉管理,而管理主义会帮他们的忙;可以弥补行政长官社会工作管理训练之不足;可以应付行政长官和高层的漂浮不定,机构内规范化的管理不随高层行政人员的变动而变化,从而可以支持机构的有序运行;可以解决行政人员后续教育少的问题,因为实践管理主义本身就是一种学习和训练;可以弥补社会工作文化中所缺乏的管理思想;能够促进资源的合理使用和人力资源的功能发挥;能够弥补行政人员财政知识之不足;长期以来非营利组织比较强调慈善精神,管理主义的介入可以改变非营利组织的技术落后状态;一些服务机构对服务的事前和结果评估不足,不利于改进服务,引进管理主义可以改进机构评估以向客户负责;变过程评估为结果评估,更有利于明确服务的结果;另外,管理主义方法的运用也可以促进社会服务机构利用管理咨询服务来帮助自己。

也有学者指出管理主义有不适于甚至损害社会工作之处。英国学者林伯里(M. Lymbery)指出英国社会服务署下属的服务机构使用管理主义策略时有如下做法:在社会服务机构中采取商业运作的方法;通过建立新的评估规则和增加消费者的权力来控制专业人员的权力;将理性决策作为社会工作角色的核心部分;将组织管理人员同资深的专业人员分离开来,并且试图将前者的管理工作置于专业服务之上;让更多组织进入自我规训过程;将管理控制应用于个案工作。

这也就是说,将管理主义运用于社会工作有可能造成去专业化,使社会工作专业方法和技巧的作用受到影响。另外,管理主义策略可能会忽视社会服务的本质是对人的服务,把对人的服务变为与物的关系,服务者更注意的是满足管理程序上的要求,从而伤害社会服务。另外,管理主义的泛滥也可能导致服务机构的官僚化。

---

① 郭伟和:《管理主义与专业主义在当代社会工作中的争论及其消解可能》,载王思斌:《中国社会工作研究》(第二辑),社会科学文献出版社 2004 年版。

毫无疑问，社会工作和社会行政领域希望加强管理和充分发挥专业工作者的作用。社会服务是充满伦理的对人进行服务的领域，但它不排斥管理尤其是善用资源。如何吸收管理主义和专业主义中合理的东西而不走极端，实现二者的相互配合是社会工作、社会行政发展遇到的现实课题。

三、社会服务机构中的全面质量管理

（一）全面质量管理的兴起与发展

全面质量管理（total quality management，简称 TQM）是 20 世纪 80 年代之后在工商管理领域流行的思潮和做法，但它的发生与发展过程可以追溯到更远。美国管理学家戴明（W. Edwards Deming）20 世纪 20 年代在参加著名的霍桑实验时就开始发展对产品质量的控制方法。后来他被聘到日本讲授质量管理的理论与方法，并在日本得到广泛运用。还有一些管理学家（如克罗斯比）从更具体的操作层面对全面质量管理理论与方法的形成做出了贡献。

全面质量管理被认为是一种管理哲学和管理方法，它是指组织机构在不同层面上，不断改进产品或服务质量的管理方法，以保证产品或服务达到高质量的一系列努力。这就是说，全面质量管理是通过加强管理来促进目标达成的方法，它是在产品或服务形成过程中的持续的管理方式，这种管理方法是不断改进的，它以满足产品或服务需求者的需要为导向。它在工业生产领域被广泛运用以减少成本、提高产品质量，增强企业的市场竞争力。

后来，全面质量管理作为一种理念和方法也被运用于公共部门和私营的服务机构，包括卫生服务机构和社会服务机构之中。

（二）全面质量管理的内容

戴明在阐述他的质量管理理念时，提出了实施质量管理的如下要点：以产品与服务的改善作为持续的目标，采用全面质量管理的新哲学，停止用监察、检验的方法去保证产品质量的做法，不以价格作为是否采购的依据，建立持续不断改善产品与服务的系统，提供在职训练，开发领导的功能，排除工作人员的恐惧感，消除部门间界限的障碍，去除标语和劝诫并以零缺点作为标的和产量的标准，取消数量性的工作配额，消除使员工无法在工作上引以为傲的障碍，向工作人员提供学习和自我提升的训练计划，使组织成员完成观念转型并将任务当作自己的工作[1]。可以发现，戴明的上述特点从比较综合的角度来阐明问题，或者可以说他阐述的是全面质量管理的哲学。它也可以概括为四个方面：目的的持久性——外部需求在变化，要求组织不断发展；改善的持续性——质量的改进是无

---

[1] Lawrence L. Martin：《社会服务机构组织与管理》，（台北）扬智文化公司 1997 年版，第 27 页。

止境的;了解变异——要了解产品在持续生产中可能出现的偏离,并注意克服之;厚实的知识——需要有多方面的知识作为实施全面质量管理的基础。

克罗斯比从操作层面指出全面质量管理的主要做法:管理阶层对新价值观念的认同与承诺,建立质量改善团队,对质量进行测量,对质量成本的估计,树立质量意识,修正错误的行动,没有缺点(或称零缺点)的计划,对员工的教育,零缺点工作日,设定目标,消除造成错误的因素,对成绩的表扬及嘉奖,建立质量管理委员会,从头再做一遍。全面质量管理的一个重要特点是以满足顾客的要求为目标,强调改进无止境,强调把握好生产或服务的每一个环节不出"疵点",从而保证产品的高质量。它所采用的方法包括建立质量控制圈,建立质量管理委员会等。

要成功地实施全面质量管理需要坚持以下原则:组织的高层管理者要有实施的决心,要了解服务对象的需要,不断发展质量管理的策略,要测度推行全面质量管理的成效,要有员工的广泛参与①。

(三) 全面质量管理对社会服务的贡献

全面质量管理是管理学家们在对企业部门的研究中提出的,他们认为这种方法也适用于政府部门和社会服务机构。当然,社会服务机构的产品与企业的产品有不同,比如服务产品是无形的成果,并且是非标准化的,在服务过程中服务人员同服务对象高度接触,其质量控制是对服务过程的控制。这些有可能使得在将全面质量管理运用于社会服务时有某些差异。但是,全面质量管理的要求与社会服务的性质有许多相似之处。例如,全面质量管理注重顾客的需要,社会服务以服务对象为本;全面质量管理注重质量的控制过程,社会服务则强调在过程中实现服务;全面质量管理注重对变异的控制,社会服务所提供的常常是非标准化的服务,也要注重对服务质量的控制等。

当然,对物质产品生产的管理与对服务过程的管理还是有差别的。全面质量管理的价值是顾客的需要至上,社会服务当然看重服务对象的需要和自决权,但是这种自决权又是建立在工作人员与服务对象的充分互动之上的。物质性产品比较容易分解成不同环节,但社会服务的效果是与服务过程并存的,效果是整体性的。另外,全面质量管理在一定条件下要求明确而严格的标准,社会服务所遇到的问题和处理的方法却不那么标准。所以,全面质量管理强调加强管理的必要性,但也不能束缚人们的能动精神,而后者对社会服务是十分重要的。

---

① 梁伟康、黄玉明:《社会服务机构管理新知》,(香港)集贤社 1996 年版,第 300 页。

第四节 社会服务机构的文化建设与社会资本

一、组织文化与文化建设

(一) 组织文化的含义与功能

1. 组织文化的含义

组织文化是某一社会组织在长期的运行和活动中形成的、指导组织成员活动的价值观念、道德规范、工作习惯及与此相联的经营理念。它是由组织成员共享的、反映组织理念的价值系统。组织文化由物质文化、制度文化和精神文化组成,或由它们表现出来。组织的物质文化如一个社会服务机构中灵活舒适的设施布置,反映了该机构的接纳精神。制度文化是指组织制定或在组织中自然形成的指导组织成员活动的规则和习惯。它反映了组织的内在要求和工作风格。精神文化是指组织所持守的价值观念和理想追求,它主要表现为组织成员在工作中表现出来的精神风貌和价值追求。

任何比较成熟的社会组织都有自己的组织文化。不同类型的组织其组织文化也不同,比如,工商业组织的文化与社会服务机构的文化有明显差异,前者比较注重经济利益,后者注重人文关怀。

2. 组织文化的功能

组织文化在组织的生存、成长和发展中发挥着重要作用,主要包括如下一些方面:

导向功能。作为组织的价值观和追求,组织文化对于其成员和组织具有指引方向的功能。组织文化作为其成员共享的价值是内化于成员的观念之中的,在内化过程中也渗透着应该/不应该、合理/不合理的价值判断和价值准则。这样,组织文化就对其成员的行动具有指导作用。

约束功能。文化是一套公认的价值准则和行为规范,当它被接受之后就对成员发生自律作用,在它未被完全接受时则具有外在的强制功能。

激励功能。组织文化的激励功能同样来自于它的价值判断作用。文化是在倡导一种行为规范,它向组织成员昭示什么样的行为是好的、值得提倡的,而且良好地实践组织文化的成员会得到组织的正式奖励和组织成员的称誉。这样,组织文化就发挥着激励功能。例如,组织评选先进典型,宣传他们的事迹,号召向他们学习就是在利用文化的激励功能。

整合功能。整合是将各组成部分结合成一个协调的整体的过程和状态。文化的共享性使组织成员在对待组织、对待工作、对待服务对象等方面有了共同的看法,从而使他们具有明显的同质性。向上的组织文化将组织成员团结起来,组织成为一个协调的整体。

(二)社会服务机构中的文化建设

1. 社会服务机构中的文化

为了保证组织机构的平稳运行和有效地达致目标,组织也都在努力建设自己认为适宜的文化。社会服务机构作为有特点的、以向有需要的人群特别是困难群体提供服务和促进社会福利的组织,也有自己的文化。社会服务机构的文化具有如下特征:利他主义、人文关怀、平民意识、平等意识、合作精神、团队精神、责任意识等。

利他主义是社会工作的基本价值。社会工作也是利他主义的社会实践,即社会工作者、社会服务机构是为社会上有需要的群体服务的,社会工作摒弃在服务中利己的私念。人文关怀是社会服务的基本要求,社会服务的对象是人,特别是困难群体和弱势群体,社会服务体现的是对服务对象的真诚关怀。由于社会工作的服务对象主要是困难群体,他们生活于基层社会,所以社会服务机构中应该存在平民意识和平等意识,而不是用精英主义的观点去看待和对待有关社会服务。社会服务需要合作,社会服务项目的实施、社会服务机构的有效运行尤其需要合作,其中包括部门之间和不同层级之间的合作。团队精神是社会服务机构必须具备的,这与社会服务的复杂性、不断创新性等因素有关。社会政策、社会服务项目的实施需要同人之间的密切合作,团队精神也包括了参与和民主精神。责任意识是社会工作者、社会服务机构向社会承担责任的态度,这是社会工作的基本性质使然,也是社会对他们的职业要求。由于社会工作直接面向困难群体,所以这种社会责任感极其浓重。

上述价值和行为特征反映了社会工作的专业文化与专业精神,它们在社会工作领域和社会服务机构中不同程度地表现在其服务活动、机构运行之中,并呈现出与其他类型组织不同的特征。

2. 社会服务机构中的专业文化建设

在专业社会工作比较发达的国家和地区,社会服务的专业文化是由专业培训、服务活动、专业自律和社会监督等环节塑造而成的。首先,社会服务机构作为服务型的非营利组织,其加入者特别是其重要成员都会受到或多或少的社会工作专业教育和培训。他们的职业认同使为社会服务成为机构成员的普遍追求,并成为机构活动的指导思想。在专业社会工作比较发达的国家和地区,专业的准入性是服务机构的文化基础。其次是服务活动对机构公益文化的加强,社会服务机构在承担社会服务项目时对社会的承诺和政府、社会对他们的支持强化着他们的公益和服务理念。还有,专业自律对社会服务机构专业文化的形成起着外部支持作用,作为一个共同体,行业和专业自律不断强化着社会服务机构的服务行为,其中既包括来自行业协会的培训和支持,也包括对违反专业和行业基本价值行为的惩处。至于来自政府和社会的力量,主要表现为对社会服务机构的评价及以此为基础的经费和政策方面的支持或限制。正是在上述情况下,社会服务机构形成并发展着自己独特的专业文化,团结着机构成员有效地实施着社会服务。

在社会工作不发达的国家和地区,社会服务机构的专业文化建设比较困难,因为它们缺乏形成强有力的专业文化的内外条件。从发展的要求来看,社会服务机构的行政和管理人员要身体力行,实践和扩大专业文化的影响。在这一过程中,机构在人员招聘时就要留意,要不断在服务的设计、实施及评估中强化社会服务的价值观念,靠行为典型和权威凝聚机构成员,强化对成员的培训,与他们一起成长,并带动机构的发展。在此过程中逐渐养成专业文化,并为服务机构的长久稳定发展奠定基础。当然从宏观上来看,加强社会工作的制度建设对于社会服务机构专业文化的形成是十分重要的。

二、社会服务机构的社会资本建设

(一) 社会资本的含义与功能

社会资本是20世纪80年代中期以来在西方社会学和社区发展领域被广泛使用的一个概念和理论。它在组织社会学、经济社会学、社区发展等诸多领域被运用,对加强社会服务机构建设也具有重要价值。

系统的社会资本概念及理论首先由法国社会学家布尔迪厄提出。他认为社会资本是实际或潜在资源的集合,这些资源与相互默认或承认的关系所组成的持久网络有关,而且这些关系或多或少是制度化的,这种网络从集体型拥有的资本的角度为各会员提供支持。

美国社会学家科尔曼从理性主义的观点出发,认为社会资本是个人之间的关系,它由信任、义务与期望、信息网络、规范和权威等组成,是存在于人际关系结构之中并能为结构中的个人实现目标提供便利的东西。社会资本发挥着减少成本、提高效率的作用。如果没有社会资本,个人或组织的目标就难以实现或必将付出极高的代价。在这里,科尔曼认为社会资本同组织的活动联系在一起。

另外,政治学家普特南认为社会资本是社会组织的一种特征,诸如信任、规范以及网络,它们能够通过促进合作行为来提高社会的效率。这样,公共精神、公民参与就与社会资本发生了联系。福山(F. Fukuyama)基本上从文化的角度去看待社会资本,他认为社会资本是在社会或特定的群体中成员之间的信任普及程度,它通常是由宗教、传统、历史习惯等文化机制建立起来的。

总的来说,社会资本是存在于人们之间的良好的关系之中,并能够对占有社会资本的人给予支持的相互信任,作为一种支持力量,它对行动者实现目标具有重要的促进作用。

(二) 社会服务机构的社会资本

从社会资本的含义来看,组织也可以具有社会资本。它指的是组织所拥有的、有助于其目标达成的、各种类型的、制度化的支持性关系。组织的社会资本既存在于组织内部,也存在于组织之间。组织内部的社会资本是由于工作或其他原因所形成的部门或成员之间的稳定的相互信任、认同和支持关系。组织外部(之间)的社会资本是组织与其他组织建立起来的信任和制度化的合作与支持关系。这种制度化的支持性关系增强了组织在外部交往系统中的稳定性,会提高组织的效率。社会资本的作用在组织环境多变和不稳定时表现得更加明显。因此,现代组织都特别注重社会资本的建设。

社会服务机构也应该建构和发展自己的社会资本。社会服务机构内部的社会资本包括成员之间的良好的信任、合作和支持关系,部门之间良好的合作关系,以及不同层级之间的相互信任与支持关系。这种社会资本要靠机构成员的社会化、内部的制度建设和富有成效的合作共事逐渐养成,而团队建设是一项重要措施。社会服务机构外部的(组织间的)社会资本指的是机构与政府部门、其他组织乃至服务对象之间的相互信任和支持关系。这种社会资本主要靠机构的被认可的服务成效来建立和发展。对于社会服务机构来说,要建立外部社会资本,良好的公共关系和社会交待也是不可或缺的。

(三) 社会服务机构的团队建设

团队建设(team building)是组织发展的一种方法,也是增进组织的社会资本、增强组织凝聚力的策略。在社会服务中,团队被认为是一种为实现组织目标而建立的、具有较强内聚力和行动能力的群体,团队有平等、参与、信任、团结、能力等特征。它可能是机构中的职能部门,也可能是为了某种目的而特意建立的工作群体。

这种团队并不是由组织设置的科层结构自然转化而形成的,它的形成需要去建设。在团队建设过程中需要机构或部门负责人有良好的专业素质、丰富的工作经验、豁达的态度和较高的组织能力。除此之外,在组成团队及其运行过程中应该注意做到如下一些方面:团队内部的工作气氛舒适,人人参与但又不恶性竞争;对机构中的问题进行充分讨论,实现整体互动;团队任务和目标明确;成员之间小心聆听、互相尊重;允许不同意见存在,用民主、开放、温和的方法解决冲突;决策及执行过程尽量达成共识,避免独裁和滥用投票以多数意见压人;批评是善意的和有根据的,批评之后要有适当跟进;成员可以自由表达自己的意见并具有安全感;在团队行动中成员对自己的任务及位置清楚,并努力完成;除正式领导外,成员都有机会做情境式领导,贡献自己的能力;团队能够自省,进行客观的自我评估,并能不断改进。①

显而易见,良好的团队不但可以有效地完成工作,而且可以增进成员之间的深度了解和信任,能够形成社会资本。

(四)社会服务机构的外部合作与支持关系

社会服务机构有效的、高质量的服务及自身的发展需要外部支持,需要同外部组织建立起良好的关系,建立外部社会资本。这些组织包括政府、其他非营利组织、企业等。

社会服务机构的职能是在社会政策框架下开展活动并解决社会问题。不管是获得资源,还是建立正常的工作环境,社会服务机构的较大规模的服务活动都需要得到政府部门的支持。这样,它就必须积极寻求同政府建立良好的合作关系。另外,社会服务机构应该与同类服务机构以及专业共同体(协会、联合会)等建立起专业关系和合作关系。专业共同体既是维护其成员合法权益的组织,也是对其成员的服务进行评估和监察的专业机构。专业共同体的存在有利于规范其成员的服务,促进其成员服务质量的提高,从而有利于机构的发展。在需要向社会筹集服务资源的情况下,社会服务机构还要积极发展与企业和基金会的关系,同它们建立起良好的合作与相互支持关系。

社会服务机构在其服务和发展中借助外部力量,也包括吸收外部专家参与机构管理。这些来自于政府部门、服务机构和学术机构的专家不但能给机构带来好的建议,而且可以在一定程度上带来组织之间的支持关系,这也是机构的社会资本。所以,有作为的非营利组织一般设有专家咨询(管理)委员会。

推荐阅读文献

彼得·F. 德鲁克. 管理:任务、责任、实践. 北京:中国社会科学出版社,1987

布尔迪厄. 文化资本与社会炼金术. 上海:上海人民出版社,1997

陈树强. 增权:社会工作理论与实践的新视角. 社会学研究,2003(5)

弗兰西斯·福山. 信任. 呼和浩特:远方出版社,1998

弗里蒙特·E. 卡斯特,詹姆斯·E. 罗森茨韦克. 组织与管理. 北京:中国社会科学出版社,1985

郭伟和. 管理主义与专业主义在当代社会工作中的争论及其消解可能.

---

① 梁伟康、黄玉明:《社会服务机构管理新知》,(香港)集贤社 1996 年版,第 264~265 页。

见:王思斌:中国社会工作研究(第二辑). 北京:社会科学文献出版社,2004
理查德·L. 达夫特. 组织理论与设计精要. 北京:机械工业出版社,1999
李惠斌,杨雪冬. 社会资本与社会发展. 北京:社会科学文献出版社,2000
梁伟康,黄玉明. 社会服务机构管理新知. 香港:集贤社,1996
莫泰基. 公民参与:社会政策的基石. 香港:中华书局,1995
欧文·E. 休斯. 公共管理导论. 北京:中国人民大学出版社,2001
斯蒂芬·P. 罗宾斯. 组织行为学. 北京:中国人民大学出版社,2003
王思斌. 社团的管理与能力建设. 北京:中国社会出版社,2003
威廉·J. 罗思韦尔等. 组织发展的实践. 天津:南开大学出版社,2001
詹姆斯·S. 科尔曼. 社会理论的基础. 北京:社会科学文献出版社,1999
Lewrence. L. Martin. 社会服务机构组织与管理. 台北:扬智文化公司,1997

第十二章　中国社会行政的实践与发展

中国有独特的福利文化传统,新中国成立以后形成了独具特色的社会政策体系和社会行政系统。改革开放以来,我国的社会政策与社会行政发生着重要变化。本章将对这些内容做扼要介绍。

第一节　中国社会行政的历史及其背景

一、传统中国的经济、政治、社会及社会福利

任何国家或社会的福利制度都与其经济、政治、社会结构和福利思想有关。因为社会福利作为通过社会财富再分配而使人们更好地生活的手段总要受一定的经济制度、政治制度制约,受社会结构和福利意识形态影响。社会行政是实施社会福利政策的制度性安排及过程,它也受到政治、社会结构等因素的影响。

（一）中国古代社会的经济和政治

中国古代社会是一个农业社会。秦汉以来,中国社会的主体是以小农经济为基础的、实行皇权专制和宗法制度的封建社会,两千年的发展使中国成为典型的实行封建制度的国家。

在经济制度上,家庭是基本的生产单位,人多地少、生产规模狭小、受自然条件的强烈制约、产量低且不稳定是小农经济的基本特征。家庭集体生产和占有产品是小农经济的组织形式和财富分配形式。生产力的低下使农民一直处于力图挣脱贫困的状态,低水平的自给自足和遇到天灾人祸而陷入困境成为人们普遍的生存特征。明朝后期,中国出现了资本主义萌芽,至清代中后期有所发展,但是由于封建王朝实行闭关锁国的政策、重农抑商,所以工商业一直没有得到应有的发展,中国仍然是以小农经济为基础的农业国。这必然会影响到社会福利资源的储集及分配。

在政治上,中国长期实行皇权专制制度,政权设置最低至县,县以下基本上实行民间自治,即由地方精英并借助宗法组织处理地方事宜。由于幅员广大,所以除战争和灾荒之外,中央政权无力顾及民间事务,从而实行无为而治,政府对不危及政权稳定的民众贫困等问题基本上不承担责任。地方乡绅由于同村民有

着多种联系,所以在治理乡村时可能去筹办局部的贫困救助事宜,其社会基础是宗族和家族。

(二) 中国古代的社会结构与文化

从总体上来讲,以小农经济为基础的中国社会结构分化是很低的,村落社会结构成为中国社会结构的基础和代表。地主阶级和农民阶级形成基本的阶级结构,但他们之间又存在或多或少的血缘和地缘联系。在村落之中,亲属关系成为社会结构的重要基础,家庭、家族、宗族、村落共同体成为中国古代基层社会结构的基本框架。不管是政治上还是生活方面,这种差序格局式的关系都成为一定的责任连带系统,并在济贫救难方面发挥一定作用。

在文化上,作为中国社会主体的华夏民族在自然经济之上形成了"天人合一"观,并发展出儒家、道家等生存哲学。佛教传入中国之后也不断本土化,并与儒家思想、道家思想相融合。这种文化的核心是重人伦的、内敛的和自守的。它影响着人们的福利观、求助观、福利责任观及相关行为。

(三) 中国古代的社会福利思想

中国古代有丰富的社会福利思想,其中尤以儒家的大同社会思想、仁政和民本思想最为突出。中国社会中的"福"有丰富内涵,它不只是指经济上的富裕,而且也指人伦关系的和谐。中国的先哲崇尚富裕安康的社会,这在"大同"思想中有集中表现。《礼记·礼运》中记载孔子的思想说:"大道之行也,天下为公。选贤与能,讲信修睦。故人不独亲其亲,不独子其子,使老有所终,壮有所用,幼有所长,矜寡孤独废疾者,皆有所养。……是谓大同。"可以发现,这里不但包括了对老幼及矜寡孤独废疾者的养护,而且包括了和睦关系、普遍之爱的思想。正如孟子所说:"老吾老以及人之老,幼吾幼以及人之幼",也是追求普遍之爱。

道家思想被认为是反映了贫苦民众的心理和理念。老子也认为"甘其食,美其服,安其居,乐其俗"是理想的,但他强调要"知足",知足而不求人,这也是道家的人生哲学。佛教进入中国之后对民众的影响也是深刻的。它强调积德行善,慈悲为怀,布施于人,强调人们之间的平等和相互关怀。

墨家主张兼爱即没有差等的爱,墨子主张:"天下之人皆相爱,强不执弱。众不劫寡,富不侮贫。贵不敖贱,诈不欺愚。""有力者疾以助人,有财者勉以分人,有道者劝以教人。"这是他认为的治乱安生的措施。

以上先贤的福利思想是对理想社会的向往,它们又是建立在对现实社会的理解之上的。由于古代知识分子大多怀"修齐治平"之理想,所以上述思想又有教化万民、安邦治国之追求。这反映在这些先哲贤人都希望用上述关于理想社会和福利的思想说服当权者,去行德政、仁政以及无为而治,等等。而这些思想主张一旦被当权者接受就可能变为某种社会福利政策。

（四）中国古代的社会福利制度与社会行政

受经济、政治文化、社会结构等因素的影响，中国古代的社会福利制度也是复杂的。社会制度是在一定社会生活领域中存在的指导人们行为和相互关系的规范体系，它们有的是自然形成的，有的是人们有意设计的。社会福利制度也是如此，如果我们把民间处理社会福利的制度化做法也视为社会福利制度的话（当然这与现代国家意义上的社会福利制度是很不相同的，它们可能是很弱的福利制度），那么就可以把社会福利制度分为官方的与民间的两种。官方的社会福利制度是指由国家政府通过颁布、实施社会福利政策而形成的制度，民间的社会福利制度则是民间社会中对社会福利问题的、一定程度的制度化的解决方法。

中国历史上早就有关于社会福利的政策主张与安排。《管子·入国》中提出行"九惠之教"，即老老、慈幼、恤孤、养疾、合独、问疾、通穷、振困和接绝。九惠之教是九种针对困难民众的救助政策，它指出了在这些方面国家应该承担的责任，同时也指出了实施各种救助政策的实施方法，是对社会福利政策及其实施的较系统的制度安排。

《周礼》一书的"保息六"是指保障民众休养生息的六种政策，即慈幼、养老、振穷、恤贫、宽疾和安富。《周礼》中还提到大司徒、小司徒、乡师、乡大夫等不同级别的行政主管官员要负责包括六种政策在内的行政工作，说明当时已有初步的社会政策实施体系。这些政策似乎成为定制，后来各朝代都有类似规定。而其内容基本上是救济孤寡老人和最穷的贫民。统治者关心这些政策的执行一是想标榜自己的德政，二是顾忌社会秩序的动荡。至于封建王朝在多大程度上真正实施了上述政策则难以考证。

封建王朝也曾建立福利设施、开办福利机构，以解决特殊的社会问题。如隋代的义仓、宋代的常平仓和义田、唐代的病坊、宋代的安济坊、明代的养济院、清代的育婴堂等。这些机构有的是中央下令由各级政府兴办的，有的则是中央号召民间兴办的。一般来说，政府兴办的福利机构其制度和规则更明确。①

民间组织也承担着某种社会福利功能。首先，家族和宗族自古就有救济贫困族人的责任，如对族中贫困者、鳏寡孤独废疾之人、无力嫁娶及营丧者以及遭灾及不测事件而濒临破产者给予赈济。其次，政府也倡导民间组织兴办一些防灾救济的福利设施。另外，民间善人和儒生也兴办慈善组织收养弃婴、施舍粥药。村社，特别是宗族、家族内部的福利制度是中国古代社会福利制度的重要组成部分，当然这种福利制度覆盖面小，能力也有限。不过它是在政府无力提供救

---

① 王子今、刘悦斌、常宗虎：《中国社会福利史》，中国社会出版社2002年版。

助条件下民间相互救助的、必要的形式。这种形式是与当时中国的经济、政治和社会结构相适应的。

总的说来,中国古代的社会福利制度由民间自发形成的以家族为基础的互助救济制度与政府的以救灾济贫为主要内容的福利制度构成,它们都是局部的,制度化程度较低,福利理念是怜悯、施仁政和预防社会动乱,官办福利的行政体系与政权体系是高度合一的。

二、近代中国的社会福利实践及对西方社会福利制度的借鉴

(一) 近代中国的社会福利实践

在清政府的内政事务中,有关社会福利、社会保障的部分称为"蠲恤",中央主管部门是户部,在地方则由各级政府官员负责。至于社会福利机构则由政府官员主要是有直接管辖权的州县官负责。当然,这些政府官员一般并不亲自参与福利机构的管理,只是负责监督稽查。福利机构的管理人员,官办者一般由官方选派诚实且在地方有名望的人(多为乡绅)负责。

清代形成了比较系统的社会福利体系,乾隆元年清政府即命令各省会及通都大郡建立普济堂,赡养老疾无依之人,建普济堂成为政府的要求。雍正在《育婴堂碑记》中希望"九州之内,自通都大邑,至于市镇繁富之所,郡县长吏各殚厥心,仿此而推行"育婴堂。后来各县都设立了育婴堂。

清政府对社会福利机构的管理也比较重视,表现为皇帝经常以上谕的形式发布旨令。乾隆1741年下令对养济院和育婴堂进行整顿,令道、府官员每年到养济院点验,稽查并处分失职官吏。清政府将有关社会福利的规定以法律和行政法规的形式固定下来,并以此来考核官员。如《大清律例》关于孤老收养问题规定"凡鳏寡孤独及笃疾之人,贫穷无亲属依倚,不能自存,所在官司应收养而不收养者,杖六十。若应给衣粮额官吏克减者,以监守自盗论"。至于养济院之建设,则规定"直省州、县所属养济院,或应添造,或应修盖者,令地方官酌量修造,据实估计,报明督抚,在于司库公用银内拨给。"至于"各省流寓孤贫,如籍隶邻邑,仍照例移送收养外,其在原籍千里以外者,准其动支公项银两,一体收养,年底造册报销。"可见清政府在救济鳏寡孤独方面负起了一定责任,也形成了一套管理制度,特别是对负责的官吏有了一定约束。

清朝后期民办福利机构也有较严格的管理办法,各善堂、善会都有较完备的章程和规条。著名报人、维新思想家王韬在1875年出版的《瀛壖杂志》中说:沪上善堂林立,……经费之裕也,章程之善也,而董理者尤能以实心行实事。除此之外,清代中后期的族田义庄也有明显发展,发挥着赡族救恤之功能。

(二) 清末对西方社会福利制度的借鉴

随着国内资本主义因素的成长和帝国主义的侵入,中国逐渐进入近代阶段。明末以来,西方宗教势力进入中国,宗教界人士在传播西方宗教思想的同时,也兴办一些慈善机构,传播西方宗教和福利思想。清朝中期以后,中国在对外开放中也受到西方福利思想的影响。

19世纪中后期一些官员到英美等国,了解到这些国家收养贫困者,办养老院、育婴堂等福利事业的情况,回国介绍,表示赞赏。郑观应在比较中外福利事业时也指出,西方各国以兼爱为教……善堂之多不胜枚举……其思虑之周密,规则之严明,远非中国各省善堂所能及。另外,外国教会在中国开办的慈善事业则直接影响了中国的福利事业的发展。外国人在中国办孤儿院最早者为在1843年上海创办圣婴善会的法国人。据统计,1901—1920年,天主教会在中国办有150~200所孤儿院,1920年,外国传教士在我国12个省办有盲人学校24所。而这些福利机构的救助方式与此前中国官民所办的福利机构不同,而采用"养"、"教"、"工"三者并举的方式。这种救助办法启发了中国民办的福利机构群起效仿,并进一步影响了官办福利机构。

(三)近代中国社会福利及社会行政的特点

至清代,我国的社会福利和社会行政呈现出如下特点:

第一,清代前期社会福利机构以官办为主、民办为辅,政府在救助鳏寡孤独方面负起了一定责任。这表现在各州县都办有养济院等机构,政府出资和负责。后期对民办的福利机构,政府也给予资助和褒奖。

第二,政府对社会福利机构的管理比较重视。开始是皇帝通过诏谕监察,后来由法律规范。这说明管理逐步走向制度化。

第三,清政府兴办各种社会福利机构仍出于"天子"爱"子民"之思想。兴办机构收养孤老贫疾是为了表现帝王英明、爱民,而不是出于现代的政府责任意识。

第四,在行政管理体系上主要是由各级官吏负责,社会福利行政被等同于一般政务。民间机构的管理者则多出于怜悯,而缺乏对被收养、救济者的服务意识。例如,在养济院中,对院内孤贫编甲,让他们互相监督,如孤贫生事,就可能被赶出院外。

第五,社会福利机构长期停留在收养服务上,只是提供物质上的低水平救助。后来受外国教会所办福利机构之影响,逐渐接受收养、教育、学工并举的做法,由单纯救助变为救助与发展相结合。

以上说明,清代的社会福利事业基本上是封建传统式的,但也逐渐吸收一些现代做法,在一定程度上向现代转变。

三、现代社会行政在中国的出现

(一)民国初期社会福利事业的发展

中国现代的社会福利制度产生于20世纪初,辛亥革命推翻清朝统治后,清代原有的社会福利机构和设施得以保留,同时民国政府学习西方国家建立现代社会福利制度,逐渐由政府负起社会福利的更多责任。中华民国成立之初设立内务部,是社会行政的最高机构,主管赈恤、救济、慈善、感化和卫生工作。1915年,北洋军阀政府制定了感化游民和不良少年的《游民习艺所章程》,另外颁布了一些社会福利政策,但社会福利事业基本上是沿袭清代旧制。

民国初期,民办社会福利事业得到较大发展。最著名的是慈善家张謇、熊希龄创办的社会福利机构。张謇(1853—1926)不但是一位实业家,而且从清末开始就兴办各种福利设施。他兴办的福利设施有育婴堂、养老院、残废院、盲哑学堂、盲哑师范传习所、贫民工场、栖流所等。在兴办这些福利事业的过程中,他十分留心并学习外国教会在华所办福利机构的做法,并取其有益之处而效仿,比如让盲哑学生学技艺以自立谋生,创办贫民工厂,为了发展社会福利事业而进行募捐等。

熊希龄于1919年创办了北京香山慈幼院,制定了一系列规章制度,不断完善管理系统,并实行了学校、家庭和社会"三合一"式的教育体制,教养孤贫失学儿童使之有适当的智能、道德和技能,以谋生于社会。在慈幼院不但力求使儿童获得家庭式温暖,而且为了培养儿童的公民意识,熊希龄还组织了全院性的学生自治会,让儿童们学习自治,这是很先进的管理方法[①]。

民国期间,民间慈善团体也有较大发展。1912年,中华民国红十字总会成立(其前身是清光绪三十年即1904年创建的"大清帝国红十字会"),并正式加入国际红十字会联合会,开展战时救护和平时赈灾等工作。另一个全国性慈善团体是中国华洋义赈救灾总会,开展救灾、恤贫等服务。这两个慈善团体与国际组织有较多联系,它们在赈灾救护、育孤恤贫方面发挥了重要作用,同时也接受了国际比较先进的社会福利理念和方法的影响。

(二)现代社会行政体制的建立

1924年,孙中山在其《国民政府建国大纲》中就提出增加地方政府之收入,以应育幼、养老、济贫、救灾、医病等公共需要。此后,国民政府制定了一系列法规,将社会福利事业置于政府的统一领导和监督之下,使社会福利事业有序发展。1928年,国民政府内务部制定了《各地方救济院规则》,对兴办救济院的基

[①] 周秋光:《熊希龄与慈善教育事业》,湖南教育出版社1991年版。

本原则做了规定,规定了各种救济院的收养对象及设施、救济院所应具有的服务项目、经费来源及管理、救济院的行政主管系统及院内管理体系等。该《规则》指出,兴办救济院是要教养无自救力之老幼残疾者,保护贫民健康,救济贫民生计;要求各县市政府所在地建立救济院设施,包括养老所、孤儿所、残废所、育婴所、施医所、贷款所;救济院经费则由救济院基金的利息和临时捐款构成。该《规则》的执行单位在县级政府,《县长须知》对社会福利事业的责任有专门规定。

1940年,国民政府适应时代潮流将原隶属于国民党中央执行委员会的社会部改属行政院,成为全国最高的社会行政主管机关,其下设部门主管社会救济、社会福利、儿童福利、社会服务、劳工行政与合作等行政工作。国民政府进一步加强社会行政部门的组织建设,在省政府设社会处,在县市政府设社会科,从而形成从中央到地方的社会福利行政体系。国民政府成立社会部之后在推动官办、民办两个方面发展社会福利事业。一方面健全原有福利机构,兴办新设施,并直接举办社会福利实验院所;另一方面则奖助社会人士兴办社会福利事业。

可以说,随着具有现代观念的社会福利政策的相继出台,社会部及各级社会福利行政部门的建立,社会福利事业在经费和责任上的明确规定,以及社会福利机构内部管理及服务项目的规范化,现代社会行政体制也逐渐建立起来。当然,从总体上来看,民国时期的社会福利事业及其行政管理还处于比较低的水平。

(三) 民国时期社会行政的特点

20世纪上半叶民国时期的社会行政具有如下特点:

第一,由仁政到国家的社会政策。民国时期的社会福利政策和社会行政理论吸收了现代的、民权的部分理念。在社会政策的指导思想中把保护民众、救济贫弱提了出来,实现了由封建帝王的"爱民"观念向民权观念的转变。

第二,社会行政体制开始转向现代建设。这表现于政府试图承担起基本的社会福利方面的责任,并且通过政策法规力图使这种承担责任的行为制度化。

第三,社会行政的范围逐渐扩大。此时的社会福利政策基本上限制在救灾、救济流浪者和收养弃婴等方面,但也有新的扩展而涉及难民和失业者。当然总的说来,社会行政的实施领域仍比较小,即使在政府规定的社会福利领域,也不时出现政府未能有效地承担责任的现象,社会行政的有效实施不甚有力。

第四,社会政策具有明显的社会控制功能。民国时期的社会政策主要是针对灾荒和流民的,实施这些社会政策的一个重要目的是控制社会秩序,防止社会动乱。另外,国民政府的社会部具有组训民众的任务也与社会控制有关。

第二节　计划经济时期的社会福利制度与社会行政

一、新中国成立初期的社会福利领域与社会行政

(一) 社会福利的主要领域

中华人民共和国成立之后面临着百废待兴、重建社会的任务。中国共产党及其领导的政府一方面要稳定社会局面，解决由于多年战乱而产生的社会问题，另一方面要发展生产，巩固革命政权。在这种背景下，政府的社会政策领域主要有如下一些方面：

1. 社会救济与救灾

救灾是历代政府普遍关心的问题。新政权建立之后又遇到因城市中的企业破产而产生的失业问题，这样，新政权对救灾救济工作给予了极大关注。20世纪50年代初连续召开全国救济会议，部署救灾救济工作，最初的指导方针是"生产自救，群众互助，并辅之以政府的必要救济"，后改为"依靠集体，群众互助，生产自救，辅之以政府的必要救济"，从而确立了以集体保障为主，国家救济为辅的救助模式。这一政策强调了集体和个人的责任以及生产自救的责任，国家承担的责任是补充的和有限的。这种政策的实施与社会问题的严重性及国家经济力量薄弱直接相关。

2. 社会改造

对于旧社会遗留下来的娼妓、乞丐，政府采取了劳动和改造教育的政策。政府注意到这些人低下的社会地位，也看到了他们的破坏性，根据"政治思想教育和组织劳动生产相结合，改造和安置相结合"的方针，帮助他们成为自食其力的新人。

3. 兴办社会福利机构

政府接管处理了接收外国津贴的福利机构，并新举办了大量社会福利机构，包括针对城市孤寡老人的社会福利院，针对孤儿、弃婴和残疾儿童的儿童福利院。此外，社会政策所涉及的主要领域还有，优待革命残废军人，兴办能安置有劳动能力的残疾人从事劳动就业的社会福利企业等。

4. 农村建立"五保"制度。为了解决农村鳏寡孤独残疾人的生活困难，1953年，内务部曾制定《农村灾荒救济粮款发放使用办法》，把无劳动能力、无依无靠的孤老残幼定为一等救济户。农业集体化的兴起和发展为解决贫困户的生活困难开辟了新途径，农村普遍实行了国家救济与集体补助相结合的救助办法。1956年6月，全国人大通过了《高级农业生产合作社示范章程》，规定农业生产

合作社对缺乏劳动能力或完全丧失劳动能力,生活没有依靠的老、弱、孤、寡、残疾的社员,在生产和生活上给予适当的安排和照顾,保证他们的吃、穿和柴火供应,保证年幼的受到教育和年老的死后安葬,使他们生养死葬都有依靠。这项制度简称为"五保"制度,它在全国农村得到普遍而迅速地实施,并获得持续发展。

（二）社会行政的体系及特点

1. 社会福利行政体系

新中国成立后,中央政府主要由内务部负责社会福利方面的行政管理工作,各级政府设立相应的民政部门主管社会福利。劳动部门则负责国营企业职工的劳动保险及福利工作。另外,总工会也负责部分社会保障方面的工作。政府对旧的慈善团体进行了改造,民办社会福利机构的发展几乎处于停滞状态。

在广大农村,救灾活动特别是"五保"制度的实施把村劳动集体（也是村级"行政"组织）纳入社会救助的体系之中,从而形成了从中央到村庄的社会救助及行政管理体系。

2. 社会行政的特点

20世纪50年代,中国的社会行政呈现出不同于以往的新特点,这些特点与革命政权的建立及其对社会的组织和管理方式密切相关,也与当时中国的经济、政治和社会状况密切相关。这些特点有:

第一,用革命的理念来指导社会福利政策。新中国成立之后的社会福利政策带有明显的革命色彩,不管是救济困难民众,还是对流氓无产者及娼妓的改造,都体现了建设和巩固新政权的思想。各种社会福利政策在理念上也力图表现社会主义制度的优越性。

第二,用革命性行政手段处理问题。新中国的社会福利政策和制度是对旧社会制度的否定,在处理相关问题时采取了革命性的行政手段,比如对旧慈善团体的改造。而由政府接收那些受国外资助的福利机构,基本上割断了同外国主要是西方资本主义国家在社会福利方面的联系,以防止其渗透。

第三,全面而低度的政府责任。政府在社会福利方面承担了全面但又是最低限度的责任。所谓全面责任是指政府表示不但对城市居民,而且对农村居民的基本生活承担责任,即承诺全面改善人民群众的生活。所谓低度责任是指政府承担的社会福利责任是最基本的,其表现是恪守最低标准:不能饿死人。

第四,中央与地方共同出资开办社会福利事业单位。各级政府直接举办各种社会福利事业单位,且由政府直属管理,所需经费纳入政府预算,从而导致社会福利事业单位国营化。

第五,将社会福利事业同发展经济结合起来。由于政府无力用纯粹福利的方式解决严重的城乡居民的基本生活问题,所以政府将解决城乡贫困居民的生计同其生产和就业联系起来,这突出地表现为困难时期的带有福利性的生产自救政策。

第六,借助于行政管理体系的庞大社会行政体系。新中国的独特的社会福利实践有赖于其强有力的社会行政体系,而这一体系又是以从中央到基层的政权系统-行政管理体系为基础的,是它的一个组成部分。

二、计划经济时期的社会福利制度

(一)计划经济体制下的二元社会结构

一个国家的社会福利制度受其经济和政治因素的强烈影响。20世纪50年代以后,中国社会福利(社会保障)制度的发展也受到国家发展战略的直接影响。新中国成立之后,国家选择了重工业优先的发展战略。基于中国是一个落后的农业国的基本国情,政府采取了工农业产品的"剪刀差"政策,通过转移农业积累支持工业发展。相应地,在经济政策上是农村经济集体化和城市经济结构的重工业化。在社会组织方式上,农村相继实行合作社和人民公社制度,城市则实行单位制度。这些制度都强化了政府对社会的经济财富的控制能力和对社会的动员能力。1958年,政府在全国实行户籍制度,对人们在城乡之间的流动,特别是对农村人口向城市流动进行严格限制。这样,全国人口被划分为城镇居民和农村居民。

在50年代初政府颁布的《劳动保险条例》及有关国家机关工作人员医疗、退休等政策的基础上,我国城乡居民在所有制形式、劳动就业方式、劳动收入、医疗保健、住房分配、社会保险、子女教育以至政治生活等方面都有明显差异,这就是我国的城乡二元社会结构。总的来说,城市居民特别是城市劳动者的经济、政治和社会地位大大优于农村居民和农村劳动者。国家用户籍制等强制性政策限制农民人口向城镇迁移,保障了国家工业化的发展,维护了城镇居民较好的利益,同时也制造并维持着城乡之间的不平等。

(二)二元社会福利制度

1. 我国社会福利的基本类型

社会福利可以分为国家福利、单位福利和社区福利。国家福利是由国家(政府)根据国家政策向全体公民或某类公民提供的福利。这种福利以国家财政为直接经济基础,由中央政府和地方政府作为直接责任主体,并通过官方机构组织实施。在中国,这类社会福利主要有救灾救济,政府办的社会福利设施,国家为其工作人员举办的社会保险,国家对退伍、伤残军人的优抚安置等。在国家福利中有些项目是临时性的,如救灾救济,有的是制度性的,如对国家工作人员的社会保险等①。

单位福利是由工作单位(主要是企业)对其职工在就业、住房、生活、医疗、卫生保健、文娱体育活动、学习培训、子女教育等方面提供的优惠。单位福利是以单位职工为对象的,有时会扩展到其家庭成员。它以政策的相关规定为依据,以本单位(企业)的生产经营收入为财政基础,由单位(企业)的相关部门负责实施。单位(企业)福利对各种不同的单位来说可能互有差异,但这种福利一般是制度性的。

社区福利是由社区组织对其成员提供的福利。当社区中的某些成员因年老疾病、家庭贫穷或其他原因而陷入不能自拔的困境时,社区组织会依自己掌握或可以动员的资源对这些成员给予临时性的帮助。社区福利的实施机构是各种类型的社区组织(如当时农村的公社、生产队),其资源是可用于救助的社区公益资金或财物,这种救助一般是临时性的。

2. 城乡不同的社会福利制度

城乡二元社会结构的一个重要方面是城乡居民在社会福利(社会保障)上的不平等和巨大差距。新中国成立之后,政府一直在建立以重工业为重点的经济结构和以国营企业职工、国家机关工作人员为中心的社会-政治结构。与此相适应,政府也为国家职工建立了项目多、水平高的社会福利制度。

由于50年代以后政府在城市实行"低工资、高就业"政策,所以城市中绝大多数有劳动能力的人都就业劳动,包括在全民所有制单位工作和在集体所有制单位工作,其中前者比例更大。这样,城市职工及其家庭都会得到单位福利或制度性的国家福利,即无论是国家机关工作人员、国营企业职工,还是各类事业单位的职工和技术人员,都会被纳入制度性的国家福利和单位福利之中。他们一旦在这些部门就业,就会获得多种福利,而这些福利总量的价值往往并不低于职工的工资。这样,城市职工就享受着尽可能多的、较高水平的福利。

在中国,城市企业职工能够获得高水平福利待遇是与企业同政府的关系相关的。新中国成立之后,没收原来的官僚资本归为国有,经过对民族工商企业的改造,城市大中型企业基本上实现了国有化和国营化。在这种情况下,企业是国家办的,企业不但是一个经济组织,而且也承担着提供社会福利的职能。企业职工变为国家职工并在政治上成为国家的主人。这样,国营企业就变为代替国家组织职工生产并向他们提供工资和各种福利的机构,企业职工则在国家制定的社会福利政策之下享受着较高福利待遇。至于城镇集体所有制企业,由于其一直处于同国营企业的比附之中,所以其职工福利的水平虽然不及国营企业,但还

---

① 郑功成:《论中国特色的社会保障道路》,武汉大学出版社1997年版,第88页。

是基本有保障的。

农村居民享受的社会福利则是另一种情景。自50年代农村相继进行合作化和建立人民公社化之后,农村的土地归为集体所有,农民也就变为集体经济组织的成员。由于国家限制农民的职业流动和向城市流动,所以农民及其家庭成员只有以耕种集体所有的土地为生。农业生产不发达和政府依靠农业积累发展国家工业的战略使农村居民的生活水平一直比较低下。但是,由于国家没有力量直接去解决广大农村居民的日常生活困难,所以这种任务就自然而然地落到农村社区性的集体经济组织身上。由于诸多原因,集体经济组织无力承担这些责任,所以农村居民的社会福利基本上处于临时性、低水平状态。

具体说来,农村居民享受的社会福利有:在遭受自身难以抗拒的自然灾害时接受政府的临时救济,而救济是低水平的,救急不救贫。如果是"五保"对象,可以享受由劳动集体提供的"五保"待遇,这种待遇实际上是低水平的。即使"五保"对象由集体供养,其生活资料也是由其原来所在的劳动集体提供。对于某些贫困户,劳动集体可以在农活分配、产品分配方面对他们给予某些道义上的照顾,但这是有限的。另外,农村居民普遍享受的另一种社区福利是农村合作医疗制度,这种医疗制度主要以作为农村最基层的行政单位的集体组织(生产大队)为基础,因此是社区性的。它的经费主要来自于生产集体的支持,服务水平也比较低。

总的说来,农村居民在计划经济背景下很少享受国家福利,至于由劳动集体或社区组织提供的福利也是低水平的。农村居民的社会福利基本上属于残补式的、低水平的和非制度化的。

3. 二元社会福利体制的基本特点

随着我国高度集中的计划经济体制的形成,以及城乡经济组织方式和社会管理方式的定型,与城乡二元社会结构相一致,我国基本上形成了城乡有别的二元社会福利制度。其特点是:

城市实行制度化的、具有较高保障水平的国家福利和单位福利。国家机关工作人员和文教卫生等事业单位工作人员实行国家福利制度,企业职工则主要享受单位福利,当然这基本上只是直接责任主体不同而内容大致相同的福利制度。这两种福利制度具有多项目、高水平、连带性和整体性的特点。国家不但保障其工作人员的稳定的工资收入,向他们提供基本的生活条件,而且提供个人发展的基本条件。社会保障不但是针对国家职工的,而且惠及其家庭成员,包括其配偶、子女,甚至其父母,所以是家庭连带的。另外,各种项目的社会福利的提供不是相互分割,而是密切地联系在一起的,在实施上表现为由工作单位统一提供。这种福利制度与职业身份相联系,反映了国家与职工的权利关系,福利基本上是一种权利（有时也被看做执政党和政府的恩赐），是具有现代意义的社会福利。

农村实行临时性国家救灾救济制度和低水平的社区福利。由于前者针对的是救灾救济，是临时性的，所以对于广大农民来说并未成为一种制度。相对而言，依据政府的政策规定，面对"五保"对象的福利制度具有较普遍的制度含义，但它基本上属于社区福利。所以，除了对极困难的家庭（这种困难具有社区-文化的意义）实施福利支持外，农民依然实行家庭保障，农村基本上没有享受现代意义上的社会福利制度。

三、计划经济体制下中国社会行政的特点

在计划经济时期，我国形成了以全民所有制的计划经济为基础、以城市就业人群为主要对象的社会福利（社会保障）制度体系，还有面对特殊困难群体的社会福利政策和制度。实施社会福利政策的社会行政呈现出如下特点：

第一，政府主体。由于计划经济体制实现了政府对全社会的高度集中管理，在社会福利领域又取消了民办社会福利机构，所以，这一时期的社会福利的实施基本上表现为政府制定政策和贯彻政策。政府是社会福利政策的制定者，政府部门和作为政府代理人的工作单位成为社会福利政策的实施者，成为社会行政的主体。这样，全国就形成从中央到地方直至工作单位的社会行政体系，形成自上而下的、靠政府力量推动的社会行政模式。

第二，政治主导。计划经济体制下城市职工的高福利制度具有明显的政治含义。较高的社会福利制度是在一定的国际竞争的背景下形成的，它对外昭示了社会主义制度的优越性。社会福利制度对内具有促成政治认同的作用，特别是对有新旧社会对比经验的工人来说，它有力地促进了他们对社会主义制度的认同。另外，单位福利也是职业福利，政府对就业岗位的垄断和向就业者提供福利，直接造成了人们对单位和政府的依赖。在许多情况下，社会福利的提供是同思想政治工作联系在一起的，这是社会福利制度的另一种含义。这样，实施社会福利政策就具有重要的政治功能。

第三，非专业化。在计划经济体制和单位体制中，政府和单位都无所不管、全职全能，从而显示出整体性（totality）特征。在这种背景下，社会福利政策的贯彻被当成一般的行政管理的一部分，福利政策的实施和管理也由一般行政干部和工会工作人员兼任，而缺乏对社会福利行政专业方法的借鉴，社会行政表现出明显的非专业特点。另外，在计划经济时期，革命和生产被置于中心地位，职工福利工作处于边缘化状态。

第四，部门分割。计划经济时期的社会福利（社会保障）管理体制是分散

的、非整合的。这表现为社会福利(社会保障)由不同的部门负责:城市中面对国家职工的社会福利和社会保障由劳动部门、人事部门、卫生部门和工会等部门管理;面对城市无单位人员和农村困难群体的社会福利主要由内务部(民政部门)主管。在城市社会福利中,还有身份上的差别,即工人的福利由劳动部主管,干部的福利由人事部主管。相互分割的社会福利行政体制造成多头管理和行政效率的低下。

应该指出的是,面对特殊困难群体的社会福利行政也在不同程度上具有上述特点。

第三节 改革开放以来中国的社会福利制度及社会行政体制

一、城市社会保障制度的改革与重建

(一) 企业保障制度的改革及管理方面的问题

我国城市的经济体制改革是从国营企业开始的,国营企业改革的深层原因是就业、生产积极性和社会福利方面的问题。正如前面指出过的,新中国成立以后,国营企业中建立了较高水平的、全面的社会保障制度和稳定的劳动就业制度。这既激励了广大职工的积极性,赢得了他们的政治忠诚,也给企业带来了沉重的社会保障负担,并使某些人滋生了懒惰和不思进取的思想。经济体制改革就是要激活劳动者的积极性,减轻企业负担,提高生产效率。这样,改变"企业办社会"的状况,改革原来的社会保障制度和劳动用工制度就成为城市经济体制改革的重点。开始,社会保障制度的改革被当作企业改革的配套措施,后来变为构筑社会主义市场经济体系的基本要素。按照1993年中共中央《关于建立社会主义市场经济体制若干问题的决定》的说法,社会保障制度改革的目标是以社会保险制度改革为重点,建立资金来源多渠道、保障方式多层次、权利和义务相对应、管理和服务社会化的完整的社会保障体系。

社会保障制度改革的核心是保障资金的社会统筹及管理、支付方式的改革。在推进养老保险资金统筹的过程中,强有力的自上而下的行政体系发挥了重要作用,但是部门利益的相互掣肘也妨碍着改革的顺利进行。社会保障制度改革中长期存在的一个重要问题是管理体制不顺。这表现在:第一,行政管理方面政出多门,缺乏宏观协调,有时部门之间互相推诿。如企业职工基本养老保险制度由劳动部管,而机关事业单位的养老保险制度由人事部管,不利于劳动力的流动;公费医疗归卫生部门管理,而劳保医疗由劳动部门管理,许多城市不得不建

立两套计算机管理系统,增加了协调难度。第二,政事不分,政策制定与政策执行相混淆。在一段时间内,制定政策的政府部门也负责执行政策。第三,对某些养老保险金的使用缺乏监督,有的地方出现挪用等现象①。这十分明显地反映出社会保障体制和社会政策实施过程存在着严重问题。

(二) 社会保障的社会化和属地化改革

社会保障制度改革的一个重要内容就是改变"企业办社会"的状况。一方面是要减轻企业承担职工保障和福利造成的压力,另一方面是要实现保障资金统筹和责任分担,强化社会保障的社会功能。社会保障的社会化改革一方面要实现资金在更大范围内的统筹,另一方面是要实现属地原则,即按地区统筹保障资金和将退休职工的养老保险事务由工作单位推向社会和社区。保障资金的社会统筹有行业统筹和地区统筹之分,而较大范围的地区统筹更能反映社会保障的社会性特征。在社会保障制度改革过程中曾经出现过不顾地区统筹而进行行业统筹的现象,这固然有便于实施方面的原因,但也受行业利益因素的影响。一些经济效益好、保障负担轻的行业不愿加入地区统筹,使社会保障被行业统筹与地区统筹分割,客观上阻碍了适合市场经济体制的社会保障制度的建设。企业退休人员的属地化管理不但是改变"企业办社会"保障制度的要求,也是社会管理体制改革的要求。在管理体制由"单位体制"向社会/社区体制转变的过程中,将退休人员的管理和社会保障服务从工作单位转移到社区和社会服务机务中去就是必要的。但是,在这种转移过程中也出现了社区和社会服务机构能力不足,而发生服务"断裂"的现象,这也反映出我国社会保障制度的非系统性和社会行政中存在的问题。

(三) 城市居民最低生活保障制度建设

到 1999 年底,全国所有城市和县人民政府所在地的镇都建立了城市居民最低生活保障制度,这是我国社会保障事业的一项重大发展,它不仅涉及城市中规模庞大的贫困群体,而且由于这一制度的实施正在形成一种新的社会政策的实施体系和管理体制。

在计划经济时期,由于城市实行普遍就业政策,而由单位体制在职工及其家庭的生活保障方面发挥着重要作用,所以城市街道办事处、居民委员会等基层组织在社会保障、社会福利方面发挥的作用十分有限。随着经济体制改革和社会管理体制改革的深入,街道办事处和居民委员会介入社会保障制度的运作已成为必然,因为大量贫困人口不属于任何工作单位而生活于社区之中。正是基于这种情况,城市居民最低生活保障工作形成了地方政府负责的属地化管理。

---

① 宋晓梧:《中国社会保障制度建设20年》,中州古籍出版社1998年版,第28页。

这种管理体制或社会行政模式是：政府领导，民政部门主管，其他有关部门配合，街道办事处、居民委员会承担具体实施任务。其程序是：有需要的居民提出申请，居民委员会对申请者的家庭经济状况进行核实，街道办事处对提交的申请进行审核，再交民政部门做最后审定。然后，对拟享受最低生活保障待遇的居民户的名字以适当形式予以公布，接受群众监督。在无异议后，贫困家庭才可获准并领到最低生活保障金[①]。

这是一个依靠政府部门和社区自治组织运行的政策。由于这一组织体系在我国社会生活中一直发挥着重要作用，并采取行政-政治运作方式，所以这一政策得到迅速执行。

（四）城市社会保障制度改革中的行政问题

我国城市社会保障制度的改革是变企业保障为社会保障，由政府和工作单位几乎负全部保障责任向政府、企业、社区、家庭（个人）共同承担责任转变。这一过程不但包括利益的重新调整（这种利益调整既发生于政府、企业、个人之间，也发生在不同层级的政府和政府的不同部门之间），而且包括有效的政策执行系统的建构。从现实情况看，在上述两个方面都存在着一些问题影响着政策执行。其中主要是部门利益分割，上下级政府利益不一致，政策的具体规定不甚清晰，政策执行人员的专业素质不足等。比如在测定城市居民家庭收入的过程中遇到"名义收入"和"灰色收入"的问题。在社区居委会成员核实申请者家庭收入的过程中，由于标准不清晰、问题复杂，加之核实者所受专业训练有限及人情关系，一些地方存在着不容忽视的偏差，影响了社会公平。另外，由于城市居民最低生活保障金由中央和地方财政共同负担，不同层级的政府又各有自己的利益，所以在具体执行政策的过程中出现了不同层级政府之间的博弈，并产生了一些问题。

二、社会福利机构改革与社区服务

（一）市场化取向下的社会福利机构改革

随着计划经济体制改革的展开，老人福利院、儿童福利院等由政府包办的社会福利事业单位（即社会福利机构）的改革也被提上议程。20世纪80年代，社会福利事业单位遇到的问题是：改革以来福利院收养的任务越来越重，政府在社会福利方面的投入难以满足要求；老龄化的加快使一些非"三无"老人也提出了机构养老的要求，这要求福利院原来的只收"三无"老人的服务模式发生相应变化；随着社会的发展，包括对国际先进理念的引入，福利服务的质量和水平需要

---

① 时正新：《中国社会救助体系研究》，中国社会科学出版社2002年版，第61页。

提高,这也要求福利院工作人员本身素质的提高。改革开放以来,社会福利事业单位改革与发展的政策方向是:1984 年民政部门提出"三个转变",即社会福利机构由国家包办向国家、集体、个人一起办的体制转变,由救济型向福利型转变,由供养型向供养康复型转变。2000 年提出要建立居家供养、社区福利服务和社会福利机构相结合的社会福利服务体系。2001 年明确社会福利机构的宗旨是保障服务对象的基本权益,帮助服务对象适应社会,促进服务对象自身发展。这些改革在政策理念上反映了如下需求:社会福利机构的服务不应再局限于对"三无"人员的服务,而应该向其他有需要的社会成员扩展;社会福利机构不能只是政府包办,而是要多种社会主体兴办;社会福利机构的服务不但包括福利服务,也包括经营服务,也可以引入市场机制;随着服务对象成分的变化和社会进步,福利机构的服务也不再只是救济,而是要提供救助、照顾和发展多种服务。这就是说,我国的社会福利机构在兴办、内部管理体制、服务制度等方面都要发生一系列转变和发展,以适应变化了的社会需要。这种改革后来被概括为"社会福利社会化"。30 多年来,我国社会福利机构的改革取得了一些重要进展,比如原来的老人福利院开始接收自费老人实行以服务养服务,机构为满足服务对象需要有了更清晰的制度规定,服务理念也有所更新,民办福利机构有所发展,有些机构开始引入社会工作专业服务,等等。

但是,在这一过程中也还存在着一些制度上的问题,包括:政府如何从包办向指导、规范、支持、示范的角色转换;政府如何吸引和鼓励社会力量兴办社会福利机构,各部门之间如何协调、支持社会福利事业的发展;如何处理政府和服务性非营利机构的关系;如何保障社会福利机构工作人员的待遇,促进他们在专业上的发展;如何鼓励专业人员进入社会福利领域,以提高其服务水平,等等。

(二) 社区服务的发展与管理

社区服务是政府部门为了配合企业改革和满足城市居民日常生活的需要而提出的。在企业单位进行市场化改革,其福利职能外移,面对居民的日常生活服务设施不足的情况下,民政部门于 1987 年提出发展城市社区服务。社区服务是以社区为基础组织的区域性的服务。从服务对象来讲,起初它包括面向老年人、残疾人、儿童和优抚对象等特殊群体提供救助性服务,面向社区一般居民的便民利民服务,面向社区中各种组织和单位的社会服务。从服务的福利性质的角度划分,社区服务包括面向民政对象的福利服务,为城市居民提供的便民利民服务和满足居民多种需要的经营服务。1993 年,民政部等 13 部委出台了《关于加快发展社区服务业的意见》,社区服务被纳入产业范围,与此相应,社区服务中心也在服务和经营的思路上发展。

社区服务的发展对满足城市居民的需要发挥了重要作用,但是在发展中也遇到一些障碍，主要是社区服务的混合性质使其定位不甚清晰，从而影响了对它的优惠政策的落实和服务队伍水平的提高。比如，在政策规定中，一方面强调社区服务的福利性质，另一方面又提出在无偿、低偿、有偿服务中以有偿服务为主，规定政府要根据产业政策对其进行管理。由于社区服务中心会进行各类服务，所以财税部门也难以对服务进行清楚的划分，从而难以确定对它的优惠政策。另外，政府部门力图通过专业化建设提高社区服务工作者队伍的素质，但是在实际工作中并未能有效地建立起专业技术体系。后来，社区服务成为解决下岗、失业人员再就业的重要领域，更削弱了它在专业化方面发展的能力。

三、农村社会保障制度建设及社会行政问题

（一）农村社会保障制度的曲折发展

如前所述，除了救灾救济、"五保"制度之外，我国农村缺乏现代意义上的社会保障制度。80年代中期以来农村集体经济的普遍解体使农村中存在的社区型福利制度的运行遇到严重问题。这表现在，60—70年代在广大农村普遍实行的、依靠集体经济支持的合作医疗制度解体，广大农村居民看病难成了一个严重的现实问题。由于集体经济解体，对农村"三无"老人的供养及农村敬老院的生存和发展也存在严重问题。随着农村年轻劳动力向城镇流动，农村老龄化的快速发展，农村的养老问题也变得日益突出。这样，农村就迫切需要建立切实可行的社会保障制度。

我国农村的社会保障制度自1983年经济体制改革起开始陷入困境，至20世纪末21世纪初之后开始重建和发展。从2003年起，新型农村合作医疗制度在全国部分县（市）试点，至今已基本覆盖全国农村居民。新型农村合作医疗制度（简称新农合）以大病统筹为主，由中央政府、地方政府和农民共同出资，各方出资额度逐渐提高。这项制度在一定程度上支持了患病农民的就医行为，得到了农民的支持。

国务院于2007年发布《关于在全国建立农村最低生活保障制度的通知》，对家庭年人均纯收入低于当地最低生活保障标准的农村居民，主要是因病残、年老体弱、丧失劳动能力以及生存条件恶劣等原因造成生活常年困难的农村居民进行保障。这项制度坚持政府救济与家庭赡养扶养、社会互助、个人自立相结合的政策导向，鼓励和支持有劳动能力的贫困人口生产自救，脱贫致富。最低生活保障资金的筹集以地方政府为主，中央财政对财政困难地区给予适当补助。这一制度在救助农村最贫困人口方面发挥了一定作用，但各地执行差距较大。

国务院决定从2009年起开展新型农村社会养老保险（简称新农保）试点。新农保试点的基本原则是"保基本、广覆盖、有弹性、可持续"，实行个人缴费、集

体补助、政府补贴相结合,社会统筹与个人账户相结合,与家庭养老、土地保障、社会救助等其他社会保障政策措施相配套,保障农村居民老年基本生活。按照国务院的安排,这项制度先在全国10%的县(市、区、旗)试点,再逐步扩大试点,2020年之前基本实现对农村适龄居民的全覆盖。

30多年来,农村的社会保障制度发生了重大变化和曲折发展,跌入低谷反映了政府受到新自由主义影响和对农民社会保障权益的某种忽视。在农村问题变得十分尖锐之后,政府以改善民生为政策目标,在社会保障的几个最基本领域探索和推动新制度的建设,得到了农民的欢迎和积极响应。

(二)农村社会保障制度建设中的政策实施

1. 农村社会保障政策实施的模式

从新型农村合作医疗制度、农村最低生活保障制度和新型农村社会养老保险制度的实施,可以看到当前我国农村社会政策实施的基本模式和特征。农村社会政策实施基本上采取的是政策试点—评估修订—完善铺开的模式,政策资源的筹集则采取政府引导、农民参与的渐进策略,政策实施的组织体系是自上而下与自下而上相结合,而具体的政策实施是各地有别的。

所谓政策试点—评估修订—完善铺开的模式是说,由于农村情况十分复杂,各地差异很大,所以各类政策都是在经过基本调查和论证后,先选择部分地区试点,在试点中发现问题、总结经验,然后修订完善政策,再在全国推开。政策资源筹集模式是政府引导、农民参与。这里的政府引导包括政策的倡导和资金的支持。1995年由民政部倡导的"老农保"只有政府倡导,没有政府的实际支持,农民缺乏积极性,最后这一制度归于失败。而"新农合"、"新农保"明确了政府责任,农民参与逐渐扩大,政策实施比较成功。农村社会保障政策的实施体系基本上是自上而下与自下而上相结合。政府制定了政策并不是强制执行,而是通过试点和示范,使农民了解政策,愿意参与,最后再全面推开,这与国外社会保险政策的强制性有很大不同。

农村社会保障政策实施的模式,是与我国农村人口众多、各地发展不平衡这一基本国情相联系的,也是符合中国农村实际的,它反映了我国农村社会政策实施的"特色"。

2. 农村社会保障政策实施中的问题

我国建设农村社会保障制度的探索是艰难的,在这一过程中也反映出政策实施中的诸多问题,下面以基本判断的形式对政策实施中的主要问题做一简单概括和阐述。

第一,政府和集体没有资金投入的政策得不到农民的响应。社会政策本来是政府对民众福利的关怀,应该由政府承担一定责任。但是我国农村的有些政策政府只是倡导者,而没有实际的资金支持,之后导致政策失败。"老农保"是一个典型案例。"新农合"一开始就说明政府承担的份额,在政府的引导下,农民参保活跃,政策效果明显。

第二,农村政策的实施需要得到农民的真正理解和认可。在计划经济条件下,农民被政府动员参加了各种政治和公共活动。体制改革以后,农民获得了自主决策权,他们在了解了政策内容并对其可信性、获利性进行判断之后,才决定对该政策的态度。

第三,政策是自上而下贯彻的,但也需要上下协调。农村的社会政策包括社会保险政策没有实行强制性、一刀切的动员加入方法,而是允许农民自愿选择。政府通过示范引导农民参加社会保险制度,是自上而下与上下协调的结合。

第四,政策实施体系的系统性、完整性决定着政策的贯彻落实程度。在政府责任上,农村社会保险实行多层政府分担的办法,上下利益的协调一致会推动政策的顺利展开,否则会出现政府之间的博弈,套取对方投入等现象,并最终会影响政策的成功实施。

第五,农村基层干部队伍的素质对政策实施有重要影响。农村社会政策的实施要依靠乡村基层干部的努力,但是有些地方的乡村干部素质较低,不了解社会保险政策的严肃性和科学性,有的缺乏责任心,有的过多关注人情,导致政策被扭曲。

这些说明,我国农村的社会政策实施系统比较薄弱,科学性程度不高,社会行政能力严重不足。要真正建立起农村社会保障制度,就要改善农村社会政策的执行状况,制定比较严格的规则,建立起严整的政策执行体系,提高政策执行者的水平,并提高农村居民的参与能力。

第四节 中国社会行政的发展前景

一、社会福利制度的市场化改革

(一)中国社会福利政策的发展

经济体制改革以来,我国的社会福利政策曲折发展。20世纪90年代以后,我国制定和颁布了一些基本的社会政策,比如1991年的《中华人民共和国残疾人保障法》,1992年的《中华人民共和国未成年人保护法》,1996年的《中华人民共和国老年人权益保障法》等,对弱势群体的基本权益给予保护。2003年以后,我国开始进入"社会政策时代",集中出台了大量社会政策。这既是社会发展、社会进步的要求,同时也反映了我国的社会政策实践受到国际环境的影响。80

年代以来国际社会一直比较注重可持续发展,注重弱势群体权益的保护,注重社会公平。这些对于日益广泛地加入国际社会的中国来说既是承担责任,又是自身发展目标的追求。大量社会政策的出台也是与我国的法制化进程相联系的。社会政策方面的法律、法规建设属于社会立法,政府通过社会立法保护人民特别是贫弱群体的合法利益,提高了这种保障的力度和可靠行,是社会进步的表现。

(二) 改革与发展中社会行政模式的变化

改革开放以来,特别是近些年来我国在制定众多社会政策的同时,其实施机制也在发生某种程度的变化。在计划经济时期我国的社会行政模式基本上属于自上而下的政治型模式,其特点是:运用政治和行政体系、依据层级的权力和责任、由上而下贯彻执行政策;在政策执行过程中强调政策的政治含义,包括党和政府对困难群体的关怀、社会主义制度的优越性等;政策过程基本上是单向的,政府是社会政策的主体,困难群体作为社会政策对象一般是被动地接受福利。体制改革以来,在某些领域社会政策的主体呈现多元化趋势,不但政府与企业(单位)要分担社会福利责任,而且不同层级的政府也有各自的利益。另外,民众和困难群体对社会福利的看法也在发生变化,他们对社会福利的追求更加主动,更愿主动表达自己的意愿,因而正在改变其纯粹的政策客体的角色。还有,一些民间组织也在进入某些社会政策领域。这样,社会行政过程就呈现出多元主体互动的局面:自上而下的政治模式仍然占主导地位,但政策实施进程也受到下层和政策对象的影响。

近些年来,我国社会政策领域也发生了一些重要变化。受到国际上兴起的新公共管理思潮的重要影响,政府在实施社会政策时越来越重视社会政策过程的效率和效果的评价。政府不但在政策制定过程中吸收学者和民众参与,而且在政策执行结果的评价中也开始借用学者的力量。政府更加注重开放社会政策实施过程,问责制度的实行也强化了外部监督,它对政策执行者滥用权力、行政低效率、不作为、浪费福利资源以致资源流失等危害社会政策的现象起到了一定程度的抑制作用。这样,它就也在一定程度上改变着自上而下封闭的政策执行过程。

二、科学发展观及其对社会政策的影响

(一) 科学发展观对弱势群体的关注

中国的经济体制改革是以搞活经济、发展经济、增强国家的经济实力,进而改善人民群众的物质和文化生活水平为目标的。为了激活经济,中国逐步深入地进行了市场化改革,并在价值上确立了效率优先、兼顾公平的原则。市场经济体制的改革极大地促进了我国经济的发展,但也产生了诸如收入的两极分化、失

业、经济与社会发展不协调等问题,产生了一些弱势群体。这些问题不仅会影响我国经济的进一步持续发展,也直接危及社会主义的发展目标。在这种背景下,党中央和政府提出科学发展观,对片面追求GDP增长的传统发展战略所带来的问题进行反思。它坚持以人为本,全面、协调、可持续发展的思想,把社会公平、对特殊困难群体的保障放在突出地位。与此相应,在公平与效率的关系上也有了新的思考。

在全面建设小康社会、科学发展观等思想的指导下,近几年来政府制定和出台了一系列社会政策,涉及对城市下岗、失业人群利益的保护,对贫困家庭的救助,对农民工基本利益的维护,减免农业税以减轻农民负担,改变对流浪乞讨人群的基本政策,发展薄弱的农村社会保障事业,等等。这样,经济的发展,问题的凸显,对社会稳定和可持续发展的强调和对人的价值的重视,促使我国的社会政策得到快速发展。

(二) 以人为本的理念对社会政策制定和实施的影响

以人为本是一种新的发展观,也是一种执政理念,它看重人的价值,将人的发展、民众生活质量的改善置于优先地位。在以人为本理念得到张扬的情况下,一般民众,特别是弱势群体的利益在制定和实施政策时得到进一步关注。在制定社会政策的过程中,专家学者和民众越来越多地参与进来,这样,社会政策可以更好地反映其目标。另一方面,社会政策在实施过程中也考虑到政策对象的参与,比如在城市养老和社会服务规划中调查居民需要,在服务过程中尽量满足服务对象的要求。在农村扶贫项目中,参与式扶贫策略的确定把贫困人口对问题的认识、他们的决策能力的提高、他们认可的项目设计置于首要地位。在这一过程中,先进的社会政策理念通过政府官员的学习和学者介入社会政策的制定与执行过程而得到加强。这表现为:首先,社会福利的恩赐观正在被国民权利观取代。政策对象享受某种社会福利待遇不简单地被认为是恩赐,而被认为是他们应该享有的权利。在这种情况下,政策执行者(社会行政人员)和政策对象更多地是按政策规定办事。其次,政策实施不再只是自上而下的贯彻。政策不再是只由政策执行者掌握的秘密,政策对象也有权利、有渠道了解政策,并能动地参与政策实施过程。此外,服务对象的需要获得尊重。在政策制定和实施过程中,服务对象的需要被放在重要位置,以服务对象为本正成为一种共识,他们的感受正在成为政策效果的重要的衡量指标。

三、专业社会工作的发展及其对社会行政的影响

(一) 社会工作专业化与职业化进程

自20世纪80年代中后期,社会工作专业教育在中国大陆恢复和发展以来,

社会工作专业化和职业化的主张持续高涨,其追求一直在进行。特别是在社会工作教育快速发展,市场转型加速,社会管理和服务体制转型的背景下,这种追求就变得更加迫切。

社会工作专业化是指社会工作被作为一个专业而获得社会承认的过程。社会工作职业化是社会工作(社会服务)变为一种职业的过程,二者之间有十分密切的联系。20世纪90年代以来,我国的社会工作教育群体特别强调专业化,特别是教育的专业化。民政部门比较强调职业化,希望社会服务的相关职业被承认。两个方面因社会分工不同强调也有所差别,但在实际工作中却密切配合,相互促进。社会工作专业教育群体与实际工作部门互相配合和支持,推动着中国社会工作专业化和职业化的发展。

2006年党的十六届六中全会以后,我国社会工作的专业化、职业化得到较快发展。一方面,在党和政府决定大力发展社会工作之后,决策者逐渐明确认识,认为社会工作人才是专业人才,社会工作人才需要培养、评价、使用、激励,并把接受专业教育、通过考试评价作为专业社会工作人员的标准。2001年,民政部就出台了一系列社会福利机构的基本规范,明确提出在社会福利机构设立社会工作岗位,其中不但包括专职的社会工作岗位,而且要求机构负责人具有社会工作资格或受过社会工作专业培训。在发达地区,政府在实施政府购买服务、招聘社会服务人员时,已明确强调专业社会工作人员的资格。另外,民政部成立社会工作司,从培养、评价、使用、激励几个角度推动社会工作的专业化、职业化。一些省市的民政部门建立了专业社会工作人才登记管理和继续教育机构,在政府购买服务中,一些社会工作专业人才已以法人资格创办社会服务机构,聘用社会工作专业人员。大量高等学校的社会工作教师参与社会工作机构的咨询和督导。专门评估社会工作机构和社会工作服务的民间机构已经建立,在政府支持下开展专业评估。

这些表明,我国的社会工作专业制度正在建设之中。随着我国社会转型的加快和社会建设的深入,社会保障和社会福利事业将得到进一步发展,专业化服务将成为人们的新要求,社会服务机构将得到较快发展。所以,我国的社会工作专业化、职业化有广阔的发展前景。

(二)社会工作专业化职业化背景下社会行政的发展

1. 社会行政人才队伍的发展

本书对中国社会行政的特征与模式的阐释是从宏观角度着眼的,换句话说,这里主要说的是社会福利行政,是分析社会福利政策如何被实施。这一角度是符合中国的现实国情的,因为当下我国社会福利政策的落实是一个基本问题,社会服务机构中的行政经验还不多。随着专业社会工作的和社会工作服务机构的发展,不但在宏观政策上,而且在机构层面上都要加强社会行政建设。

中央18部委出台的《关于加强社会工作专业人才队伍建设的意见》(简称《意见》)指出要实施社会工作管理人才综合素质提升工程,重点加大社会福利、社会救助、社区服务、残障康复、婚姻家庭、职工帮扶等社会服务机构管理人才培养力度,提高社会工作服务管理的科学化水平。对涉及社会管理和公共服务工作的党政部门、人民团体、相关事业单位、部分执法单位的干部特别是领导干部有计划、有步骤地进行社会工作基础理论、专业知识和方法技能培训,提高其开展社会服务、管理社会事务、协调利益关系、做好群众工作、构建和谐社会的能力。19部委出台的《社会工作专业人才队伍建设中长期规划(2011—2020年)》(简称《规划》)列出了培养社会工作管理人才的发展目标:适应社会工作行政管理、行业组织建设、服务机构发展和专业实务推进的需要,培养造就一批政治立场坚定,具有宏观视野、战略思维与专业眼光,善于推动事业发展的社会工作行政和行业管理人才;培养造就一批具有社会使命感、懂运营、会管理、通晓社会服务专业知识的社会工作机构管理人才;培养造就一批熟练掌握专业督导方法与技术、具备丰富实务经验、善于解决复杂专业问题,能够带动社会工作服务人才成长、推动专业实务发展的社会工作督导人才。很清楚,政府发展社会工作特别是建设社会工作人才队伍的政策,不但把服务人才的培养放在重要位置,而且对社会行政管理人才的培养也十分重视。可以认为,如果这些《意见》和《规划》得以落实,我国的社会工作和社会行政将会得到本质性的发展。因为不但各民生部门、社会服务机构有一批受过训练的专业社会工作人员,而且在相应的管理岗位上也有受过社会工作专业训练的行政人员。

2. 从政府主导向政府－社会合作的社会行政模式的发展

在未来建设小康社会的进程中,我国的社会政策会有一个较大的发展,有学者认为,中国将迎来一个"社会政策时代"①。与之相联系,中国传统的、完全由政府主导的社会行政模式也会发生一些重要变化,这一变化的基本方向是向政府－社会合作的社会行政模式发展。

政府－社会合作的社会行政模式是指在社会政策制定、实施、评估等方面,政府与社会力量的合作。这里的政府是指各级政府部门,社会力量既包括不同类型的非营利组织,也包括基层社会组织和民众。这种模式的特点是:在政策理念上强调社会政策是一个政治－社会过程,因此要重视政策实施的社会方面;在政策实施上强调社会力量的参与,社会政策的实施、社会服务的传输需要更多地运用社会力量,特别是民间组织和社会服务机构;在实施政策的过程中越来越多

---

① 王思斌:《社会政策时代与政府社会政策能力建设》,《中国社会科学》2005年第6期。

地运用科学程序和专业方法,特别是社会服务的专业方法;实施政策将更加注重效果评估,这种评估将改变以往的政府部门自上而下的检查、自下而上汇报的模式,吸收专业方法,吸收民间机构和政策对象参与评估,更多地关注社会政策的实际效果。总之,一种现代意义上的社会行政模式将得到发展。显然,社会行政模式的转换是一个过程,它与政府的社会福利政策理念的改进、社会服务机构的发展、社会的福利意识形态的变化等一系列因素有关,与中国的经济、政治和社会的发展状况有关。

推荐阅读文献

李文治,江太新. 中国宗法宗族制和族田义庄. 北京:社会科学文献出版社,2000

梁其姿. 施善与教化明清的慈善组织. 石家庄:河北教育出版社,2001

时正新. 中国社会救助体系研究. 北京:中国社会科学出版社,2002

宋晓梧. 中国社会保障制度建设20年. 郑州:中州古籍出版社,1998

王思斌. 中国社会工作的经验与发展. 中国社会科学,1995(2)

王思斌. 社会政策时代与政府社会政策能力建设. 中国社会科学,2005(6)

王思斌. 社会工作本土化之路. 北京:北京大学出版社,2010

王子今,刘悦斌,常宗虎. 中国社会福利史. 北京:中国社会出版社,2002

徐扬杰. 宋明家族制度史论. 北京:中华书局,1995

郑功成. 论中国特色的社会保障道路. 武汉:武汉大学出版社,1997

中组部,民政部等. 关于加强社会工作专业人才队伍建设的意见. 2011年10月

中组部,民政部等. 社会工作专业人才队伍建设中长期规划(2011—2020年). 2012年3月

周秋光. 熊希龄与慈善教育事业. 长沙:湖南教育出版社,1991

郑重声明

高等教育出版社依法对本书享有专有出版权。任何未经许可的复制、销售行为均违反《中华人民共和国著作权法》，其行为人将承担相应的民事责任和行政责任；构成犯罪的，将被依法追究刑事责任。为了维护市场秩序，保护读者的合法权益，避免读者误用盗版书造成不良后果，我社将配合行政执法部门和司法机关对违法犯罪的单位和个人进行严厉打击。社会各界人士如发现上述侵权行为，希望及时举报，本社将奖励举报有功人员。

反盗版举报电话　（010）58581897　58582371　58581879
反盗版举报传真　（010）82086060
反盗版举报邮箱　dd@hep.com.cn
通信地址　北京市西城区德外大街4号　高等教育出版社法务部
邮政编码　100120